E. von Olberg

Die französische Armee auf dem Exerzierplatz und im Felde

E. von Olberg

Die französische Armee auf dem Exerzierplatz und im Felde

ISBN/EAN: 9783743302211

Hergestellt in Europa, USA, Kanada, Australien, Japan

Cover: Foto ©ninafisch / pixelio.de

Manufactured and distributed by brebook publishing software (www.brebook.com)

E. von Olberg

Die französische Armee auf dem Exerzierplatz und im Felde

Die

französische Armee

auf dem

Exercirplatze und im Felde.

Mit einem Rückblick

auf

den Feldzug in Italien

im Jahre 1859.

Den Kameraden aller deutschen Armeen

gewidmet

von

einem alten Offizier.

Nebst einer Uebersichts-Karte des Kriegsschauplatzes in Ober-Italien.

Berlin, 1861.

Druck und Verlag von E. S. Mittler und Sohn.

(Zimmerstraße Nr. 84. 85.)

Inhalt.

Einleitendes Vorwort.

Die schwarzen Wolkenmassen, welche sich seit längerer Zeit schon von allen Seiten an dem politischen Horizonte unseres Erdtheiles aufthürmen, die unheimliche Gewitterschwüle, welche auf ganz Europa lastet, alle Freiheit des Geschäftsverkehrs erschwert, lähmt und in Stocken bringt, regen nicht nur zu den ernstesten Gedanken über die Entwickelung der nächsten Zukunft an, sondern führen auch naturgemäß zur näheren Betrachtung der Veranlassung dieses mehr als unerquicklichen Zustandes.

Ohne Schwanken wendet sich der Blick des Unbefangenen nach Westen, nach dem Lande, von welchem aus schon so oft — dem Lichte der Sonne entgegen — Unheil über Europa ausgebreitet wurde! — nach dem Lande, von welchem die große allgemeine, Europa erschütternde Umwälzung ausgegangen ist, von der schon vor 70 Jahren Talleyrand's scharfer Seherblick prophezeihete: »que cette revolution fera le tour du monde!« und die heutigen Tages noch diesen Weg mit Consequenz verfolgt.

Wenn aber bisher die Geschichte wohl kein Beispiel aufzuweisen hatte, daß in einem und demselben Jahrhundert fast ganz dieselbe Entwickelung der Weltbegebenheiten von derselben Quelle ausgehen und fast unter denselben Verhältnissen und Umständen, in demselben Kreislaufe, sich wiederholen könne; so scheint sich jetzt wohl jeder Zweifel über die Möglichkeit einer derartigen, bisher für unmöglich gewähnten historischen Erscheinung durch die Ereignisse der letzten zehn Jahre thatsächlich zu heben, gleichzeitig aber auch Hegel's Aeußerung: »die Geschichte scheine nur dazu da zu sein, daß »man nichts aus derselben lerne!« zu bethätigen und das »Axiom: »die Weltgeschichte sei die Lehrerin der »Völker!« zur Unwahrheit zu machen, indem die Völker leider! den Kindern gleichen, welche auf die Lehrerin nicht achten!

Die Tragweite des großen Wortes von Bordeaux: »L'empire c'est la paix!« — welches damals den speculativen, friedliebenden Philister beseligte und denselben auch heute noch einlullt, den schärfer sehenden Politiker aber schon, als es kaum ausgesprochen war, zu besorglichen Bedenken anregte — ist durch die Ereignisse seit jenem Ausspruch zur Genüge beleuchtet worden, indem das junge Kaiserthum bereits, innerhalb der letzten sechs Jahre, zwei große Kriege geführt, durch dieselben aber zwei der bedeutendsten europäischen Großmächte bekämpft und diese, wenn auch noch nicht völlig lahm gelegt, doch für Jahre lang bedeutend geschwächt hat, während es selbst aus diesen Kriegen nicht nur siegreich, mit Ruhm bedeckt, sondern auch nach Innen und Außen so gekräftigt hervorgegangen ist, daß Klarsehende — ob mit Recht oder Unrecht, soll hier nicht untersucht werden — befürchten, daß sich das Sprichwort: »l'appetit vient en mangeant!« aufs Neue bethätigen und das Kaiserthum, seinem unvermeidlichen Programme gemäß, auf der so glücklich begonnenen kriegerischen Bahn fortdrängend, noch größere Welterschütterungen veranlassen dürfte.

Gut unterrichtete, vorurtheilsfreie, gediegene Politiker behaupten daher auch: »daß die kaiserliche Regierung sich hierzu

— ungeachtet aller Friedens-Versicherungen, selbst der neuesten nicht ausgenommen! — welche nur zu sehr das alte: »Timeo Danaos et dona ferentes!« in Erinnerung brächten — gründlich vorbereite, sei es zu Zwecken nach Außen, sei es, daß es dieser Vorbereitungen — vielleicht zu seiner eigenen Sicherung? — bedürfe! daß dieselben jedenfalls aber alle Nachbarn zur Wachsamkeit mahnen müßten, selbst wenn die — mit einander sehr harmonirenden — Aeußerungen nicht gefallen sein sollten, welche man dem Machthaber Frankreichs in den Mund legt« *).

»Diese Aeußerungen entsprächen aber durchaus dem Grundsatze: »Si vis pacem, para bellum!« — denn parare heiße ja nicht nur »vorbereiten«, sondern auch: »auf etwas ausgehen!« und es sei ja in Frankreich von jeher, besonders aber seit 1852, bis heute mit Consequenz nach diesem Grundsatze gehandelt worden!«

»Allerdings sei nicht zu verkennen, daß, wenn schon der Präsident seine Aufmerksamkeit vor Allem der Organisation und Verstärkung der Armee zuwendete, der Kaiser dies noch weit mehr gethan habe, indem derselbe nach kaum beendigtem Krim-Kriege die Rüstungen für die Armee mit unveränderlicher Thätigkeit und mit großem Erfolg ins Werk setzen ließ. Das verflossene Jahr habe dies bewiesen: denn — obgleich die französische Regierung im Frühjahr 1859 noch erklärte: »nicht entwaffnen zu können, da sie nicht gerüstet habe« —? so habe doch bereits Mitte Mai eine wohlgerüstete, zahlreiche französische Armee in Piemont, dem Könige von Sardinien, als Alliirte gegen die Oesterreicher, schützend zur Seite und am 20. Mai schon im Gefecht bei Montebello gestanden.«

---

*) »Frankreich sei leicht zu regieren; es müsse nur alle drei Jahre einen »Krieg haben!« soll schon der Präsident, kürzlich aber der Kaiser gesagt haben: »Ich sehne mich nach zwei bis drei Jahr Frieden: denn Frankreich bedarf »dessen!« wonach also — avis au lecteur! — der nächste Krieg etwa 1861, spätestens 1863 zu erwarten sein würde?

»Seit dem Frieden von Villafranca aber habe Frankreich nicht allein nicht entwaffnet, sondern consequent seine Rüstungen fortgesetzt! Nur die Ausgedienten seien, dem Gesetze gemäß, entlassen, die Armee aber nur dadurch verringert worden, daß ein Theil derselben nur beurlaubt, von den Pferden jedoch nur die unbrauchbaren verkauft, alle übrigen, nicht strikte zum Dienst nothwendigen, auf das Land und zwar in der Nähe der Cavallerie- und Artillerie-Garnisonen in Pension gegeben worden seien!« — Eine sehr weise Maßregel, welche man bereits anderwärts beachtet und ebenfalls schon befolgt hat! —

»Mittelst der ganz Frankreich in allen Richtungen durchkreuzenden Eisenbahnen könnten aber — in wenigen Tagen — Beurlaubte und Pferde wieder zu ihren Truppentheilen, deren Manquements längst durch starke Rekruten-Aushebungen völlig gedeckt seien, zurückgekehrt sein und somit die Armee sehr schnell au complet de guerre gebracht werden: »pour former l'armée formidable«, welche die Regierung zu halten für nothwendig erachtet habe!«

»Ob aber alle diese großen Maßregeln pacem? oder bellum? bezweckten, werde die Zeit lehren! Jedenfalls stehe es fest, daß die Rüstungen, in Bezug auf Heer und Flotte, nicht bloß eifrig fortgesetzt, sondern nach so colossalem Maßstabe betrieben würden, daß die riesenhaften Vorbereitungen zum Kriege um so bedenklicher erscheinen müßten, als Frankreich von keiner Seite mit Krieg bedroht sei und Hellsehende daher von Seiten Frankreichs eher eine beabsichtigte Initiative als eine bloße Defensive prophezeiheten?«

»Gleich der verhängnißvollen Neujahrs-Gratulation veranlasse überdies jetzt das bedeutungsvolle Verlangen der

»revendication de la frontière, que la nature elle même »a indiquée!« —

welches in der Annexion Savoyens bereits zum »fait accompli«

geworden sei, vielleicht nicht ohne Grund um so mehr besorgliche Bedenken, als die Leichtigkeit, mit welcher diese erste revendication ins Leben gefördert worden sei, die Franzosen bereits zu der Ueberzeugung gebracht habe, daß ebenso leicht, wie jene, jetzt auch die revendications anderer Länder, welche einst! einmal! unter französischem Gesetz gestanden haben und nach denen die große Nation längst schon lüstern sei, ins Werk zu setzen wären? — So sehr der Kaiser auch jetzt der Mann des Volkes sei, seitdem er demselben wieder victoires et gloire verschafft, gleichzeitig aber auch dessen Geld-Interessen befördert habe, so würde man es ihm doch sehr zum Vorwurf machen, wenn er nicht die qu. revendications durchsetzte und gleichzeitig die jedem Franzosen wünschenswerthe »vengeance pour Waterloo« *) realisirte, sobald sich die Gelegenheit dazu darböte! Wie leicht es aber für den ernsten, festen Willen ist, eine solche Gelegenheit herbeizuführen, lehre schon Aesop in der Fabel »von dem Wolfe und dem Lamme am Bache!«

»Daß aber die Lust zur Realisirung jenes von allen französischen Blättern bereits sans gêne ausgesprochenen Princips der revendication leicht zum Kriege führen könne und daß Lust und Wille dazu vorhanden seien, bedürfe wohl keiner weiteren Beweisführung!«

»Frage man etwa noch nach den Mitteln zur Durchführung dieses Willens, so dürfe man sich nicht verhehlen, daß Frankreich an den Hauptbedürfnissen zum Kriege, an Geld

---

*) Schon in den Tagen kurz vor dem 10. Mai 1852, an welchem der Präsident der Armee die alten, geliebten kaiserlichen Adler zurückgab, sei in Paris von Colporteurs ein Placat »un Sous la pièce!« verkauft worden, auf welchem, unter dem Bilde des Adlers, ein langes ruhmrednerisches Gedicht, alle »hautfaits glorieux de l'aigle français« herzählend, dessen glorreiche Zukunft prophezeihete, indem es ganz naiv mit den sehr groß gedruckten Worten schloß:

»pour venger Waterloo!«

was als ein zur Genüge deutliches »avis au lecteur« zu beachten sein dürfte, da schon damals keine Zeile ohne Erlaubniß der Polizei, d. i. Regierung, in Paris gedruckt werden durfte!

und Menschen unglaublich reich und Beides herzugeben jetzt mehr als je bereit sei, seitdem es neben dem ideellen Vortheil der gloire de la grande nation auch die derselben besonders an's Herz gewachsenen, materiellen Vortheile zu empfangen Aussicht habe.«

»Daß es in Frankreich an Geld nicht fehle, hätten die in den letzten sechs Jahren mehrfach erfolgten Staats-Anleihen bewiesen, welche — zugleich un appel au peuple — vom gefügigen Senat und corps législatif stets sans phrases bewilligt wurden.«

»Untersuche man endlich näher, wie es mit den quaest. Rüstungen stehe, so finde man zunächst folgende Thatsachen:

»Frankreich halte 400,000 Mann unter den Waffen!«

»Vermittelst der eingestellten Rekruten und der mittelst Eisenbahnen sehr schnell einzuziehenden Beurlaubten ꝛc. könne die Armee in Zeit von 14 Tagen sofort auf 500,000 Mann, in einem Monat auf 600,000 Mann*), event. in einigen Monaten aber auf eine bedeutend größere Stärke gebracht werden, wie denn 1859 im Mai schon alle Anstalten getroffen gewesen seien, nöthigenfalls, bei größerer Ausdehnung des Krieges, zum 1. Januar 1860 »800,000 Mann« unter die Waffen zu bringen, wozu die Leute eben nicht fehlten und namentlich bei einem Kriege gegen Osten sich mit Freuden gestellen dürften.«

»In der neuesten Zeit werde auch der Generalstab der Armee von 450 Offizieren auf 580 gebracht, also um 130 Offiziere vermehrt, so daß derselbe auf eine Armee von 600,000 Mann berechnet zu sein scheine.«

»Der größte Theil der für die Armee erforderlichen Pferde sei theils schon vorhanden, theils im Lande leicht zu beschaffen,

*) Diese Zahlen dürften genau mit denen übereinstimmen, welche Lord Palmerston, in Hinsicht der gegenwärtigen Stärke der französischen Armee, in seiner Rede im Unterhause am 24. Juli 1860 angegeben hat.

um so mehr, als man den später erforderlichen Ersatz da, wo man den Krieg führen würde, zu finden gewiß sei.«

»Das erforderliche Material an Geschütz, Waffen und Munition sei mehr als genügend vorhanden, und es würde durch fortwährende Thätigkeit an Vermehrung desselben gearbeitet, welches jederzeit auf den Eisenbahnen schnell dahin befördert werden könne, wo man dessen bedürfe; ebenso auch das Bekleidungs-Material, für welches seit dem letzten Kriege große Vorraths-Magazine etablirt seien, wie sie Napoleon I. trotz seiner großen Armee und seiner fast ununterbrochenen Kriege nie besessen, ja zu seinem Kriege mit Spanien 1808, der massenhaften Veruntreuungen wegen, herzustellen nicht vermocht habe! — indem jetzt seit Kurzem die Bekleidung für 200,000 Mann, so wie 400,000 Paar Schuhe in den resp. Magazinen vorräthig sein müßten und seien, welche während des Friedens zwar für den laufenden Bedarf der Truppen nach und nach ausgegeben, deren Abgänge aber sofort durch Neuanfertigungen ersetzt werden müßten.«

»Für die Verpflegung der Truppenmassen seien die Magazine vorhanden, und würden jetzt noch in neuester Zeit in allen Militair-Bäckereien des Landes bedeutende Vorräthe an Zwieback gefertigt, welche bekanntlich längere Zeit aufbewahrt und im Fall des Bedarfs, ebenso wie alles übrige Verpflegungs-Material, mittelst der Eisenbahnen schnell dahin geschafft werden könnten, wohin man dieselben haben wolle. An der Instandsetzung resp. Verstärkung und Erweiterung der Festungen werde überall thätig gearbeitet.«

»Die Lager von Châlons, Helfaut, Boulogne und Lyon gewährten Raum für mehr als 150,000 Mann zur Ausbildung und Aguerrirung der Truppen, welche von Zeit zu Zeit abwechselnd diese Lager beziehen. Welchen Vortheil dergleichen Lager aber für die französische Armee hätten, habe Napoleon's I. Lager von Boulogne bewiesen. Napoleon I. habe auch zu Zeiten an 500,000 Mann unter den Waffen gehabt; allein 7 Jahre lang seien dieselben auf zwei, weit von einander entfernten Kriegstheatern — in Spanien und in Deutschland event. in Rußland — getrennt gewesen. Jetzt, wo nach der neuesten Erfindung, der Krieg, welchen Frankreich führen wolle, vor Allem localisirt werden solle, würde es leicht möglich sein, die vorhandene disponible Truppenmacht nur in einer Richtung zu verwenden.«

»Seit Napoleon I. aber hätten sich alle Verhältnisse in jeder Hinsicht und mit ihnen auch die Kriegführung bedeutend verändert.«

»Napoleon I. hätten weder Eisenbahnen, noch Dampfschiffe, noch Telegraphen zur Disposition gestanden. Er selbst, sowie seine Feinde, hätten daher bei Ausbruch eines Krieges noch alle Zeit gehabt, selbst ihre erst neuformirten Truppen noch während des längeren Anmarsches mehr auszubilden. Dies sei heutzutage nicht mehr möglich, wo Eisenbahnen und Dampfschiffe die französische Armee in wenigeu Tagen in Massen an und über die Grenzen des, von ihnen mit Krieg bedrohten, Staates führen könnten, wie dies der Krieg 1859 gezeigt habe.«

»Durch einfache Berechnung ließe sich aber die Möglichkeit darthun, daß auf den im östlichen Frankreich vorhandenen 5 Eisenbahnen in wenigen (4—5) Tagen leicht 200,000 Mann mit trains et bagages vom Innern Frankreichs bis an resp. über die Ostgrenze geschafft werden könnten, wobei wohl zu beachten sei, daß schon seit vielen Jahren stets über 100,000 Mann längs dieser Ostgrenze garnisonirten; außerdem die Lager von Châlons (zu 60,000), Boulogne (zu 40,000), Helfaut (zu 15,000), Lyon (zu 35,000), in Summa 140,000 Mann aufnehmen könnten, die Garnison von Paris aber an 60,000 Mann stark sei, welche bei ihrer event. Abfahrt mittelst Eisenbahnen, auch mittelst derselben aus dem Innern, sehr schnell, in 2—3 Tagen, ersetzt werden könnten.«

»Demnächst und vor Allem habe Napoleon I. aber keine genügende Flotte zu seiner Disposition gehabt und sei genöthigt gewesen, sich mit seinen Truppen stets nur zu Lande zu bewegen.«

»In diesem Augenblick besitze Frankreich dagegen eine formidable Flotte, welche jeder anderen europäischen an Zahl der Schiffe und Kanonen, so wie an Tüchtigkeit vollständig gewachsen sei, außerdem aber ein colossales Material zum Transport großer Truppenmassen darbiete, deren Einschiffung um so leichter und schneller zu bewerkstelligen sei, als die resp. Schiffe hierzu bereits eingerichtet, die Häfen von Marseille, Toulon und Brest, vor Allem aber der von Cherbourg darauf präparirt seien. Namentlich sei in letzterem, welcher mittelst Eisenbahnen mit Paris, den Lagern von Châlons, Boulogne und Helfaut in directer Verbindung stehe, Alles jetzt schon so vorbereitet, daß dort in wenigen Tagen 120,000 Mann mit trains et bagages eingeschifft und — à l'insu de tout le monde, mit Ausnahme des befehligenden Admirals — in kürzester Zeit dahin befördert werden könnten, wo man sie auftreten lassen wolle«*).

»Nach allem hier Dargelegten stehe es daher fest: „daß Frankreich kräftig rüste und daß seine Rüstungen drohend seien!«

»Gegen wen? dieselben aber gerichtet seien, lasse sich jetzt allerdings noch nicht mit Bestimmtheit voraussagen, obwohl jedermann, der zwischen den Zeilen zu lesen und die Zeit nach

---

*) Nach England würde die Ueberfahrt der bemannten Flotte nicht 24 Stunden erfordern, aber auch an die Küsten von Nord-Deutschland könnte dieselbe nach 4 resp. 8 bis 10 Tagen, wenn keine bedeutenden Hindernisse eintreten, ihre in Cherbourg eingenommenen Truppen an's Land setzen.

ihren Erscheinungen zu beurtheilen verstehe, darüber nicht in Zweifel sein möchte!«

»Mit gespannten Blicken sehe daher auch ganz Europa auf diese Rüstungen des schwer zu errathenden Machthabers hin, der zur Zeit völlig Herr der Nation zu sein scheine, welche er um so mehr dadurch an sich fessele, daß er ihr stets vorwiegendes Verlangen nach Neuem, sowie ihre Neugierde mit großer Geschicklichkeit nicht nur zu befriedigen, sondern durch undurchdringliches Geheimhalten seiner Absichten und Pläne fortwährend in Spannung — en émotion — zu erhalten wisse, dessen große Kraft aber besonders auf die consequente Durchführung des weisen Grundsatzes beruhe:

»savoir se taire,
savoir attendre et
savoir agir!« —

»Mit Rußland und Oesterreich habe Frankreich bereits abgerechnet, mit England sei es alliirt, sonach würde also nur noch Deutschland, event. Preußen übrig bleiben, mit dem es zum Conflicte kommen könnte, wobei wohl zu beachten sei, daß ein solcher leider nur begünstigt werden dürfte durch die betrübende Zerrissenheit, an welcher Deutschland jetzt mehr als je leide! indem dieselbe durch den in Folge des Friedens von Villafranca nur noch vermehrten Zwiespalt zwischen Oesterreich und Preußen (welcher großentheils den leidigen Zwiespalt zwischen den deutschen Mittelstaaten und Preußen nach sich ziehe) — sich nur noch mehr zu erweitern drohe, wenn demselben nicht baldigst abgeholfen werde.«

»Alle diese Verhältnisse möchten daher wohl Deutschland immer wahrscheinlicher als das Haupt-Object der französischen Rüstungen erscheinen lassen, da letztere gegen England wohl mehr zum Schein drohen dürften, um dadurch deren wahren Zweck zu verbergen, gleichzeitig durch dieselben aber auch England für die Durchführung anderer politischer Pläne

Frankreichs gefügiger zu machen, was Frankreich denn auch mit dem seit vier Jahrhunderten bis 1816 fortwährend verfeindeten, jetzt alliirten England zu gelingen scheine*).«

»Jedenfalls müßten diese Rüstungen dazu beitragen, die allgemeine Unruhe und Besorgniß zu erhalten, und in Folge derselben die Finanz-Verhältnisse aller betreffenden europäischen Staaten alteriren, was vielleicht aber ein nicht unwichtiger Nebenzweck jener fortdauernden Rüstungen sein dürfte.«

»Hiernach sei es daher um so mehr eine heilige Pflicht für Deutschland: vor Allem danach zu streben, sich durch Einigkeit zu stärken, und möge man doch ja wohl beherzigen, was ein viel verbreitetes öffentliches Blatt erst kürzlich ausgesprochen habe:

»Deutschland habe seit 1667 — also in fast 200 Jahren »— in Summa 70 Jahre — also mehr als ein Drittel dieser »Zeit — mit Frankreich Krieg gehabt. Diese Kriege habe »aber nur Frankreich geführt, während Deutschland sie »über sich habe führen lassen«; denn, mit Ausnahme von 18¹³/₁₅, habe niemals Deutschland, sondern stets Frankreich diese Kriege gewollt, und sei dasselbe stets mit Vortheil und erhöhetem Kraftgefühl aus diesen Kämpfen hervorgegangen.«

»Dieses Kraftgefühl aber sei durch die letzten Erfolge in der Krim und in Italien nur noch vermehrt werden und erhöhe — bei der Selbstgefälligkeit, Anmaßung und Rücksichts-

---

*) Aus der ziemlich offenherzigen Rede, welche Lord Palmerston am 24. Juli 1860 im Unterhause gehalten und in welcher er 9 Millionen Lstr. zur Durchführung der dringend nothwendigen Vertheidigungs-Anstalten für Englands Küsten gegen eine vom nächsten Nachbar England drohende Invasion beantragt hat, scheint das englische Gouvernement die Rüstungen Frankreichs, welche der englische Premier sehr unverholen schildert, zwar als sehr bedrohlich für England zu betrachten! Demungeachtet: Caveant Consules!

losigkeit der französischen Nation — die Stärke des französischen Soldaten.«

»Die Franzosen fühlten sich stets und zeigten das Gefühl ihrer größeren Kraft in der bei ihnen alle Zeit lebendigen Angriffslust, während der Deutsche, stets bescheiden, zurückhaltend sei und sich schwach glaube, ohne es doch zu sein!«

»Während Deutschland jederzeit den Krieg möglichst vermeide, suche Frankreich denselben um so mehr, als die Kriegslust in Frankreich die Geschäfte eher steigere, als störe, indem es den Krieg außer Landes trage und dort wie ein auswärtiges Geschäft von seiner Armee auf Kosten des Auslandes abmachen lasse.«

»Deutschland dagegen fürchte den Krieg schon in der Voraussicht, daß er in unserem Lande über uns, mit uns geführt werde, und schon aus Furcht stockten daher bei uns nicht selten schon vor dem Kriege sofort die Geschäfte, mit ihnen aber zugleich auch die Mittel zum Kriege.«

»Furcht aber mache schwach, lähme den Geist und verleite sehr leicht zu **Fehlgriffen!**« —

Mag nun dieses verständige Raisonnement begründet sein oder nicht, mögen die allgemein bekannten Rüstungen Frankreichs gelten, welchem Lande es sei: so dürfte es doch für jedes derjenigen Länder, die davon berührt werden könnten, vor Allem aber für Deutschland, gerathen sein: sich wach und fertig zu halten! d. h. bei Zeiten das Nöthige zu thun, um nicht eines guten Tages überrascht zu werden durch den ominösen Schreckensruf: »Zu spät!«

Möchte es daher doch mit allen Kräften dahin streben, daß, wenn in diesem Jahrhundert dieselben Begebenheiten sich zum zweiten Male ereigneten, diese doch nicht zum zweiten Male auch derselben Sorglosigkeit und Unthätigkeit, derselben Uneinigkeit und endlich — als gerechte Strafe — auch denselben traurigen Consequenzen begegneten, welche damals eben im Gefolge jener früheren Reihe von großen Begebenheiten über Deutschland hereingebrochen sind. —

Während Frankreich jederzeit, unbekümmert um seine Nachbarn, seine Maßregeln trifft und jedes Fragen derselben nach deren Ursachen stolz zurückweisen würde, soll Deutschland daher — wenigstens nicht aus Respect vor dem mächtigen Nachbar mit fast kleinstädtischer Höflichkeit und Besorgniß — nicht versäumen, was es zu seiner Sicherheit zu thun sich schuldig ist, damit es nicht unvorbereitet überrascht werde und zur geeigneten Zeit der weisen Lehre gemäß handeln könne, welche Polonius seinem Sohne Laertes bei dessen Abreise zur Hochschule mit auf den Weg gab: »Suche keine Händel, aber wenn du »in Händel geräthst, so führe sie so durch, daß dein Gegner »sich vor dir fürchtet.«

Jeder wohlorganisirte und weise handelnde Staat trifft — unter der Supposition möglicher Angriffe von Außen her — im tiefsten Frieden, und nicht erst wenn Hannibal ante portas steht, die zu seinem Schutze erforderlichen Maßregeln, indem er sein Heer so kräftig und so zweckmäßig als möglich organisirt und übt, an den Grenzen ebenso wie im Innern die erforderlichen Festungen anlegt, dieselben mit dem nöthigen Material und mit Garnisonen versieht und seine Kriegs-Anstalten nach allen vier Himmelsgegenden zu auf das möglichst Beste anordnet, — so dürfte auch wohl nur ein kleinmüthiger Deutscher in Besorgniß darüber gerathen, wenn Deutschland jetzt schon die Möglichkeit supponiren und die Maßregeln erwägen sollte, mit denen man einem event. Angriff — er komme von welcher Seite er wolle! — zu begegnen haben würde.

Diese weise Vorsicht zu scheuen, würde man um so mehr als den größten Fehler, als eine sich leicht fürchterlich strafende Sünde bezeichnen müssen, als dieselbe zu allen Zeiten jedem Lande eine heilige Pflicht ist.

Eine ebenso harmlose als zugleich wichtige Maßregel, wie das Kanonengießen im tiefsten Frieden, gebietet: »die militairischen Verhältnisse seiner Nachbarn und das, was man von denselben — ganz abgesehen »wann? oder ob jemals?« — zu befürchten oder zu erwarten haben könnte, in nähere Betrachtung zu ziehen.« —

In Folge der Erscheinung der neuesten Zeit und in Berücksichtigung des vorstehend mitgetheilten Raisonnements verständiger Politiker wird man daher auch nicht unweise handeln, der französischen Armee in der qu. Beziehung, und zwar bei Zeiten — ehe noch periculum in mora eintritt — eine recht ernste Aufmerksamkeit und möglichst gründliches Studium zuzuwenden.

Ganz besonders dürfte aber hierzu die treffliche geistreiche Schrift anregen, welche vor Kurzem unter dem Titel: »Eine militairische Denkschrift über die Kampfweise der Franzosen« erschienen ist und der eine recht allgemeine Verbreitung, so wie die wärmste Beherzigung ihres gediegenen kernigen Inhaltes zu wünschen wäre. —

Dieser Ansicht zufolge soll daher in den folgenden Blättern die französische Armee, deren Organisation, Wesen und Leistungen in der letzten Zeit näher ins Auge gefaßt und sine ira et studio Dasjenige hier mitgetheilt werden, was sich bei dieser Betrachtung als besonders beachtungswerth herausgestellt hat.

Diese Betrachtungen werden sich demnach auch etwas specieller über die Leistungen der französischen Armee in dem letzten Kriege in Italien erstrecken und ist diesem — so weit das nicht sehr reichlich vorhandene und unter sehr verschiedenen Gesichtspunkten erschienene Material es gestattete — ein möglichst gründliches Studium gewidmet worden, welches durch Localkenntniß von dem qu. Kriegsschauplatze, sowohl in Piemont und der Lomellina, als in der Lombardei, und den in denselben gelegenen Schlachtfeldern unterstützt werden konnte.

Die französische Armee.

Das Fundament der französischen Armee, der Stoff, aus welchem dieselbe gebildet wird und aus welchem sie besteht, ist

die französische Nation,

deren Tugenden sowohl als deren Fehler sämmtlich in der Armee sich wiederfinden und hier mit allen ihren Vortheilen und Nachtheilen wirksam zu Tage treten.

Um den Geist, das Wesen und die Eigenthümlichkeiten der Armee deutlich erkennen und gehörig würdigen zu können, ist es daher um so nothwendiger, zuvor das Wesen und die Eigenthümlichkeiten der Nation zu beleuchten, und dürfte hierzu keine bessere Quelle sich darbieten, als eine sehr getreue Schilderung der französischen Nation, welche vor Kurzem erst ein hochgebildeter, würdiger Franzose von vorgerücktem Alter mit achtungswerther Unparteilichkeit von seinen Landsleuten gegeben hat, und die daher hier Platz finden möge:

»Die Franzosen sind ein heiteres, lebensfrisches und »lebensfrohes Volk. Von Geist und Herz muthig und tapfer, »kriegerisch, ausdauernd im Kampf und in der fatigue, sind »sie der edelsten, ritterlichen Gesinnung ebenso fähig, als sie »flatterhaft und dem Leichtsinn bis zur Frivolität unterworfen »sind. In ihrer körperlichen Haltung und tournure behende,

»gelenkig, anmuthig bis zur Grazie und Eleganz, sind sie in »geistiger Hinsicht umsichtig, findig, gewandt, erfinderisch, mit »einem Wort: intelligent, aber auch ebenso einseitig und »oberflächlich. Praktisch im gewöhnlichen Leben, sind sie bei »allem esprit doch in wissenschaftlicher Beziehung in der Masse »nicht nur, sondern auch in den gebildeten Ständen, mitunter »sehr ignorant, dabei aber vor Allem ganz von sich einge»nommen.«

»Für alles Gute und Edle in hohem Grade empfänglich »und leicht entflammt, sind sie gar zu leicht erregt, unbesonnen, »vorwitzig und übereilt, leidenschaftlich, ungestüm, gleichsam »als hätten sie Pulver im Blute, exaltirt, aufbrausend bis zur »Extase, welcher aber auch ebenso schnell — wie nach jeder »Ueberreizung — Abspannung bis zur Erschlaffung folgt, so »daß sie, voll Uebermuth im Glück, im Unglück leicht klein»müthig und schwach werden können.«

»Der Geist der Initiative, welcher ihnen inne wohnt, »drängt sie stets bei allen Gelegenheiten — im Kampfe sowohl »als im gewöhnlichen Leben — unaufhaltsam vorwärts und »erzeugt die bei ihnen stets vorherrschende Angriffslust.«

»Ihr Selbstgefühl und hohes Selbstvertrauen, ihre Ent»schiedenheit und Entschlossenheit macht sie selbstständig zum »Handeln und Befehlen. Doch stehen diesen schönen Eigen»schaften auch Eitelkeit, Anmaßung, Eigendünkel und Selbst»sucht ebenso nachtheilig zur Seite, als stete Unruhe und Ver»änderlichkeit bis zum Wankelmuth, welche sie nur zu leicht »unzuverlässig erscheinen lassen. Hierzu gesellt sich leider aber »noch eine unüberwindliche Sucht zu Vergnügen und Genuß, »welche eine unersättliche Habsucht und Geldgier erzeugt, »die nach Besitz von materiellen Mitteln strebt, nur um ge»nießen zu können. Ein Fehler, der in dem letzten Jahrzehnt »namentlich zu den bedauernswerthesten Börsen-Speculationen

»geführt hat, welche der Ruin so manches Ehrenmannes und »so vieler Familien geworden sind!«

»Durch die vielen Revolutionen aber, welche seit mehr als 70 »Jahren die ganze Nation in steter Unruhe erhalten und die»selbe von einer Emotion in die andere gewaltsam geworfen »haben, sind die früheren alten guten Grundsätze so erschüttert »worden, daß man dieselben jetzt nur zu oft ganz und gar »vermißt.«

»Vor Allem ist durch die Aufhebung der alten Verbände »der soliden Corporationen und Stände im Jahre 1789 der »Gemeingeist der Nation so völlig vernichtet worden, daß »dieselbe nicht mehr wie ehedem eine Familie bildet, welche »in dem Monarchen ihren Chef ehrte und liebte, sondern die »nur noch als ein Aggregat von 35 Millionen selbstsüchtiger, »stets von Leidenschaften bewegter und erschütterter Individuen »erscheint, denen das moralische Band der Gemeinsamkeit, der »innere Halt, gänzlich fehlt.*)

»Demzufolge besitzt die Nation auch keine dauernde An»hänglichkeit mehr an ihren Herrscher oder dessen Dynastie und »ist daher auch nur um so leichter von einem Regierungs»wechsel zum anderen fortzureißen**), wie dies leider die Ge»schichte der letzten 70 Jahre gezeigt hat, in denen dem alten »900jährigen Königthum: die Republik, — das Consulat, »— das Kaiserthum, — die Restauration der Bour-

---

*) Die französische Nation gleicht jetzt einer großen Büchse voll 35 Millionen Stück chemischer Zündhölzer, deren jedes für sich bestehend mit einem Phosphorköpfchen versehen ist, welches sich, sobald man demselben mit Feuer unvorsichtig nahet, nicht nur sofort entzündet, sondern auch sofort allen Uebrigen der ganzen Büchse das Feuer mittheilt, was zwar schwer zu löschen ist, aber auch schnell abdampft und dann nur — todte Kohle zurückläßt. Zerbricht aber die Büchse — die zusammenhaltende Form — so fallen auch die Zündhölzer auseinander!

**) Diesen Fehler hat übrigens Cäsar schon den alten Galliern vorgeworfen, wie er denselben denn auch die meisten der oben bezeichneten Fehler der jetzigen Franzosen schon zu seiner Zeit, also vor mehr als 1800 Jahren, zuschrieb.

»bons, — das Kaiserthum, — das Königthum der »älteren Bourbons, — das Bürger-Königthum Louis »Philipps, — die Republik und endlich zum dritten Mal »das Kaiserthum in schnellem Wechsel einander gefolgt »sind.«

»Jede neue Regierung wurde stets mit ebenso großem »Jubel begrüßt, als man gleichgültig, ja oft höchst aufgebracht »die alte gehen hieß, so daß der jedesmalige Enthusiasmus »für die neuaufgehende Sonne ebenso wie der Enthusiasmus »der Nation überhaupt, nur dem Strohfeuer zu vergleichen »ist. Die Franzosen werden sehr schnell warm, aber auch »ebenso schnell wieder kalt.«

»Wankelmüthig von Natur, lassen sie sich wohl längere »Zeit die unbegreiflichste Behandlung gefallen, ohne sich da»gegen aufzulehnen; bis plötzlich ebenso unbegreiflich eine un»bedeutende Kleinigkeit, ein Nasenstüber, sie zur heftigen That »entflammt, die nicht selten das Kind mit dem Bade verschüttet, »indem sie alles umstürzt.«

»Leider aber kann man bei dieser Gelegenheit es nicht »verhehlen, daß vor Allem drei Haupt-Mobile, zum großen »Nachtheile der Nation, dieselbe jetzt fast durchgehend so be»herrschen, daß die Regierung, welche sich dieser drei mächtigen »Hebel mit Geschick und Consequenz zu bedienen versteht, »sicherlich auch die längste Dauer haben wird.«

»Dies sind:

»la vanité, — l'interêt matériel, — la peur!«

»die Eitelkeit, — das materielle Interesse, — die »Furcht.«

»Die jetzige Regierung hat diesen Schlüssel zum Räthsel »gefunden und weiß ihn um so mehr mit Geschick zu gebrauchen, »als der Kaiser die Franzosen besser und genauer kennt, sowie »dieselben richtiger zu behandeln versteht, als irgend einer seiner

»Vorgänger auf dem Throne Frankreichs, sein großer Onkel »nicht ausgenommen.«

»Daß der Kaiser jene drei Hebel aber stets rechtzeitig »mit Takt und Geschick wirken zu lassen weiß, hat er genug»sam bewiesen, indem er beim Antritt seiner Regierung zuerst »das materielle Interesse rege machte, und zwar da»durch, daß er die Franzosen bei ihrer corde sensible — der »Geldgier — erfaßte, indem er sie auf große industrielle »Unternehmungen, sowie auf das Börsenspiel warf und da»durch gleichzeitig sie von der Politik entfernte.«

»Dem Interesse folgte zunächst die Furcht, und zwar »zuerst die künstlich erregte vor der rothen Republik, wel»cher er mit absichtlichem éclat kräftig entgegentrat, sie im »Zaume hielt und noch hält, dadurch aber auch seine Person »als eine Assecuranz für die Ruhe im Lande, als eine Noth»wendigkeit erscheinen läßt*). Seine Erhaltung ist den Fran»zosen aber um so wünschenswerther, als er mit großem Ge»schick die Schnüre aller Geldbeutel Frankreichs gleichsam in »einen großen Knoten zu vereinen wußte, auf welchen er zu »dessen Schutz seinen Fuß hält, so daß alle Welt das Weg»ziehen dieses Fußes von dem qu. Knoten befürchtet, da »mit Auflösung desselben ein allgemeiner cataclysme aller »Börsen als unvermeidlich erscheint.«

»Zu der Furcht vor der Möglichkeit der rothen Republik, »sowie der Geldverluste, — zu deren Vermeidung allein schon »seine Erhaltung als nothwendig erscheint, — gesellt sich aber »außerdem auch noch die Furcht vor den eisernen Maßregeln »einer mächtigen und geschickt geleiteten Polizei.«

»Durch die Stellung und das Ansehen, welche der »Kaiser Frankreich seit 1852 nach und nach in Europa wieder

*) »Il nous faut un bâton en main de fer! cet homme nous est donc nécessaire!« sagen die verständigen Franzosen selbst.

»geschafft, durch die Siege und den Ruhm, welche die Armee »unter ihm und durch ihn erfochten hat, ist aber der Eitelkeit »nicht nur der Armee, sondern auch der ganzen Nation ein »unglaublicher Vorschub geleistet worden, sowie durch die zahl»reichen Verleihungen von Orden — nach denen jeder Fran»zose lüstern ist — der Eitelkeit einer Masse einflußreicher »oder doch wirksamer Individuen Genüge geschieht. Durch »die fortwährend aufrecht erhaltene Aussicht auf fernere Siege »und noch größeren Ruhm, so wie auf fernere Belohnungen »durch Orden, Geld ꝛc.*) wird aber der mächtige Hebel der »Eitelkeit auch noch ferner fortwirken!« —

»So lange daher der Kaiser die genannten drei großen »Hebel mit dem sicheren Takt und Geschick wie bisher zu ge»brauchen versteht, wird es ihm an Geld und Soldaten, »die vor Allem sein Piedestal bilden, nie fehlen, er dadurch »aber sich auf dem Throne Frankreichs, sowie gleichzeitig die »Nation in Ruhe und Folgsamkeit erhalten.«

Die französische Armee.

Unter Louis Philipps Regierung hatte der König — zu seinem großen Schaden! — die Armee wenig beachtet und dieselbe — aus ökonomischen Rücksichten — nur auf einem mäßigen, dem Nothwendigsten entsprechenden Stärke-Etat gehalten.

Richtiger als der Bürger-König hatte dagegen der kluge Präsident den hohen Werth der Armee für den Schutz der Regierung, für die Consolidirung der seinigen, aber auch die

---

*) Schon Napoleon I. erkannte die Nothwendigkeit: »die Nation bei ihrer schwachen Seite zu fassen« und creïrte daher — um der Eitelkeit und gleichzeitig den Interessen (resp. der Geldgier) zu schmeicheln — den Orden der Ehren-Legion, mit welchem er die Revenue einer Pension verband, während er die höheren Grade im Civil und Militair noch durch Dotationen und Geld belohnte, wie denn auch der jetzige Kaiser zu demselben Zweck die reich dotirten Senatoren-Stellen creïrt hat! —

Nothwendigkeit einer möglichst starken und dem Souverain ergebenen Armee erkannt und diese Ansicht denn auch, vom 2. December 1851 an, zu realisiren sich bemüht, als Kaiser aber vom 2. December 1852 an diese Maßregel im größeren Maßstabe allmälig durchgeführt.

Wie derselbe bei allen seinen Plänen, stets vorsichtig vorgehend, das Motto:

»gutta cavat lapidem non vi, sed saepe cadendo!«

stets vor Augen zu haben scheint, so wurde auch die Armee nur nach und nach vergrößert. Die Cavallerie-Regimenter wurden von 5 auf 6 Eskadrons, die Anzahl der Bataillone der chasseurs à pied von 10 auf 20 gebracht, die Artillerie umgeformt und dabei vermehrt, den 100 Infanterie-Regimentern noch 2 neue zugesellt, während gleichzeitig die um die Person des Präsidenten dienende Leibwache von circa 2500 Mann — in 2 Bataillonen gensd'armes d'élite und einem Cavallerie-Regiment (guides) — ganz allmälig zur kaiserlichen Garde erhoben und diese erst zu einer Division, endlich bis zu einem Armee-Corps von

2 Divisionen Infanterie oder 33 Bataillone,
1 Division Cavallerie „ 37 Escadrons,
1 „ Artillerie „ 16 Batterien,
1 Abtheilung Genie „ 2 Compagnien,

in der Gesammtstärke von mehr als 30,000 Mann Elite-Truppen herangebildet wurde*).

Inclusive des Garde-Corps ist demnach die Armee seit den letzten acht Jahren nach und nach zu ihrer gegenwärtigen Stärke von

---

*) Die Garde wird nicht nach dem Zollmaaß und der Körperschönheit, sondern aus den Tüchtigsten, Bestgedienten aller Waffen der ganzen Armee ausgewählt und mit sorgfältig ausgesuchten tüchtigen Offizieren besetzt, außerdem aber auch durch den höheren Rang und höheren Sold als die Linie, an die Person des Kaisers attachirt.

382 Bataillonen Infanterie,
3 " Pontoniere,
403 Escadrons Cavallerie,
153 Batterien (von denen 36 reitende),
3 Regimentern Genie-Truppen,

d. h. (ohne Trains 2c. 2c.) an Combattanten circa:

310,000 Mann Infanterie,
50,000 " Cavallerie,
30,000 " Artillerie,
6,000 " Genie-Truppen,

in Pausch u. Bogen an 400,000 Mann, mit 918 Feldgeschützen herangewachsen, welche in kurzer Zeit auf 500,000 Mann und bei der Gefügigkeit der Cadres leicht auf eine noch stärkere Kopfzahl gebracht werden könne. Bringt man nun von diesen 500,000 Combattanten für die Besetzung des jetzt wohl ziemlich völlig unterworfenen Algeriens, sowie für die Besatzungen von Paris und den Festungen im Lande, — zu denen die Depots, sowie die National-Garden mitbenutzt werden dürften! — 100,000 Mann in Abrechnung, so würde es der französischen Regierung jederzeit möglich sein, in sehr kurzer Zeit, für den ersten Augenblick wenigstens, 300,000 Mann, vielleicht sogar noch mehr? sofort nach Außen verwenden zu können, und wird es keinenfalls schaden, wenn man Frankreichs disponible Streitmacht eher auf noch mehr, als auf weniger als die hier genannten Kopfzahlen berechnet.

Die Armee ist demnächst vortrefflich und zweckmäßig bekleidet, bewaffnet, mit allem erforderlichen Material für den Krieg reichlich ausgerüstet, mit einer mehr als genügenden Anzahl tüchtiger Offiziere versehen*) und rühmt sich mit Recht des strengen Gehorsams und einer musterhaften Disciplin.

*) In der französischen Armee rechnet man durchschnittlich auf 30 Soldaten, in den deutschen Armeen dagegen auf 50 Mann einen Offizier, — wenn der Etat an Offizieren vollzählig ist! — was in den deutschen Armeen jedoch nicht der Fall sein dürfte?

Von Nationalstolz beseelt, theilt sie alle guten Eigenschaften der Nation, aber auch in gleichem Maße alle Fehler und Schwächen derselben. Von ächt kriegerischem Geiste belebt, ist sie voller Kampfeslust, Thatendurst und Ruhmsucht, muthig und tapfer, wie sie dies zu allen Zeiten und noch neuerdings — von den Kriegen in Algier bis zu denen im Orient und in Italien — bewiesen hat, in denen überall von Offizieren und Soldaten, namentlich von den Elite-Truppen, nicht selten Wunder der Tapferkeit anzuführen sind, wie denn überhaupt die Leistungen der Soldaten in diesen Kriegen nur die größte Achtung verdienen.

Von großer Beweglichkeit in körperlicher und geistiger Hinsicht, — die sich aber auch in beiden Beziehungen bis zur fortwährenden Unruhe steigert, — sind die französischen Soldaten unermüdlich und ausdauernd im Gefecht, sowie in Ueberwindung der Fatiguen aller Art.

Voll Selbstgefühl und Selbstvertrauen, im vollen Besitz des sentiment individuel, aber auch nicht ohne Ehrgeiz, Selbstsucht und Eitelkeit, — welche Eigenschaften jedoch auch zur That treiben! — zeigt sich besonders bei ihnen der allgemeine Drang nach vorwärts! Jeder Einzelne will siegen und zweifelt nicht am Erfolge — und nicht selten hat die Armee gesiegt, weil jeder einzelne Soldat mit allem Eifer durchaus siegen wollte! — »Dem Muthigen aber gehört die Welt!«

Der französische Soldat kennt keine Schwierigkeiten! Im Sinne des alten französischen Sprichwortes: »Si la chose est possible, elle est faite! si elle est impossible, elle se fera!« geht er ohne viele Ueberlegung, nicht selten sogar sehr leichtsinnig! aber desto unverzagter, mit dem festen Willen, alle Schwierigkeiten zu überwinden, und in der Ueberzeugung, daß dies ihm nicht fehlen könne, drauf los!

Mit solchen Gesinnungen, unterstützt von dem der Nation eignen élan und entrain*) bis zu der schon bei den alten Galliern bekannten »furia francese« drängt der Franzose stets zum Angriff und wird dadurch auch in demselben gewaltig**). Dabei ist der französische Soldat umsichtig und gewandt, besonders geschickt zum Einzeln-Gefecht und selbstständig. Er ist erfinderisch, praktisch, weiß sich zu helfen, weiß mit besonderem Geschick sich im Bivouac ebenso schnell einzurichten, als im Gefecht Brücken zu improvisiren, Häuser und Dörfer schnell zur Vertheidigung einzurichten und letztere mit Energie und einer großen Zähigkeit durchzuführen, indem er sich in den besetzten Ortschaften förmlich einbeißt.

Krieg ist das Element der Armee, deshalb betrachtet aber auch die Regierung sehr weise, selbst im Frieden, stets den Krieg als den Normal-Zustand der Armee und behandelt dieselbe demzufolge zu allen Zeiten mit demselben Ernst und derselben Strenge wie im Kriegszustande, dislocirt die Truppen möglichst oft in die vorhandenen Lager — auf sechs und mehr Monate — und wirft sie außerdem fortwährend rücksichts- und schonungslos im Lande hin und her, um den Soldaten durchaus keine Friedensgewohnheiten annehmen zu lassen.

Demgemäß ist denn auch die Ausbildung der Soldaten nur für den Krieg berechnet, und geschieht grundsätzlich

---

*) Die französischen Ausdrücke »élan« und »entrain« werden hier beibehalten werden, da dieselben in ihrer vollen französischen Bedeutung mit deutschen Worten nicht genau wiederzugeben sind, indem bei den Franzosen »élan« mehr als »Aufschwung«, »entrain« mehr als »Fortreißen«, der innersten Bedeutung nach, bezeichnet.

**) In seinem élan und entrain geht der Franzose jedoch oft auch zu weit und geräth dadurch in manche Verlegenheit. Der Kaiser, der seine Gallier nur zu gut kennt, sagte daher auch in seiner Proclamation an die Armee, d. d. Genua, den 12. Mai 1859: »Dans la bataille demeurez compactes et n'abandonnez pas vos rangs, pour courir en avant. Défiez-vous d'un trop grand élan, c'est la seule chose que je redoute!« — Diese weise Warnung war aber gleichzeitig auch eine Schmeichelei für die Soldaten und hat nicht wenig Effect in der Armee gemacht!

nichts für die Parade, auf welche man — sehr weise! — auch durchaus keinen Accent legt und daher den Werth der Truppe niemals nach ihrem Parade-Marsch beurtheilt, so daß es dem fremden Offizier, — für welchen nicht selten der Parademarsch eine Lebensfrage ist! — ungemein auffällt, wenn er die französischen Truppen — selbst vor dem Kaiser! — in nachlässiger Haltung und in krummen Linien, die Infanterie nicht selten ohne Tritt! den Vorbeimarsch ausführen sieht, welcher öfter sogar ganz kriegsmäßig, mit dem Gewehr über die rechte Schulter, im pas de route gemacht wird*).

Allen diesen Lichtseiten fehlen aber selbstredend auch die Schattenseiten nicht, welche man daher in gleicher Weise, wie jene zu ehren, diese gründlich zu beachten hat.

Die vielen guten militairischen Eigenschaften, welche dem französischen Soldaten mit élan und entrain vorwärts treiben, äußern vor Allem ihre günstigen Wirkungen nur so lange, als es dem Franzosen gestattet ist, vorzudringen.

So schätzenswerth das »sentiment individuel« des französischen Soldaten ist**), so bringt dasselbe doch für ihn den Nachtheil, daß es eben nur »individuel« ist, indem der Soldat jederzeit vor Allem mit sich beschäftigt ist, daher auch in der Masse nur so lange mitgeht, als dieselbe siegreich vorgeht. Wird diese dagegen gewaltsam und vielleicht gar noch unerwartet! mit Nachdruck zum Zurückgehen genöthigt, so hört auch sehr bald der Zusammenhang des Einzelnen mit derselben auf, und zwar um so mehr, als dann auch nur zu leicht alle

*) Nach dem Eindruck, — welchen der sehr mangelhafte Parademarsch der französischen Truppen dem Auge des, in dieser Hinsicht verwöhnten, fremden Militairs macht, — die Tüchtigkeit und den militairischen Werth derselben beurtheilen zu wollen, würde ein arger Mißgriff sein!

**) Das sentiment individuel giebt dem französischen Soldaten viel Kraft, ja vielleicht gegen denjenigen, welcher dasselbe nicht besitzt oder nicht geltend macht, ein Uebergewicht.

Mängel einer gar zu sorglosen taktischen Ausbildung — von welcher später das Nähere erörtert werden wird — sich geltend machen, welche die Masse haltlos werden lassen und sie leicht zur Unordnung bis zur Auflösung führen.

Hierzu kommt, daß der Franzose von Natur nicht frei von Neid und Mißgunst ist, daher bei allem angeborenen Leichtsinn doch — und zwar speciell in ernsten Momenten — leicht zum Mißtrauen geneigt wird.

Ganz besonders zeigt sich der Neid des französischen Soldaten dem Höherstehenden gegenüber, namentlich gegen den aus dem Unteroffizierstande hervorgegangenen Offizier. Er hat zu diesem weniger Vertrauen, wie er überhaupt nur vorübergehender Anhänglichkeit für seinen Vorgesetzten fähig ist, von denen er mit dem, dem gemeinen Manne eigenen, richtigen Takt nur denjenigen Achtung und Vertrauen schenkt, die für ihn sorgen und die er als tapfer kennen gelernt hat. Diesen folgt er gern und mit Vertrauen im Gefechte, aber doch auch nur so lange, als dieselben ihm vorangehen und ihn vorwärts führen. Die Soldaten verlangen, daß ihre Offiziere im Gefechte vorangehen und sprechen dies, wenn es zum Gefecht kommt, laut durch den Ruf aus: »en avant les épaulettes*)!« Mit dem Zurückgehen schwindet sehr bald das Vertrauen, ja nicht selten läßt dann sogar der Gehorsam nach!

Aus diesen Gründen ist daher auch für die Franzosen ein ihnen kräftig aufgezwungener Rückzug — im Kleinen sowohl als im Großen — stets von der größten Gefahr gewesen und wird dies auch ferner sein.

---

*) Dies ist auch der Hauptgrund, weshalb die französischen Offiziere und selbst die höheren Offiziere und Generale — letztere oft zu Fuß! — im Gefecht sich stets persönlich an die Spitze der Truppen setzen müssen, wo namentlich letztere oft gar nicht hingehörten, — und wird hierdurch wiederum der so bedeutende Verlust an Offizieren erklärlich, welchen die Franzosen zu allen Zeiten, namentlich aber in den letzten Kriegen erlitten haben.

Demnächst spielen aber auch in der Armee, wie in der Nation, die beiden großen Hebel »Eitelkeit« und »Interesse« eine sehr einflußreiche Rolle; denn bei aller Anerkennung der dem Franzosen angeborenen Bravour ist jederzeit doch auch dessen Eitelkeit eine mächtige Triebfeder zur That, indem er stets Aufmerksamkeit und Lob für sein Thun anstrebt und demnächst für dasselbe auch noch eine sichtbare Anerkennung, einen Orden — der, wie schon bemerkt worden, stets mit einer Geld-Revenue verbunden ist! — oder wenigstens doch ein Avancement erlangen, in allen Fällen seinem Interesse gefröhnt wissen will! Das Bewußtsein der That, mit welchem der Deutsche, besonders der Preuße, sich begnügt, indem diese die That nur um deren selbst willen! vollbringen — genügt dem selbstsüchtigen, eitlen Franzosen nicht. Er will eine Belohnung, und zwar eine für alle Welt sichtbare*).

Der Kaiser kennt diese Schwäche seiner Gallier sehr wohl und weiß sie auch mit Geschick zu benutzen, indem er die Eitelkeit und das Interesse seiner Truppen cajolirt, an panis et circenses es ihnen nicht fehlen läßt und bei jeder Gelegenheit die Armee mit Avancement, Orden und Geld-Geschenken überschüttet.

So lange als der Kaiser der Armee diese Anerkennungen in so reichem Maße wie bisher zu Theil werden läßt, wird diese ihm auch ein sicheres Werkzeug zur Durchführung seiner Pläne, so wie eine kräftige Stütze für seine Existenz sein, da die Armee hauptsächlich nur um jener Vortheile willen Antheil an seiner Person nimmt, für welche sie ein dauerndes persönliches,

---

*) Ein alter, würdiger, französischer General aus der ersten Kaiserzeit, welcher gegen die preußische Armee gefochten hatte und mit großer Achtung von derselben sprach, characterisirte den Unterschied zwischen letzterer und der französischen sehr hübsch, indem er sagte: Le soldat français se bat pour sa gloire et pour une croix! Le soldat prussien se bat — par la croix et son serment! pour son roi, pour la gloire, l'honneur et le bonheur de sa patrie!

uninteressirtes Attachement — so wenig als für jeden anderen Souverain Frankreichs vor und nach ihm — besessen hat, noch besitzt.

Das Gefühl der Hingebung und Treue, durch welche der Deutsche sich auszeichnet, vermißt man hier durchaus, und ist dasselbe namentlich verloren gegangen, seitdem man in Frankreich die äußere Ehre an die Stelle der inneren gesetzt hat.

Wie schon oben erwähnt wurde, ist aber — bei der Wetterwendigkeit der Franzosen überhaupt — die Zuneigung zum Regenten nur so lange vorhanden, bis ein Anderer die Zügel der Regierung ergreift*).

Außer diesen großen moralischen Mängeln und Schattenseiten hat die Armee wohl noch manche andere, die ihr nachtheilig sind; diese jedoch hier zu erörtern, würde theils zu weit führen, theils werden dieselben in den nachfolgenden Blättern event. mit zur Sprache gebracht und näher beleuchtet werden.

Jedenfalls ist die französische Armee nicht nur eine zahlreiche, kräftige, gut disciplinirte, sondern sie ist auch eine in jeder Hinsicht sehr zu beachtende, welche vor fast allen gegenwärtigen Armeen Europas den großen Vorzug voraus hat, daß sie durch die langen Kriege in Algier, so wie durch die neueren Kriege in der Krim und in Italien nicht nur viele und großartige Kriegs-Erfahrungen gesammelt, Kriegs- und Gefechts-Praxis, so wie Kriegs-Gewohnheit sich angeeignet, an Märsche und Fatiguen sich gewöhnt hat, dadurch aber nicht bloß kriegserfahren und kriegsgewohnt geworden, sondern außerdem auch noch kriegslustig, kriegsfähig und kriegsfertig ist, so daß man derselben in diesen Beziehungen die größte Achtung nicht versagen kann, vor Allem aber sie

*) Die Phrase, welche man als Entschuldigung für diese Windfahnen-Politik gewöhnlich zu hören bekommt, lautet:
»Je ne sers pas l'homme, je sers ma patrie!«

ja nicht geringschätzen und, in strafbarer Selbstüberschätzung! gar für »leicht besiegbar« halten soll! —

Der französische Soldat

wird durch das Loos für den Dienst bestimmt, kann sich aber, wenn er die erforderlichen Geldmittel besitzt, von der ehrenvollen Verpflichtung, für sein Vaterland zu fechten, für eine vom Gouvernement festgestellte Summe loskaufen! —

Die Regierung bezieht dieses Geld und hat von demselben eine besondere Kasse gebildet, aus welcher sie die erforderlichen Stellvertreter bezahlt, für deren Gestellung sie zu sorgen übernommen hat. Aus dieser Kasse erhält jeder Remplaçant beim Eintritt in den Dienst eine kleine Summe und von den Interessen des Kaufgeldes monatlich eine gewisse Zulage, nach Ablauf seiner Capitulation aber erst das Kauf-Prätium selbst, welches ihm jedoch bei Vergehen oder schlechter Führung ganz entzogen event. verkürzt werden kann.

Die Regierung hat durch diese Einrichtung einen dreifachen Vortheil erlangt, indem sie nicht allein 1) durch die qu. Kasse Geld macht, sondern 2) nur Leute nach ihrer Wahl als Remplaçants einstellt, zu denen sie so viel als irgend möglich nur ausgediente, also ausgebildete, und zwar nur zuverlässige, tüchtige Leute nimmt, wodurch sie eine große Zahl über 7 Jahr dienender, tüchtiger, bewährter Soldaten und in diesen ein ganz vortreffliches Material zu Unterofficieren erhalten hat, so daß jetzt schon mehr als die Hälfte der sämmtlichen Unterofficiere Remplaçants sind*). 3) Durch die Aussicht auf das Kauf-Praetium nach gutbeendeter Dienstzeit ist

*) Der Begriff: Remplaçants hat daher jetzt auch eine ganz andere bessere Bedeutung erhalten, als früher, wo der »remplaçant« nicht selten »mauvais sujet« war und in keinem Ansehen stand.

aber zugleich den Remplaçants eine moralische Zwangsjacke angelegt, die sie zu guter Führung nöthigt.

Die Dienstzeit beträgt 7 Jahr, welche der Soldat bei der Fahne abzudienen verpflichtet ist und auch abdient, indem fast nur bei der Infanterie seit den letzten 5 Jahren — nicht auf Anbringen des corps législatif und des Senats! sondern auf Befehl des Kaisers — Beurlaubungen auf 6 Monate gestattet werden, welche bei den bestgedienten und bestausgebildeten Leuten, während der 7 Jahre ihrer Dienstzeit, sich öfter wiederholen dürfen, so daß, bei der Infanterie namentlich, die Leute in Summa etwa 5, ein großer Theil sogar nur 4 Jahr bei der Fahne präsent sind.

Während in Deutschland leider nicht selten die Dauer der Dienstzeit nach dem Minimum der Ausbildungszeit bestimmt, bei dieser aber wiederum ein sehr verschiedener Maßstab angelegt wird, berücksichtigt man in Frankreich die Ausbildungszeit durchaus nicht, sondern nur die Zeit, welche erforderlich ist, aus dem Rekruten einen Soldaten zu machen*)!

---

*) Früher war die Dauer der Dienstzeit in Frankreich 8 Jahre; aber auch diese wurde nur für »so eben auskömmlich!" erachtet, wie dies namentlich von dem schon von Napoleon I. seiner kriegerischen Verdienste wegen zum Marschall ernannten Kriegs-Minister Soult, der außerdem noch als ein feiner Menschenkenner bekannt war, öffentlich ausgesprochen wurde.

Als nämlich 1834 die französische Deputirten-Kammer sich gegen das hohe Militair-Budget und die achtjährige Dienstzeit erhob, erklärte der Marschall Soult: »Zwei Jahre gebrauche der Conscrit, ehe er die Heimath vergäße, so daß er nach zwei Jahren erst anfange, »Soldat« zu werden! Zwei Jahre gebrauche er aber, um Soldat zu werden! und da eine gute Armee auch im Frieden mindestens zur Hälfte aus Soldaten! bestehen müsse, während die andere Hälfte nur noch Rekruten sei! so bedürfe er eine achtjährige Dienstzeit für den Soldaten! Wenn man aber eine Verminderung der Dienstzeit der Infanterie verlange, so müsse er gegen die zwar viel verbreitete, aber durchaus irrige Ansicht, daß zur Ausbildung der Cavallerie und Artillerie mehr Zeit erforderlich sei, als zu der der Infanterie, erklären: daß diese Ansicht durchaus falsch sei. Im Gegentheil habe die Infanterie, wenn sie gut sein solle, das Schwerste zu erlernen, namentlich ihren

Aus den tüchtigsten und bestgedienten Soldaten werden, wie in allen Armeen, so auch in der französischen,

die Unteroffiziere

als die solidesten Träger des Dienstes, als die Haupt-Pfeiler der Armee, mit besonderer Umsicht ausgewählt und mit vieler Rücksicht und Achtung von den Vorgesetzten behandelt. Die französischen Unteroffiziere zeichnen sich daher auch in der Regel nicht nur durch persönliche Tüchtigkeit und gründliche Kenntniß des Detail-Dienstes, sondern besonders auch durch Umsicht, Intelligenz, ächt militairische Haltung, Selbstständigkeit, savoir faire und großen Ernst, namentlich dem Gemeinen gegenüber, sehr vortheilhaft aus, indem sie die große Autorität, welche ihnen über letztere eingeräumt ist, durch ihr Benehmen auch zu behaupten wissen.

Der jedem Franzosen innewohnende Eigendünkel und Ehrgeiz wird beim Unteroffizier aber auch noch durch die Aussicht auf Beförderung zum Offizier fortwährend angespornt. Um sich dieser Aussicht würdig zu machen, sind sie daher auch bemüht, dem Soldaten, den sie sehr im Respect und sich fern zu halten verstehen, jederzeit ein gutes Beispiel zu geben. Das Unteroffizier-Corps ist daher als tüchtig, dienstkundig, praktisch und im Allgemeinen auch als kriegserfahren zu bezeichnen.

Da jedoch ungeachtet der napoleonischen Phrase: »chaque soldat porte le bâton de maréchal dans sa giberne!« *) im

»Körper so abzuhärten, daß er alle Anstrengungen ertragen könne, welche für die »Infanterie weit bedeutender als für jede andere Waffe seien. Nur deshalb habe »Napoleon 1801 das Uebungs-Lager bei Boulogne eingerichtet; dadurch aber seine »Infanterie auch so eingeübt, daß er (Soult) mit seinem Corps 1805 von Boulogne »nach Ulm 300 Lieues in 40 Tagen marschirt sei, ohne einen einzigen Kranken zu »haben!«

*) Unter den namhaften Generalen der jetzigen Armee sind die Marschälle Magnan (1811), Randon (1811), sowie der Divisions-General Camon (1807) noch unter Napoleon I. als gemeine Soldaten in die Armee — jedoch freiwillig — eingetreten und haben ihrer Tapferkeit die Epaulettes zu verdanken gehabt.

Verhältniß zu der großen Anzahl von vorhandenen Unteroffizieren nur wenige derselben die Offizier-Epaulettes erlangen, so fehlt es natürlich bei Vielen der Masse auch nicht an getäuschten Hoffnungen, welche gar leicht Neid und Mißgunst gegen die Bevorzugten erregen und zur Unzufriedenheit geneigt machen.

Diese Gefühle, so wie der lebhafte Drang nach Beförderung und Auszeichnung durch Orden, erhalten aber die im Allgemeinen sehr tüchtigen und brauchbaren Unteroffiziere auf der anderen Seite auch stets in einer gewissen Unruhe des Gemüthes, die ihnen den Wunsch nach möglichst baldigem Wechsel ihrer Verhältnisse aufdrängt und sie daher nur zu leicht den Revolutionen! event. einem Wechsel der Regierung! geneigt macht, da sie durch diese Gelegenheiten leichter zur Befriedigung ihrer Wünsche und ihres Ehrgeizes zu gelangen hoffen. In den Unteroffizieren vor allen findet daher am meisten der revolutionaire Geist Raum, und macht derselbe sie zu einem ebenso brauchbaren Material für Unruhen als überhaupt zu einem gefährlichen Element der Armee, weshalb sie denn auch von den Vorgesetzten mit Rücksicht und Schonung behandelt werden. — Diese Schonung wird aber um so nothwendiger, je mehr Unteroffiziere aus den Remplaçants gewählt werden, welche letzteren man zu Offizieren zu ernennen so viel als möglich vermeidet*).

Der größte Theil der Unteroffiziere, namentlich der kriegserfahrenen, besteht aber jetzt aus Remplaçants. Die wenigsten gehen aus den als Rekruten eingestellten Gemeinen hervor, unter denen man jedoch besonders die freiwillig eingetretenen

---

*) Wenn man früher Unteroffiziere, die Remplaçants waren, ihres Ursprunges wegen fast gar nicht zu Offizieren beförderte, so vermeidet man dies jetzt besonders auch noch ihres vorgerückten Alters wegen, da die Remplaçants bereits 27 Jahr alt sind, wenn sie die zweite Capitulation von 7 Jahren eingehen.

und unter diesen wieder vorzüglich solche junge Leute, welche eine gute Schulbildung und Erziehung mitbringen, bei der Beförderung zum Unteroffizier berücksichtigt. Zu den letzteren gehören namentlich diejenigen jungen Leute, welche mit dem Zeugnisse als bacheliers ès lettres, d. i. mit der Reife zur Universität (als Abiturienten), die Gymnasien verlassen, in der Schule von St. Cyr oder der école polytechnique rc., jedoch, bei dem großen Andrang zu diesen Anstalten und der beschränkten Anzahl von jährlich vacanten Plätzen in denselben, dort keine Aufnahme gefunden haben, daher ihren Weg in der Armee, vom Gemeinen an, zu machen versuchen und deshalb freiwillig in dieselbe eintreten.

Diese Letzteren pflegen, bei guter Führung und den erforderlichen Dienstkenntnissen, sobald sie das für den Unteroffizier vorgeschriebene dienstliche Examen! bestanden und durch dasselbe das Zeugniß der Qualifikation zum Offizier erlangt haben, vorzugsweise — nicht selten schon nach 2½ bis 3, höchstens 4 Jahren Dienstzeit! zu Offizieren befördert zu werden.

Die übrigen zu Offizieren beförderten Unteroffiziere, welche dies nicht für Auszeichnung vor dem Feinde werden, müssen jedoch ebenfalls die vorstehend bezeichneten Prüfungen bestanden haben.

Von diesen aber haben die meisten in der Regel wenigstens 9—12 Jahre, ja sogar wohl 15—20 Jahre gedient, ehe sie die Offizier-Epaulettes erlangen! und irren sich die Jünger der Demokratie, welche den Offizierstand gar zu gern aus dem Unteroffizierstande ergänzen möchten, gar sehr, wenn sie glauben: daß in Frankreich es dem Unteroffizier ein so gar Leichtes sei, zum Offizier befördert zu werden!

Nach einer hier vorliegenden, auf amtliche Notizen basirten Durchschnitts-Berechnung stellt sich nämlich heraus, daß von 170 aus dem Unteroffizierstande hervorgegangenen Offizieren

16	. . . . .	2 bis 4 Jahre,
62	. . . . .	5 = 8 =
62	. . . . .	9 = 12 =
30	. . . . .	13 = 20 =
Summa: 170		

als Gemeine und Unteroffiziere &c. gedient hatten, bevor sie die Offizier-Epaulettes erlangten, daß aber diejenigen, welche nur 2—4 Jahre gedient hatten, — fast 1/10 der Masse! — aus den oben genannten jungen Leuten der gebildeten Stände hervorgegangen; diejenigen aber, welche nur 5—8 Jahre gedient hatten, »für Auszeichnung vor dem Feinde« befördert worden waren.

In Frankreich wurden auch schon vor der Revolution hin und wieder tüchtige, aber sehr lange gediente Unteroffiziere — als Belohnung ihrer guten Dienste — zu Offizieren befördert, als solche jedoch nur bei Garnison- und Veteranen-Corps angestellt, — wie dies auch in Preußen schon unter Friedrich II. geschah! — Erst durch die Revolution, als der Adel und die Elite der besseren Stände emigrirten, — wurde theils aus Mangel an wohlgebildeten und wohlerzogenen Offizier-Candidaten — hauptsächlich aber, um dem Volke zu schmeicheln, und weil das Volk regierte! — dem Wahlspruch: »liberté! fraternité! égalité!!!« gemäß — dem Unteroffizier der Offizierstand im Allgemeinen durch ein Gesetz zugänglich gemacht. Dieses Gesetz ließ sich später natürlich nicht gut wieder aufheben, ist aber um so mehr als nothwendig beibehalten worden, als seit der Revolution 1830 der Adel und die höheren Stände sich noch weniger als früher dem Waffendienste widmen.

Die Offiziere

der französischen Armee werden ernannt:

1) aus den Zöglingen der Militairschulen — école polytechnique (für die Artillerie und das Genie-Corps) école

de St. Cyr rc. — in welche dieselben mit dem 18. Jahre erst eintreten und nach einem zweijährigen Cursus das Offizier-Examen ablegen, nach dessen Bestehen sie sofort als Offiziere in die Armee eingestellt werden.

2) Aus den Unteroffizieren der Armee, bei denen — wie bereits (S. 32 u. 33) näher angegeben wurde — 2 Kategorien zu unterscheiden sind, von denen die der zuletzt angeführten, die gebildeten und wohlerzogenen jungen Leute, — wenn sie sonst allen Anforderungen entsprechen — schon nach 2—4 Jahren Dienstzeit zu Offizieren befördert werden, während die übrigen, aus der Masse des Unteroffizierstandes, beförderten Offiziere dies erst nach weit längerer, oft sehr langer! Dienstzeit werden können.

Die Offizier-Corps der französischen Armee bestehen hiernach aus ganz anderem Material als die der preußischen, so wie der meisten deutschen Armeen! —

Durch die, in Hinsicht der Bildung sehr verschiedenen, Elemente theilen sich aber die Mitglieder jedes Offizier-Corps der französischen Armee in zwei Kategorien, von denen die bessere:

a) aus den Zöglingen der Militairschulen besteht, welche als Offiziere in die Truppentheile treten, denen sich die gebildeten, freiwillig Eingetretenen und nach 2—4 Jahren Dienstzeit zu Offizieren Beförderten anschließen;

b) die andere umfaßt die aus der Masse der Unteroffiziere hervorgegangenen, — welche von dem Soldaten aus Neid und nicht selten auch von den zur ersteren Kategorie gehörenden Offizieren (spöttisch) »officier-sergents« auch wohl »troupiers« genannt werden.

Diese letztere Kategorie, von denen die für Auszeichnung »vor dem Feinde« beförderten, in der Regel im Alter von wenigstens 26 bis 28 Jahren, die übrigen aber erst nach dem 30. Jahre die Offizier-Epaulettes erlangt — ist in der Mehr-

3*

zahl nicht nur ohne wissenschaftliche Bildung, sondern nicht selten in dieser Beziehung »ignorant« zu nennen. Selbst bei einer hie und da angeeigneten äußeren Tournure und Politur sind diese Offiziere — welche, besonders nach den großen Verlusten an Offizieren in der Krimm und Italien, jetzt wohl mehr als die Hälfte der sous-lieutenants ausmachen — der Masse nach, ohne besondere gesellige Bildung, ja nicht selten — den lang gehegten Gewohnheiten zufolge — mitunter sogar roh und in Hinsicht ihrer Gesinnungen nicht viel anders als die Masse der Unteroffiziere überhaupt. In ihren politischen Grundsätzen eben nicht zu fest, der Eitelkeit und dem materiellen Interesse fröhnend, streben sie vor Allem nach Belohnung — Avancement, Orden und Geld! und sind daher besonders derjenigen Regierung zugethan, welche ihre Wünsche zu befriedigen weiß, jedoch auch nur so lange, als dies geschieht! Ohne denselben jedoch den Vorwurf revolutionairer Gesinnung machen zu wollen, lehrt die Erfahrung, daß sie sich leicht und schnell jedem Regierungswechsel fügen und der neuen Regierung mit denselben Prinzipien dienen, wie der alten, wobei jedoch auch nicht verschwiegen werden darf, daß es auch unter ihnen nicht an Individuen fehlt, die eine rühmliche Ausnahme von der Regel machen*).

Bei einem beschränkten Kreise der Ideen in militairischer sowohl als politischer Hinsicht, von denen die ersteren sich wohl selten über die Sphäre ihrer resp. Stellung hinaus erstrecken, fehlt es ihnen für diese, sowie für das gewöhnliche Leben doch nicht an Umsicht und Scharfblick. Sie kennen mit großer Genauigkeit alle Details des Dienstes, in welchem sie viele Jahre lang gelebt haben und erfüllen die Functionen ihrer Sphäre

---

*) Bei der Revolution 1830 wurden daher auch die, der alten Regierung treu gebliebenen, Offiziere dieser Kategorie eben so wie die von besserem Herkommen, von den Unteroffizieren und Soldaten fortgejagt.

gewissenhaft, mit Ernst, Strenge und Pünktlichkeit. Aus eigener Erfahrung mit den Ansichten, dem Wesen, den Gewohnheiten und Bedürfnissen der Soldaten vertraut, wissen sie letztere demnach auch zu behandeln, für dieselben zu sorgen, wie sie ihnen denn auch im gewöhnlichen Leben, besonders aber im Gefecht, mit ihrem Beispiel stets verangehen. Sie sind tüchtige Soldaten de pied en cape, Soldaten im vollen Sinne des Wortes und die wahren Diensthuer — qui font bien leur métier! — aber auch nicht mehr! — Nächst tüchtiger Dienstkenntniß und Diensterfahrung besitzen jetzt die meisten derselben aber auch genügende Gefechts- und Kriegserfahrung, was von hohem Werthe ist.

Durch den vorstehend bezeichneten Unterschied der Elemente jedes Offizier-Corps spalten sich letztere jedoch fast überall in zwei, oft ganz von einander getrennte, Theile. Der scharf ausgeprägte Unterschied der resp. Kategorien, sowie die verschiedenen politischen Ansichten der Einzelnen und der nationale Egoismus, in Folge dessen der Franzose vor Allem nur für seine Person Interesse hat, thun daher natürlich auch dem esprit de corps so großen Eintrag, daß man denselben, wie man ihn, Gott sei Dank! in Deutschland noch kennt, hier nicht suchen darf.

Die Offizier-Corps bilden schon in ihrem Truppentheile keine Familie, noch weniger in der ganzen Armee, wie dies der preußischen und jeder deutschen Armee so schön nachzurühmen ist! aber auch die Kraft der Letzteren hebt und stützt, indem hier Jeder für Jeden sich interessirt und Einer für die Ehre des Andern, sowie für die Ehre des Ganzen wacht!

Es fehlt in Frankreich das schöne Band des innigen, kameradschaftlichen Zusammenhaltens durchaus, und findet daher im Offizier-Corps auch nicht, wie in den deutschen Armeen, ein herzliches kameradschaftliches Zusammenleben der Offiziere statt. Dieselben sehen sich nur im Dienst, in der Pension

(d. h. bei Tisch) oder im café; sonst geht jeder seinen Gang! so daß die Offizier-Corps nur als eine Gesellschaft egoistischer Individuen zu bezeichnen sind, welche außerdem auch nicht frei von Neid und Mißgunst, sowie von Mißtrauen gegen einander sind, letzteres aber nicht selten besonders gegen die höheren Vorgesetzten hegen.

Im Allgemeinen muß man den französischen Offizieren jedoch nachrühmen, daß sie intelligent und umsichtig, kriegslustig und tapfer sind und um sich wissen, namentlich im Gefecht, wo sie — selbstständig von Natur — ohne viel zu fragen, wenn auch oft als reine Naturalisten, den Umständen gemäß, auf eigene Verantwortlichkeit handeln und mit entrain ihren Soldaten stets mit gutem Beispiel vorangehen. Mit so vortrefflichen Eigenschaften verbindet ein großer Theil noch Marsch- und Gefechts-Routine, so wie Kriegs-Erfahrung und ein gesetztes Alter, welches ein ernsteres Wesen mit sich bringt, so daß sie in dieser Beziehung allerdings, wie auch in mancher anderen*)! vor den Offizieren mancher anderen Armee viel voraus haben.

Was den Modus der Beförderung der Offiziere anbetrifft, so erfolgt diese:

a) nach der Anciennetät (in der tour),

b) nach der Wahl (außer der tour),

und zwar rechnet man:

---

*) Einer, für den Dienst sehr vortheilhaften, Einrichtung der Organisation der französischen Armee, welche in ihrer gefügigen Gliederung viel Beachtenswerthes hat! muß hier noch erwähnt werden, nämlich: daß nicht nur für die Comptabilität, sondern auch für die Beaufsichtigung der Bekleidung und Ausrüstung jedes Truppentheiles, besondere Offiziere angestellt sind, so daß die Sorge für dieselben nicht dem Capitain zur Last fällt, letzterer also auch, durch die Verantwortlichkeit für seine Kammer, nicht so absorbirt wird, daß er dem Dienste fast abstirbt.

im Frieden auf 3 Avancements:

2 in der tour,

1 außer der tour (choix);

im Kriege dagegen:

1 in der tour,

2 außer der tour.

Hierbei ist aber wohl zu beachten, daß die Offiziere der besseren Kategorie — der aus den Schulen und den gebildeten Freiwilligen hervorgegangenen — vorzugsweise bei dem Avancement außer der tour berücksichtigt zu werden pflegen, während die der anderen Kategorie (officiers-sergents) meist nur in der Tour avanciren und daher um so mehr schon etwas vorgerückt in Jahren erst! zum Hauptmannsgrad gelangen. Aber nicht nur des Alters, sondern wohl auch ihres Ursprungs wegen, werden dieselben nur selten bis zum Stabs-Offizier, noch seltener zum Regiments-Commandeur, zum General aber nur in sehr wenigen Ausnahmefällen befördert. Selten bringen sie es weiter, als bis zum Capitain, und begnügen sich auch gern mit diesem Range, da ihr point de vue von Hause aus nur die Capitains-Pension! zu sein pflegt.

Hiernach sieht man in der französischen Armee unter den Subaltern-Offizieren zum großen Theil Männer von 30 bis 40 Jahren, unter den Capitains aber viele mit grauen Haaren — den Fünfzigen nahe! — dagegen, in Folge des Avancements außer der tour! unter den Stabs-Offizieren, Regiments-Commandeuren und Generalen, im Verhältniß zu den Subaltern-Offizieren und Capitains, viele jüngere, tüchtige und durchweg rüstige Männer, welche fast alle aus den Schulen oder den gebildeten Freiwilligen hervorgehen, was jedenfalls ein großer Vortheil für den Dienst und die Tüchtigkeit der Armee ist. Der größte Theil der Stabs-Offiziere und Regiments-Commandeure haben aber ihre Schule in Algier, in der Krimm oder in Italien gemacht und besitzen daher viel Kriegserfahrung*).

Die Generale

gehen demnächst auch nicht, wie in anderen Armeen, vorzugsweise aus dem Generalstabe und den Eliten-Corps, sondern größtentheils aus den Truppen hervor, und besitzen daher bei guter allgemeiner Bildung doch selten eine höhere militairische, wie der General solche besitzen sollte.

Die meisten haben in dieser Hinsicht einen nur beschränkten Gesichtskreis, und wenige haben les vues larges**). Den strategischen Lehren ziemlich fremd, sind sie in der Führung

---

*) Eine annähernde Uebersicht der hier beregten Avancements-Verhältnisse läßt sich aus der folgenden, beispielsweise gemachten, Zusammenstellung ersehen, welche, aus officiellen Quellen entnommen, die Carrièren von 320 im Kriege in Italien 1859 namhaft gemachten, größtentheils gebliebenen Offizieren verschiedener Grade angiebt.

Hiernach waren hervorgegangen aus:

	1) den Militair-Schulen	2) den gebildeten Freiwilligen	3) der Masse der Unteroffiziere	Verhältniß von (1+2) : 3.
a. von 132 Lieutenants . .	33	3	92	1 : 2½
b. „ 90 Capitains . .	24	4	62	1 : 2
c. „ 36 Stabsoffizieren .	28	1	7	4 : 1
d. „ 25 Regiments-Commandeuren .	25	—	—	25 : 0
e. „ 37 Generalen . .	34	1	2	17 : 1 †)

†) Dieses Verhältniß von 17 : 1 ist jedoch durchaus nicht maßgebend, da die sub e. angeführten 2 Generale — die Divisions-Generale Camou und Binoy, welche zu den wenigen Generalen gehören, die, als Gemeine freiwillig eingetreten, die Epaulettes auf dem Schlachtfelde (Camou nach 1 Jahre, Binoy erst nach 7 Jahren Dienstzeit) sich verdienten — zufällig gleichzeitig, 1859, bei der Armee in Italien zusammengetroffen sind.

**) Ein großer Mangel in der Bildung der französischen Generale, so wie der meisten Offiziere, ist deren totale Unkenntniß der Organisation, Reglements und Fechtart, sowie der Eigenthümlichkeiten fremder Armeen, welche möglichst genau zu kennen, jedem Offizier Pflicht sein sollte! Dieser Mangel ist aber unverbesserlich, so lange Eigendünkel, Anmaßung und Oberflächlichkeit den Franzosen das Streben nach jener nothwendigen Kenntniß für ganz unnütz erachten lassen, da ihrer Ansicht nach Alles schlecht ist, was nicht französisch ist!

der Truppen eckig, oft sehr unbeholfen und im Manövriren nicht gewandt, weshalb sie hierbei auch der höheren Leitung bedürfen. —

Im Gefecht werden ihnen daher nicht selten, wie auf dem Exercier-Platze, die auszuführenden Bewegungen vorgeschrieben, und sind die meisten — wie Napoleon I. dergleichen Generale bezeichnete — nur »des bons tapeurs« (tüchtige Draufgeher!) wie dies, mit Ausnahme Marmonts, auch fast alle seine Marschälle nur waren*).

Dagegen besitzen sie durchgehends praktisches Geschick, gute Dienstkenntniß, Eifer, Ernst und Hingebung für den Dienst.

Die ihnen eigene Selbstständigkeit giebt ihnen die gehörige Kraft zum Handeln. Sie kennen keine Schwierigkeiten**), handeln daher in der Regel, ohne erst viel zu fragen, und scheuen, voll Selbstgefühl! keine Verantwortlichkeit!

Brav, wie der Franzose überhaupt, gehen sie stets ihren Soldaten mit dem guten Beispiel ihrer Person voran, was freilich, wie schon bemerkt wurde, bei den Franzosen auch nothwendig ist, wenn diese mit Vertrauen und entrain folgen sollen***).

---

*) Selbst der Marschall Marmont genügte dem Kaiser oft nicht. Als Letzterer einst mehrere Marschälle in Paris versammelt hatte, um ihnen einen 2 Stunden langen Vortrag über »la théorie de la guerre« zu halten, trat er, nach demselben, ganz entrüstet in sein Cabinet und warf seinen Hut auf die Erde mit den Worten: »Ah! mais sont-ils bêtes! Pas un seul! qui m'a compris! — même pas Marmont!« —

**) Der Feld-Marschall Graf Gneisenau pflegte zu sagen: »Es giebt zweierlei Arten von Menschen! die einen sehen überall Hindernisse, sehen den Wald vor Bäumen nicht! die anderen dagegen kennen keine Schwierigkeiten, sind stets zum Handeln bereit und — dies ist die Art, mit der man die Sachen macht!«

***) Gewiß macht der moralische Theil der Kriegführung, welche aus der Kenntniß des menschlichen Herzens entsteht, das beste Theil der Größe der Generale aus, wie dies die Beispiele aller großen Feldherren beweisen. Wenn aber die französischen Generale jederzeit sich an die Spitze der Truppen setzen müssen — so ist dies nicht bloß übel, sondern auch ein Fehler, besonders, wenn sie, wie dies im Feuer-Eifer nicht selten geschieht, im Gefecht den Truppen sogar zu Fuß

Der größte Theil der Generale hat die Kriege in Algier, oder doch in der Krimm und Italien mitgemacht und besitzt daher gute, oft reiche Kriegserfahrungen. Die meisten derselben sind sogenannte Africains, mehrere auch noch überdies Criméens*).

Da aber fast alle Generale ihre Carrièren im Kriege gemacht haben, so haben sich dieselben auch in der Regel ihren Grad schneller verdient und sind, im Verhältniß zu denen anderer Armeen, im Allgemeinen »jung« zu nennen.**)

Um die Generalität überhaupt aber nicht zu alt werden zu lassen, bestimmt ein Gesetz: »daß der général de brigade (General-Major) mit 60, der général de division (General-Lieutenant) mit 65 Jahren aus dem activen Dienst in den cadre de réserve (mit halbem Gehalt) en disponibilité gestellt werden muß;« Ausnahmen hiervon zu machen ist jedoch gestattet.

Im Allgemeinen sind die Generale als rüstige, umsichtige, energische, kriegserfahrne und kriegstüchtige Truppenführer zu bezeichnen, wenn auch bis jetzt nur wenige derselben als besonders begabt und mit der höheren Kriegführung vertraut, sich bemerkbar gemacht, besondere Feldherrn-Talente bis jetzt aber noch keine entwickelt haben.

---

vorangehen, was hier vielleicht nothwendig! — im Prinzip aber nicht richtig ist: denn auf diese Weise verliert der General die Uebersicht und mit ihr die Leitung seiner Truppen. Er darf — da er seine Bravour hoffentlich schon seit längerer Zeit genugsam bewiesen hat! — nur in höchst dringenden, also seltenen Fällen, aber nicht immer, an der Spitze der Truppe fechten.

*) Von den 1859 in Italien anwesenden Marschällen und Divisions-Generalen waren 28 Africaner, 18 derselben überdies auch noch Criméens; nur der Divisions-General Partounneaux machte in Italien seine erste Campagne.

**) Von den, im activen Dienst befindlichen Marschällen sind: Castellane 72, Vaillant 70, Regnault 66, Randon 65 und Baraguay 65 Jahr alt (alle 5 noch Offiziere aus der Zeit Napoleons I.!) Niel 58, Mac Mahon 52, Canrobert 51 Jahr alt! Von den, in Italien namhaft gemachten, Divisions-Generalen war Camou 68 Jahr (noch Offizier aus der Zeit Napoleons I.!), zwei andere 63 Jahr, 6 zwischen 56 und 58 Jahr, 7 zwischen 50 und 54 Jahr, 7 zwischen 45 und 49 Jahr alt! —

Die Infanterie

ist durchgehends von schlanker, kleiner, höchstens mittlerer Taille; selbst die Grenadiere der Linie sind nicht sehr groß. Doch sind diese, oft unscheinbaren, kleinen Infanteristen behende, gewandt, leisten oft Unglaubliches in Ertragung von Beschwerden, und lassen sich sehr schnell ausbilden, wie der französische Soldat überhaupt sehr ausbildungsfähig ist.

Der Recrut, der als »Piou-Piou!« blöde, ungeschickt und tölpelhaft erscheint, thut doch nicht selten schon nach 14 Tagen — zuweilen noch nicht völlig eingekleidet — den Wachtdienst mit dem Ernst und der Autorität des alten troupier und entwickelt sich besonders schnell durch die sorgfältige individuelle Ausbildung, auf welche der Haupt-Accent gelegt wird. Während die taktische Ausbildung der Compagnieen, Bataillone u. s. w. sehr viel zu wünschen übrig läßt, wird der einzelne Soldat in der Gymnastik, im Fechten, (mit Fleuret und Bajonet) sowie im Dauerlauf, mit um so größerem Eifer gründlich ausgebildet, als der Nutzen dieser Uebungen sich seit 20 Jahren immer mehr bewährt hat.*)

So pedantisch und streng der Unterricht der Recruten in Stellung, Haltung, Marsch und Griffen aber auch erfolgt, so wird doch, bei deren Ausführung, auf Präcision und gründliche Detaildurchbildung wenig Werth gelegt, so daß man diese bei den Compagnieen, Bataillonen, noch mehr als bei dem einzelnen Soldaten vermißt.

Während man nicht selten eine Art von Götzendienst mit Formationen und Evolutionen größerer Truppen-Massen treibt,

---

*) Die Vortheile dieser Art von Ausbildung, welche in der französischen Armee schon seit 20 Jahren! reglementsmäßig sind, haben die Kriege in der Krimm und in Italien genugsam bewiesen und — den im Bajonetfechten wenig oder gar nicht geübten Gegnern gegenüber! — gezeigt, wie nothwendig die Ausbildung des Infanteristen heut zu Tage im Bajonetiren, und wie dieselbe aber ganz besonders im Contrafechten und im wirklichen Gebrauch des Bajonets für das Gefecht gründlich betrieben werden muß.

ohne bei denselben jedoch auf Schärfe, Genauigkeit und Präcision zu halten, ist die Infanterie im Allgemeinen ohne feste Haltung, locker und dadurch um so schwerfälliger auf dem Exercierplatz. Desto beweglicher im Marsch, ist sie auch vortrefflich einmarschirt. Voll Ausdauer greift sie, — besonders die Eliten-Compagnieen, — welche auch den meisten innern Halt haben, mit starken Schritten, viel Terrain und legt meilenlange Strecken im pas gymnastique (Dauerlauf) zurück, wie weiterhin speciell nachgewiesen werden wird, während sie denselben auch im Gefecht mit Vortheil anzuwenden versteht und häufig anwendet.*)

Nach diesen Leistungen besonders, welche für den Krieg von der größten Wichtigkeit sind, wird daher auch der Werth einer Truppe in der französischen Armee beurtheilt, nicht nach deren Leistungen im Exerciren, noch weniger im Parademarsch! auf welchen man wie schon erwähnt, durchaus keinen Werth legt. Die Franzosen können aber auch keinen guten correcten Parademarsch machen, weil ihnen die hierzu erforderliche — für jede gute Truppe nothwendige — Detail-Durchbildung fehlt.**)

---

*) Welche Vortheile die Franzosen durch die Uebung ihrer Infanterie im pas gymnastique (Dauerlauf) und durch dessen Anwendung im Felde erlangten, hat sich nach Mittheilungen hoher, ausgezeichneter russischer Officiere und Generale, schon in der Krimm zum großen Nachtheil der, in dieser Gangart völlig ungeübten, russischen Infanterie bewiesen. — In der Schlacht bei Inkermann namentlich, kam die Division Bosquet mittelst Dauerlauf! — nicht nur rechtzeitig auf dem entscheidenden Punkte an, sondern entwickelte sich auch so schnell, daß die Russen unter dem heftigen Feuer der Franzosen, theils nur mühsam, theils gar nicht, überall aber nur mit den größten Verlusten, und sehr erschüttert, zur Entwicklung gelangten. Von selbst ergiebt sich hieraus die Nothwendigkeit, den so zweck- und zeitgemäßen Dauerlauf bei der Infanterie gründlich — selbstredend auf eine vernünftige Weise — einzuüben, so daß die Leute nicht nur stets in Ordnung, sondern auch bei vollem Athem anlangen.

**) Sehr richtig bemerkte schon 1808! Faber in seinen: »Observations sur l'armée française. Petersbourg 1808!« »Das Exercitium und die »Elementar-Taktik sind bei den Franzosen nie Zweck, welchen der Soldat als »Gipfel der Vollkommenheit erreichen soll, sondern Mittel um Kriegs-»Resultate zu erreichen. In der französischen Armee wird das alles nur getrieben,

Desto sorgfältiger wird aber Instruction und Ausbildung im Wachtdienst betrieben, was durchaus zweckmäßig ist, da hier der Soldat zunächst selbstständig auftreten lernt.

Die Bekleidung ist leicht und zweckmäßig, die Ausrüstung tüchtig, aber etwas schwer, dagegen ist ihre Bewaffnung gut und dürfte die Infanterie jetzt wohl durchgehend mit gezogenen Gewehren versehen sein, welche 1859 in Italien nur die Garde, die Zuaven, die Chasseur-Bataillone, so wie die aus Afrika herangezogenen Regimenter, von den übrigen Infanterie-Regimentern dagegen nur erst wenige führten.*)

»um die Orduung und Zusammengehörigkeit in der Armee zu erhalten, um den »Soldaten die Stimme kennen and ihr folgen zu lehren, welche ihn zu den höheren Zwecken der Taktik verwenden soll. Nirgend wird schlechter exercirt als in »Frankreich und der französische Soldat ist ohne alle Frage der am wenigsten Un»terrichtete in ganz Europa. Keine französische Compagnie oder Regiment kann »mit einem Preußischen, Russischen, Oesterreichischen auf dem Exercierplatze wett»eifern. Man wird sogar frappirt von dem Unterschiede. der in dieser Beziehung »zwischen den französischen und andern Soldaten herrscht. Die Marschbewegungen »sind weder präcis, noch gleichförmig, die Evolutionen sind bequem und scheinbar »unordentlich. Es werden sehr viele Fehler gemacht, aber man verbessert sie »schnell und ohne Lärm. Daher muß man den Franzosen nicht auf dem »Exercirplatze, sondern im Felde beurtheilen.« — Bei alledem darf aber der Parademarsch doch nicht ganz vernachlässigt werden, da er die Probe auf das Exempel, der Beweis gründlicher, tüchtiger Detail-Ausbildung der Truppe ist. Eine gehörig durchgebildete Truppe, voll Selbstvertrauen und gutem Willen wird immer einen guten Parademarsch machen! Die Franzosen sind dies aber, wie oben bemerkt, aus Mangel an gründlicher Detail-Durchbildung, nicht zu leisten im Stande. Die gänzliche Vernachlässigung, nicht des Parademarsches allein, sondern der quäst. Detaildurchbildung dürfte ihnen dafür aber auch leicht noch sehr nachtheilig werden! —

*) Die Garde nnd die Regimenter aus Afrika, so wie die Turcos führten 1859 in Italien das gezogene Minié-Gewehr mit Bajonet, die chasseurs à pied die Dornbüchse mit Haubajonet (Sabre-Yatayan). die Zuaven gezogene Dornflinten mit Bajonet. — Sämmtliche gezogene Gewehre haben bei genauer Ermittelung der Entfernungen große Treffsähigkeit, aber auch ein sehr großes Caliber und schießen cylindro-conische Kugeln mit dreiseitiger prismatischer conischer Aushöhlung, mit $\frac{1}{8}$ kugelschwerer Ladung, weshalb sie auf weite Entfernungen sehr hohe Curven machen und daher sehr richtiges Schätzen der Entfernung verlangen, dem die Franzosen nicht sehr genügen und daher weithin, aber auch schlecht geschossen haben.

Die Schieß-Uebungen werden jedoch im Allgemeinen sehr oberflächlich und ohne Detail-Instruction des einzelnen Mannes, — nur bei den chasseurs à pied etwas gründlicher — betrieben, so daß die Resultate dieser Uebungen, — den Schießlisten nach, — auch nicht so bedeutend sind, als man dieselben ausposaunt. Der Soldat hat aber großes Vertrauen zu seinem Gewehr und das ist schon viel werth. Im Felde führt der Infanterist 90 Patronen bei sich; trotzdem soll es in Italien öfter vorgekommen sein, daß ganze Bataillone sich schnell verschossen hatten.*)

Zur Elite der Infanterie gehören bei jedem Linien-Bataillone die Grenadier- und die Voltigeur-Compagnien, demnächst aber in der Armee die Garden die chasseurs à pied und die Zuaven.

Die Chasseurs-Bataillone zeichnen sich durch ihr ernstes Wesen, große Findigkeit und gutes Schießen aus, und sehr wahr sagt über sie der K. Baierische General v. Hartmann (Oestr. Mil.-Zeitschrift 1r Jahrgang 2tes Heft 1860 pag. 166 u. f.):

»Die Kraft und Ausdauer der chasseurs à pied für »rasche Angriffsbewegungen, sowie für lange und forcirte »Märsche ist in Folge der gründlich durchgeführten gymnasti-»schen Uebungen auf eine außergewöhnliche Weise gesteigert. »Es herrscht bei ihnen ein entschiedener kriegerischer Sinn und »große Frische vor. Ihre, unter Marschal Soult (durch den »Herzog von Orléans) den preußischen und österreichischen

---

*) In Italien führte der Infanterist 120, der chasseur à pied, der Zuave und der Gardist 150 Patronen mit sich und doch hatten sich bei Montebello das 17te Chasseurs-Bataillon nach $2\frac{1}{2}$, bei Magenta einige Garde-Bataillone nach 3 Stunden völlig verschossen. Von seinen Patronen trägt der Mann 20—25 in der Patrontasche, welche an einer Schleife am Leibkuppel hängt, und sich hin und her schieben läßt. Den Rest der Patronen führt er im Tornister oben auf, in einem Fache, zu dem er leicht gelangen kann.

»Jägern nachgebildete, Organisation fällt in das Jahr 1838 »und stieß damals auf widerstrebende Elemente. Um so »ernstere Beachtung verdient daher eine Abrichtungs-Methode, »durch welche eine neue, der französischen Armee in vielen »Beziehungen fremdartige Schöpfung in so kurzer Zeit zu so »vorzüglicher und praktisch erprobter Kriegsbrauchbarkeit sich zu »entwickeln vermochte.« —

Anmerk. Bekanntlich hat sich Napoleon I. stets gegen die Einführung gezogener Gewehre bei der französischen Armee erklärt, als eine, für den lebhafteren Charakter der Franzosen nicht passende Waffe! —

»Den chasseurs à pied fehlt es jedoch an solchen jungen »Leuten, die, als Gebirgs-, Wald- und Scheiben-Schützen auf»gewachsen, auf dem Schlachtfelde im raschen Scharfschießen »leicht ein Uebergewicht über den Gegner entwickeln können, »der erst als Soldat mit der Führung der Büchse bekannt »wird. In dem italienischen Kriege vermochten sie den Ent»gang (d. h. Mangel) dieses ächten Jäger-Elements nur durch »die Raschheit ihrer Angriffsbewegungen zu ersetzen.«

Die Zuaven, welche in den beiden letzten Kriegen sehr viel verwendet, fast überall zuerst in's Feuer geschickt worden sind und sich durch ihre Kühnheit und Tapferkeit besonderen Ruhm erworben haben, wurden ursprünglich, bald nach der Einnahme von Algier, aus Eingebornen des Landes und kecken, verwegenen, pfiffigen Pariser Taugenichtsen formirt. Letztere sind jetzt fast das alleinige Material dieser Truppe — gewandte tollkühne Wagehälse — die nichts zu verlieren haben, als ihr Leben und den höheren Sold, welchen sie erhalten, die aber voller Selbstvertrauen jetzt auch noch ihren Ruf vertheidigen müssen und die man den früheren Dehlis der alten türkischen Armee vergleichen möchte, die aber auch ebenso gebraucht werden, wie jene und wie unter Friedrich II. die, aus Gesindel geworbenen, Frei-Regimenter (Salomon, Courbière ꝛc.), welche vor 100 Jahren schon! ihre Angriffe, ebenfalls wie jetzt die Zuaven im Trabe machten. *)

Gegen Fatiguen aller Art abgehärtet, kriegsgewohnt und kriegserfahren, in der Gymnastik, sowie im Dauerlauf ungewöhnlich geübt, mit gezogenen Gewehren bewaffnet, zu guten Schützen ausgebildet, sind die Zuaven, bei der sie charakterisirenden Verwegenheit, eine tüchtige leichte Infanterie, die in der Krimm, sowie in Italien, dem Gegner auch noch durch ihr auffallendes, buntscheckiges türkisches Costüm nicht selten nachtheilig imponirt hat**). — Fast noch mehr, als die Zuaven imponirten aber in Italien die algierischen Schützen — die sogenannten Turcos! — eine wilde verwegene Bande eingeborener

---

*) Der so höchst empfehlenswerthe Dauerlauf der Franzosen ist daher durchaus keine Erfindung der Neuzeit! Schon Friedrich II. ließ ihn beim Angriff von seiner leichten Infanterie — den Frei-Bataillonen — machen. Die Franzosen wenden ihn jetzt aber bei der ganzen Infanterie an und dürften denselben vielleicht, wie so vieles andere, den Instructionen des großen Königs entnommen haben, die leider! heut zu Tage in der eigenen Armee von Offizieren und Generalen viel zu wenig gekannt sind, noch studirt, ja von mancher militairischen Weisheit wohl gar »als längst veraltet!« gar nicht mehr beachtet werden, während die Franzosen, wie weiter unten gezeigt werden wird, bis heute noch gar Vieles denselben entlehnt haben und noch entlehnen.

**) Wenn man von den Franzosen nach jedem Gefecht und nach dem Kriege in Italien überhaupt fast nur von den Heldenthaten der Zuaven! und Turcos! sprechen hörte, so hätte man glauben mögen, daß wenigstens die halbe Armee aus diesen gefeierten Truppen bestanden habe! und war daher nicht wenig überrascht, zu erfahren, daß nicht mehr als:

3 Bataillone Zuaven im Garde-Corps,
3 „ „ (1stes Regiment) im 1sten Corps.
3 „ „ (2tes „) im 2ten Corps,
3 „ „ (3tes „) im 3ten Corps und
3 „ Turcos im 2. Corps

in Summa 12 Bataillone Zuaven und 3 Bataillone Turcos, d. i. ungefähr $^1/_{12}$ der gesammten Infanterie, in Italien bei der Armee vorhanden waren.

Nicht ohne Absicht — mit diesen bunten Helden besonderen Effect zu machen, — scheint man jedem Corps (exclus. dem 4ten) ein Regiment derselben zugetheilt und sie stets in erster Linie verwendet, später aber — bei allen ihren wohl anzuerkennenden Leistungen — doch vielleicht etwas zu viel, auf Kosten der übrigen Infanterie! herausgestrichen zu haben. —

Afrikaner, die außer durch ihr auffallendes Costüm, auch noch durch ihre scheußlichen, schwarzen Physiognomien und ihr heulendes Schlachtgeschrei den Oesterreichern um so mehr Staunen erregten, als sie — im ächt mohamedanischen Fatalismus! — mit Fanatismus, größtentheils unsinnig heulend und springend an den Feind heranstürmten, so daß sie Letztere nicht selten wie Popanze erschreckten, deshalb aber nur um so mehr stets in erster Linie — als Kanonenfutter! — verbraucht wurden*). —

Sämmtliche Infanterie-Regimenter der Garde, Linie, Zuaven und Turcos sind zu 3 Bataillonen à 8 Compagnien

---

*) Nach den Aussagen von bewährten Augenzeugen begannen die Turcos in Italien das Gefecht, entweder: indem sie in aufgelösten Schwärmen mit furchtbarem Geschrei und Geheule in Hechtssätzen ankamen, oder: indem sie — namentlich im hohen Getreide oder Mais — von einem, — als Leithammel — voraus gehenden, spähenden Vertrauensmann geführt, — gebückt, oft kriechend, den Feind anschlichen und wenn sie demselben gewachsen zu sein glaubten, plötzlich mit dem schon erwähnten Geheul und Geschrei auf denselben lossprangen; aus dem heftigen Feuer des Gegners jedoch auch sehr schnell zurückwichen, in der Stellung angegriffen aber nie Stand hielten!

Nach den Mittheilungen französischer Offiziere war den Turcos vor Allem ein Gefecht gegen die österreichischen Jäger sehr unangenehm, so daß sie — wenn sie deren Anwesenheit erfuhren — sich nicht nur weigerten zum Angriff vorzugehen, sondern sich sogar zur Erde warfen und — wie die Thiere der Wüste, die Kameele! — weder durch Drohungen noch durch Schläge zum Aufstehen und Vorgehen zu bewegen waren!

Einer gut geschulten, kaltblütigen deutschen Truppe dürfte daher wohl das Lärmen und Gaukeln tollkühner Pariser Gamins in buntscheckiger Zuaven-Tracht ebenso wenig als das Geheul und das Anspringen der bunten, schwarzen Turcos imponiren, sobald man nur die Soldaten bei Zeiten auf diese ächt gallischen Theater-Coups — als solche! — gehörig vorbereitet, indem man dieselben nicht nur genau mit dem Wesen und der Manier jener modernen enfants terribles! sondern auch mit deren Aeußerem, sowie mit ihren Costümes möglichst genau bekannt macht! Denn: in omne acie oculi primi vincuntur! sagt Tacitus sehr wahr! —

Vor Allem gebe man aber dem Soldaten nur das feste Selbstvertrauen, welches der Franzose besitzt: »daß er mit jeder Art von Feind, wie derselbe auch »aussehen und sich geberden möge! fertig werden könne und müsse! sobald »er demselben nur kaltblütig, muthig und kräftig auf den Leib gehe »und ihm das Bajonet in die Rippen stoße, welchem der Zuave und Turco, »ebenso wie jeder andere Sterbliche verfallen sei!« —

formirt, von denen jedes — außer bei der Garde, die nur aus Eliten besteht — zwei compagnies d'élite (1 grenadier und 1 voltigeur) und sechs compagnies du centre (fusiliers) hat.

Von jedem Bataillon bleiben beim Ausmarsch in's Feld 2 Compagnien (bei der Linie 2 compagnies du centre) zurück und formiren das 4te oder Depot-Bataillon (à 6 Compagnien), so daß die Bataillone in Italien — wie in der Krimm, — nur mit 6 Compagnien erschienen sind.

Nur die Chasseurs-Bataillone — welche sich durch Abgaben von Eliten der Infanterie und durch Auswahl aus dem gesammten Ersatz rekrutiren — rückten mit 8 Compagnien aus, nachdem sie durch Abgaben für jedes Bataillon 2 Depot-Compagnien errichtet hatten.

Die Eliten-Compagnien eines Bataillons werden aus den tüchtigsten bestgedienten Leuten von guter Führung des ganzen Regiments formirt, von denen die größten in die Grenadier-, die kleinsten in die Voltigeur-Compagnien gestellt werden; — nach welchem Grundsatze auch die Garde-Infanterie in eine Grenadier-Division und eine Voltigeur-Division, jede zu 4 Regimentern, formirt ist.

Die Chasseur-Bataillone, so wie die Eliten-Compagnien der Linie erhalten einen höheren Sold als die compagnies du centre der Linien-Regimenter.

Die Compagnien — mit 1 Capitain, 1 Lieutenant, 1 sous-lieutenant und 14 Unteroffizieren (4 sergents, 8 caporaux) — sind im Felde circa 100—120 Mann stark, so daß ein Bataillon in der Regel an 600—720 Combattanten zählt, zuweilen aber auch schon (wie z. B. in der Krimm) auf 800 bis 900 Mann gebracht worden ist. In Italien hatten sie jedoch durchschnittlich nur 600 Mann.

Zwei Regimenter à 3 Bataillone formiren eine Infanterie-Brigade, und 2 Brigaden, — von denen eine noch ein

Chasseur-Bataillon erhält, — formiren eine Division (à 13 Bataillone); doch hatten in Italien einige Divisionen ausnahmsweise 15 Bataillone, indem ihnen als leichte Truppen, anstatt eines Chasseur-Bataillons, 1 Regiment Zuaven oder Turcos (à 3 Bataillons) zugetheilt waren.

Jede Division erhält außerdem im Kriege 2 Fuß-Batterien (à 6 Geschütze) und 1 Compagnie Genie-Truppen (Mineur-Sappeur) — eine sehr zu lobende und nachahmungswerthe Einrichtung!

Die Cavallerie

wird aus großen kräftigen (die leichte aus kleinen, besonders aber aus gewandten) Leuten rekrutirt und erhält — namentlich die schwere Cavallerie — den größten Theil ihres Ersatzes aus dem Elsaß, wo die Leute — deutschen Ursprunges — noch am besten mit Pferden umzugehen verstehen, da der Franzose das Pferd nicht liebt, daher auch weder pflegt noch schont, so daß er demselben bei schlechter Behandlung und Pflege stets zu viel zumuthet und es vor der Zeit ruinirt *).

Im Allgemeinen reitet der Einzelne schlecht. Ohne Zügel und Schenkel richtig zu gebrauchen, hängt der Franzose mehr auf dem Pferde, als er sitzt, drückt es daher auch sehr leicht und macht es bald unbrauchbar. Bei aller Gewandtheit und körperlicher Anlage des Franzosen zum Reiten, fehlt ihm die nöthige Ruhe und Geduld, um ein guter Reiter zu werden, wozu noch der Mangel einer guten Methode, für die Ausbildung im Reiten hinzukommt.

Die Dressur von Mann und Pferd geschieht nicht gründlich genug und wird übereilt. Mann und Pferd wachsen nicht zusammen. Aus diesem Mangel folgt aber der andere, daß

*) Daher die Redensart: »der Franzose reitet sein Pferd noch, indem es stirbt, und nachdem es schon todt ist, doch noch 500 Schritt!« —

den Regimentern Ruhe und innerer Halt fehlen, so daß sie leicht locker werden. Deshalb vermeidet man auch bei der Cavallerie sowohl das Flanceur-Gefecht, als den Gebrauch einzelner Escadrons so viel als möglich und verwendet die Cavallerie auch jetzt noch — wie unter Napoleon I. — am liebsten nur in Masse, was jedoch in Italien auch nicht geschah, da hier die Eigenthümlichkeit des Terrains nur selten den Gebrauch von mehr als einem Cavallerie-Regiment gestattete.

Die Pferde, jetzt zwar weit besser als früher, sind im Allgemeinen nur als »mittelgut« zu bezeichnen, mit Ausnahme der leichten Cavallerie, die größtentheils mit kleinen, aber guten Limousins oder auch mit afrikanischen Pferden beritten ist, welche letzteren besonders große Ausdauer in Fatiguen zeigen.

Das Reglement der Cavallerie — dem das alte preußische, aus Friedrichs II. Zeiten! noch heute zum Grunde liegt, — ist weitläuftig und schwerfällig; namentlich sind die Commandos ungebührlich lang und weitläuftig*).

Die Cavallerie-Regimenter sind zu 6 Escadrons; doch rücken dieselben nur mit 4 Escadrons (à 120 bis 150 Pferde) ins Feld; die beiden anderen Escadrons bilden das Depot.

Zwei Regimenter bilden eine Brigade, und zwei Brigaden eine Division, welcher 1 bis 2 reitende Batterien, à 6 Geschütze, beigegeben werden.

---

*) Bei einem Cavallerie-Exerciren in Paris ergab sich noch unlängst, daß — nach der Uhr genau berechnet — eine preußische Cavallerie-Brigade dieselbe Evolution bereits ausgeführt haben würde, ehe bei der französischen Cavallerie-Brigade das Ausführungs-Commando von den letzten Zugführern ausgesprochen war.

Die Artillerie

ist die bevorzugteste Waffe der Armee und erhält daher auch die Elite des jährlichen Ersatzes an großen, starken, kräftigen, gewandten, intelligenten Leuten; vorzüglich werden ihr Nordfranzosen, so wie viele Eisen-Arbeiter, Maschinenbauer und dergleichen zugetheilt.

Die Ausbildung geschieht mit großer Sorgfalt, und führt die Artillerie mit Recht die Benennung der »arme savante.« Ihr Material ist vortrefflich; sie führt als Feld-Geschütz das, vom Kaiser erfundene, 12pfdge canon-obusier und jetzt auch noch gezogene Geschütze, welche auf 3500 Schritt schon, bedeutende Wirkungen gehabt, auf 2000 Schritt, Geschütze demontirt haben.

Die Pferde sind klein, nicht schön, auch nicht schnell, aber gedrungene kräftige Bretons und Ardenais von großer Ausdauer.

Nicht sehr schnell in der Bewegung, kommt die Artillerie auch nicht so schnell, wie z. B. die preußische, zum Schuß, schießt aber gut und manövrirt ganz geschickt. Die Leute sind vortrefflich instruirt, kühn, voller Selbstvertrauen und selbstständig. Die sehr gut instruirten Offiziere, umsichtig und entschlossen, wissen ihre Positionen gut zu wählen und handeln selbstständig.

Die zur Artillerie gehörenden Pontoniere — 1 Regiment — haben dasselbe vortreffliche Material an Leuten, wie die Artillerie; sind gewandt, umsichtig, gut instruirt, gut ausgebildet, schnell und kühn beim Brückenbau.

Die Artillerie besteht aus 17 Regimentern:

7 régiments montés (Fuß-Artillerie) zu 15 Batterien,
5 " non montés (Festungs- u. Park-Artillerie),
4 " à cheval (reitende) zu 8 Batterien,
1 régiment pontonniers à 3 Bataillons.

Die Genie-Truppen

erhalten ebenfalls ihre Rekruten vom besten Material an kräftigen, großen und intelligenten Leuten, welche aus dem jährlichen Ersatz sorgfältig ausgesucht werden, deren Ausbildung und Instruction durchaus gediegen ist, so daß auch diese Truppe mit Recht »arme savante« genannt wird. Demnächst ist dieselbe, ebenso wie die Artillerie, in jeder Hinsicht praktisch.

Die bestehenden 3 Genie-Regimenter à 2 Bataillone — Mineurs-Sappeurs — das Bataillon zu 8 Compagnien — werden im Kriege zu den Belagerungen verwendet, geben aber außerdem, wie schon bemerkt wurde, zu jeder ins Feld rückenden Infanterie-Division 1 Compagnie Mineurs-Sappeurs, welche, als höchst nützlich, jedem Divisions-General stets sehr willkommen ist.

Die Formation der Armee in Divisionen ist seit Napoleon I. dieselbe geblieben. Er betrachtete die Division als die constante Einheit, während die Armee-Corps verschiedenen Formationen unterlagen, wie dies auch jetzt noch der Fall ist. In der Regel besteht das Armee-Corps — unter dem Befehl eines Marschalls oder eines Divisions-Generals — aus 2 bis 3 Infanterie-Divisionen — einer Division oder Brigade Cavallerie, mit ihren resp. zugehörigen Batterien, einer Reserve-Artillerie von 4—6 Batterien und den resp. zugehörigen Trains. In dieser Art waren auch die fünf, in Italien 1859 befindlichen, Armee-Corps formirt, alle jedoch von verschiedener Stärke. —

Nach dieser kurzen Schilderung der Elemente, sowie der Formation der französischen Armee ist es um so nothwendiger, auch noch der reglementarischen Ausbildung derselben einige Aufmerksamkeit zu schenken.

Die Reglements der Infanterie und Cavallerie sind, in ihren Fundamenten, die alten Friedrichs II., welche vor der ersten Revolution der Kriegs-Minister Graf St. Germain übersetzen ließ und die 1792 eingeführt wurden. Napoleon I. änderte wenig an denselben, indem er nur Bestimmungen über das Tiraillement und die Formationen von Colonnen hinzufügte. Auch die, unter dem Kriegs-Minister Soult 1832 erschienenen, Ordonnances enthalten nur wenige unbedeutende Abänderungen, so daß bis heute noch die Armee nach dem alten Reglement ausgebildet wird.

Das Reglement der Infanterie ist demnach etwas veraltet und gleicht einem Kochbuche voll detaillirter Recepte für jede einzelne Evolution. Es entbehrt des Princips der Beweglichkeit und paßt daher um so weniger für die lebendigen Franzosen, wenn man deren Hang zur Ungebundenheit nicht etwa gerade durch die steife Form vielleicht zügeln wollte? die langsam und schwerfällig auf den Exercirplätzen eingeübt wird.

Ungeachtet der pedantischen Strenge, mit welcher die Formen eingeübt werden, geschieht dies im Allgemeinen doch auch zugleich oberflächlich und — wie schon erwähnt — sehr mangelhaft, nachlässig in Hinsicht der Haltung der Truppen, und wird — da man auf letztere gar keinen Werth zu legen scheint, — das Reglement geradezu lodderig ausgeführt.

Auf Stillstehen im Gliede, auf scharfe Richtung, Arm an Arm geschlossen stehen und marschiren, selbst auf gleichen Tritt, wird nicht gehalten. Es genügt, wenn die Leute da sind und nur zusammen ankommen.

Nicht Folge des Reglements aber ist es, sondern der allgemein verbreiteten Geringschätzung der Form, daß die Infanterie auch ohne feste innere Haltung — meist sehr locker — exercirt. Diese großen Mängel haben allerdings weniger Nachtheile, so lange die Truppe im Vorgehen! bleibt. Auf die Ordnung, den Appell und namentlich auf die Gefechts-Disciplin üben dieselben aber den allerentschiedensten Einfluß, und ziehen ganz besonders die nachtheiligsten Folgen beim Zurückgehen im Gefecht nach sich; weshalb denn auch so oft schon den Franzosen ein gewaltsam aufgedrungenes Zurückgehen*) so leicht gefährlich wurde und ihnen bei dem lodderigen Wesen und der wackeligen Haltung überhaupt, — gut geschulten, soliden Truppen gegenüber — auch jederzeit höchst gefährlich sein wird.

Die Compagnie formirt im Bataillon einen Zug — peloton — welcher in 2 sections, diese wieder in 2 Halb-sections getheilt wird. Auf beiden Flügeln jeder Halb-Section, deren Führer 1 sergent ist, steht 1 caporal in Reih und Glied.

Zu den Bestimmungen, welche zu verschiedenen Momenten in neuester Zeit, namentlich nach dem Krimm-Kriege, gegeben worden sind, gehören nun vorzüglich folgende:

1. die Infanterie wird in zwei Gliedern rangirt, um mehr Feuer-Wirkung zu erzielen; im Carré dagegen werden 4 Glieder formirt, um mehr Widerstandsfähigkeit zu erlangen.
2. Die Bataillone rücken nur mit 6 (2 Eliten-, 4 Füsilier-) Compagnien ins Feld.
3. Das Tiraillement übernimmt die Voltigeur- oder Grenadier-Compagnie, doch kann auch jede andere Compagnie, ja selbst 2 bis 5 Compagnien auf einmal, ja sogar das ganze Bataillon in Tirailleurs aufgelöst werden.
4. Zwei nebeneinander stehende Rotten — also 4 Mann, die »camarades de combat« genannt werden, bleiben

---

*) Ein erlauchter Kenner der Kampfweise der Franzosen sagt sehr richtig: »daß die Franzosen ein geordnetes Zurückgehen weder kennen, noch können!«

beim Ausschwärmen unzertrennlich zusammen in einer Gruppe, treten aber im Gefecht in ein Glied, mit 5 Schritt Distance, die Gruppe mit 20—40 Schritt Abstand von einander getrennt.

Das Ausschwärmen geschieht sectionsweise in Gruppen, von denen eine, die Directions-Gruppe — auf kürzestem Wege sich auf den ihr bezeichneten Punkt begiebt und die Richtung der Tirailleur-Linie angiebt, in welche die übrigen Gruppen sich in diagonaler Richtung begeben.

Ein Offizier führt die Section, jede Halb-Section ein sergent, dem 2 caporaux beigegeben sind, die in der Bewegung, alle 3, zur Führung der Linie in diese eintreten; sonst aber steht der sergent 10 Schritt hinter seiner Halb-Section, der Offizier 25 Schritt hinter seiner Section.

Jeder Offizier hat in der Tirailleur-Linie eine Bedeckung von 4 Mann und 1 Hornisten, durch welche er auch Befehle entsendet.

Die 2te Section der Compagnie bildet das soutien, 150 Schritt hinter der Linie, möglichst verdeckt aufgestellt.

Die Tirailleure werden durch Hornsignale commandirt, unter denen auch Signale zum Niederlegen und Aufstehen sind. Außerdem führen Offiziere und Sergents auch noch Pfeifen, um im Gefecht oder bei starkem Winde die Signale weiter zu geben, wodurch die ganze Tirailleur-Linie stets in der Hand des Offiziers bleibt; doch ist den resp. Gruppen in der Halb-Section große Freiheit der Bewegung gestattet.

Gegen einzelne Cavalleristen formiren die Gruppen Knäule à 4 Mann oder in Halb-Sectionen, gegen Cavallerie-Abtheilungen in Halb-Sectionen, Sectionen oder Compagnien.

Im Zurückgehen ralliren sich die Gruppen zuerst in Halb-Sectionen, dann in Sectionen, dann in der Compagnie. Beim Freimachen der Bataillons-Front gehen die Gruppen, ohne sich zuvor zu sammeln, im Trabe bis auf die Flügel des Bataillons zurück.

5. Der, nicht als Tirailleur verwendete, Theil des Bataillons folgt — in Colonne (in der Regel mit halber Distance) formirt — den Schützen auf möglichst nahe Entfernung.

6. Die, in Tirailleurs aufgelösten, Compagnien sind selbstständig und hat das Bataillon sich nach ihnen zu richten.

7. Die Colonnen-Formationen eines Bataillons sind:
   a) Colonne par Peloton,
   b) „ par Division,
   c) „ double sur le centre*).

8. Das hohle Carré wird von 1 bis 6 Bataillons formirt**).

---

*) Die französische Compagnie formirt nur einen Zug (peloton). Analog dem jetzigen Preußischen Reglement ist demnach:

Die Formation ad a. Die Zug-Colonne.
ad b. (Zwei Compagnien formiren eine Division.) — D. i. die Colonne in Compagnie-Front.
ad c. ist die preußische Colonne nach der Mitte.

Die beiden ersten Colonnen-Arten werden am häufigsten formirt, weil in diesen die zuverlässigen Eliten-Compagnien

ad a. die Grenadiere an der Tête, die Voltigeurs an der Queue,
ad b. die Grenadiere auf dem rechten Flügel des Tête-Abzuges, die Voltigeurs auf dem linken Flügel des Queue-Abzuges — die weniger tüchtigen und nicht so zuverlässigen Füsilier-Compagnien (du centre) einschließen und für diese einen sicheren Rahmen bilden.

Die Colonne double sur le centre, wo beide Eliten-Compagnien den Queue-Abzug bilden, wird wohl geübt, ist im Gefecht aber nur von den Garden, Zuaven und chasseurs à pied — welche sämmtlich Eliten sind — formirt worden.

**) Das hohle Carré eines Bataillons, was sich gegen die Beduinen-Schwärme in Algier gut bewährte, hat den Angriffen solider geschlossener europäischer Cavallerie oft unterlegen! Wie viel gebrechlicher ist daher erst das hohle Carré von mehreren Bataillonen! Mit letzterem aber gar Bewegungen zu machen! dürfte im Gefecht sehr gefährlich sein!

9. Um Kreuzfeuer zu erzielen (gegen Cavallerie-Angriffe) formiren die Bataillone Carrés obliques*).

10. Der angreifende Feind wird mit Rottenfeuer und — dadurch erschüttert — auf 150 Schritt mit einer Salve empfangen.

11. Die für Märsche sehr zu empfehlende spanische Marschordnung wird jetzt auch beim Reihenmarsch zu Evolutionen angewendet**).

Bestimmte Kampf-Formen oder Fechtarten für den Gebrauch von Truppen im Gefecht für mehr als ein Bataillon oder gar für gemischte Waffen gab das Reglement bisher nur dürftig. Was die Truppen in dieser Beziehung ausführen, geschieht größtentheils nach den Grundsätzen des kriegserfahrenen Marschalls Bugeaud***), welche derselbe 1846 in einer besonderen Schrift veröffentlicht hat, in welcher er jedoch Manches verwirft von dem, was das Reglement vorschreibt.

Obgleich das Gouvernement diese Grundsätze nicht gerade sanctionirt hat, so werden sie doch in der ganzen Armee geehrt und befolgt.

Die Grundsätze des Marschall Bugeaud,

das Resultat einer großen Kriegserfahrung, sind zwar nicht

---

*) Das carré oblique bietet gerade seine schwächste Stelle — die Ecke also den todten Winkel! — der feindlichen Cavallerie dar.

**) Bei Märschen in Reihen lassen die Spanier, beim Antreten, die geraden Rotten (rechts oder links) neben die ungeraden heraus- (auf „Halt!" wieder zurück-) treten, wodurch — da die Lücken ausbleiben müssen — mehr Luft durch die Colonne streichen kann, was sehr große Vortheile für die Marschirenden hat. Zu Evolutionen dürfte diese Formation aber viel zu locker sein! —

***) Marschall Bugeaud, ein ausgezeichneter Soldat aus der Zeit Napoleons I., gilt noch heute als Orakel in der Armee und stand mit Recht in derselben in so hohem Ansehen, daß nach seinem Tode die Offiziere sagten: „Avec le père Bugeaud nous avons enterré notre dernier général!"

alle neu und viele derselben findet man schon längst in den preußischen Reglements. Bei dem großen Einfluß aber, welchen dieselben auf die neuere Kampfweise der Franzosen ausüben, dürfte es wohl von Interesse sein, die wesentlichsten derselben hier nachstehend mitzutheilen, wobei zuvor nur noch bemerkt wird, daß von diesen das, in Italien 1859 zur Anwendung Gekommene, soviel dies zu ermitteln möglich war, am Schluß des betreffenden Satzes hier stets durch (J.) bezeichnet werden wird.

I. Physische und moralische Grundsätze für das Gefecht der Infanterie.

1. Auf weite Entfernungen schießt nur schlechte Infanterie, die gute geizt mit ihrem Feuer.
2. Da das Feuer die Hauptkraft der Infanterie ist, so darf sie dasselbe nicht verschwenden. Sie muß sich aber auch üben, mit der größten Sicherheit zu schießen*).
3. Man feuert nur, um zu entscheiden; dann muß das Feuer aber auch fürchterlich sein.
4. Bis dahin halte man sich außerhalb der Schußweite, stelle sich gedeckt auf und gehe, wenn es Zeit ist! mit Energie auf den Feind los (J.).
5. Läßt dieser, ohne zu schießen, uns bis auf 150 Schritt herankommen, so gebe man mit der Masse zuerst eine Salve — und zwar mit zwei Kugeln im Lauf, was eine fürchterliche Wirkung haben wird — und gehe dann sofort zum Bajonet-Angriff über**) (J.).

---

*) Als Bugeaud 1846 seine Grundsätze drucken ließ, hatte die französische Infanterie noch keine, mit Sicherheit, weit tragenden armes de précision.

**) Diese Vorschrift „zum Angriff nach der Salve!" giebt schon das preußische Reglement von 1842.

6. Tirailleure müssen jederzeit, in der Offensive sowohl, als in der Defensive, das Gefecht eröffnen (J)*).
7. Wo es zulässig ist, wirft man die Tirailleure auf den Punkt, wo das Haupt-Gefecht nicht stattfinden soll.
8. Man dirigire sie stets gegen die Flanken des Feindes, um denselben zu demoralisiren (J.).
9. Das Feuer der Tirailleure darf nicht vergeudet werden. Es giebt nichts Nachtheiligeres und Einfältigeres, als zwecklose Tiraillements, die nur unnützer Weise Munition und Menschen kosten.
10. Man eröffne daher das Tirailleur-Gefecht zur rechten Zeit, und zwar tritt diese ein, sobald man zum Angriff übergeht (J.).
11. Man vermeide das Parallel-Gefecht und greife stets im entscheidenden Augenblick — in der Offensive und Defensive — des Feindes Flanken und zwar mit besonderen Colonnen an, welche, — wo möglich verdeckt oder doch unbemerkt, — hinter den Flügeln der Tirailleur-Linie folgen**), sich links und rechts gegen die Flügel des Feindes ziehen und, — diese umfassend, — sich dann selbst in der Inversion, wenn es nicht anders sein kann — mit dem Gros unter einem Winkel von 120° — in Linie entwickeln und feuern, demnächst aber mit dem Bajonet auf den Feind stürzen, während die Tirailleure die Lücken zwischen ihnen und dem Gros ausfüllen***) (J).

---

*) Bugeaud sah in dem Tiraillement nicht einen bloßen Nothbehelf, und haben die Franzosen in Italien auch alle Gefechte nicht nur mit Tirailleuren eröffnet, genährt und geendet, sondern den größten Theil der Gefechte nur mit Tiraillement und Colonne-Stößen geführt!

**) Die Sicherung der Flanken, der Infanterie sowohl als der Cavallerie, ist jederzeit nicht nur nützlich, sondern nothwendig, und ist auch anderswo! schon längst empfohlen, leider! dort nur noch nicht befohlen worden.

***) Diese Vorschrift giebt ebenfalls schon das preußische Reglement von 1842.

12. Beim Zurückgehen sei man besonders sparsam mit der Munition. Man kämpfe tapfer, mache auch, um das moralische Gefühl seiner Leute zu heben, im Zurückgehen noch Angriffe (retours offensifs), aber eile, — wenn man sich nicht länger halten kann! — so schnell als möglich, im Trabe (pas gymnastique) zurück; denn nichts ist lächerlicher, als, aus falschem Point d'honneur! im Feuer des Feindes langsam zurückzugehen!

Man übe daher die Infanterie im Trabe: 1. sowohl gegen des Feindes Flanken vorzugehen, als auch 2. zurückzugehen, selbst in Unordnung! sich dann aber auch schnell zu ralliren*). (J.)

13. Gegen Cavallerie spare man das Feuer bis zu deren Attake, gegen die man stets zwei Kugeln ladet.

Ist der Angriff abgeschlagen, so schicke man dem Feinde noch eine Salve nach und warte mit Ruhe den nächsten Angriff ab.

14. Die moralische Kraft überwiegt stets die physische! Man hebe dieselbe daher bei den eigenen Leuten und schwäche sie beim Feinde.

15. Man ergreife deshalb stets im entscheidenden Moment die Initiative und stelle sich hierzu, wenn man sich in der Defensive befindet, rückwärts der Stelle auf, auf welcher man das Gefecht annehmen will, um, im entscheidenden Moment, zu derselben vorzugehen.

16. In moralischer, sowie in physischer Beziehung muß eine gute Defensive stets offensiv sein**).

---

*) Hier findet man selbst wörtlich die Instruction Friedrichs II. wiedergegeben. Der große König verlangte, wie bereits erwähnt, schon vor hundert Jahren! von seiner leichten Infanterie Bewegungen im Trabe! auszuführen! namentlich „beim Zurückgehen sich schnell dem feindlichen Feuer, im Trabe! zu entziehen!"

**) Dieser Grundsatz ist sehr wahr, aber nicht neu!

17. Offensiv-Bewegungen, — wenn auch nur mit kleinen Abtheilungen — gegen Flanken und Rücken des Angreifenden, wirken sehr sonderbar auf das moralische Element des Feindes sowohl, als auf das der eigenen Leute, und verfehlen selten ihre Wirkung (J.).

18. Man hüte deshalb auch seine Leute gegen die nachtheiligen Wirkungen des hinter denselben leicht entstehenden Geschrei's: „nous sommes coupés! (trahis?) sauve qui peut!“ und sage ihnen: daß die schließenden Offiziere und die Pelotons d'élite hinter der Front befehligt seien, „dergleichen Schreier sofort niederzustoßen“*).

19. Die moralische Kraft beruht in dem Selbstvertrauen, welches man den Leuten geben muß und in dem Vertrauen derselben zu ihren Führern.

20. Das moralische Element wird daher besonders gehoben durch die Haltung und das Beispiel der Offiziere. (J.)

21. Um zu frühes Feuern zu verhindern, bleibe der Bataillons-Commandeur und der Adjutant so lange vor dem Bataillon, bis es Zeit ist, „Feuer“ zu commandiren. (?!)

22. Das Zurückgehen ist der Probirstein für die moralische Kraft, und behauptet man: „daß die Franzosen für diese Art von Gefecht nicht geeignet sein sollen!“ doch ist dies albern. — (?!)

Man muß es nur gründlich einüben**).

---

*) Von grosser Bedeutung ist es, diese Aeußerung von einer so hohen Autorität, wie Bugeaud, zu erfahren und dadurch das Zugeständniß einer der schwächsten Seiten der Franzosen zu erhalten!

**) Die Franzosen üben das geschlossene Zurückgehen aber demungeachtet heute noch nicht gründlich ein! — und ist es interessant, diesen Makel, wie schon vorstehend erwähnt, vom Marschall Bugeaud selbst berührt zu finden! Wenn aber der ehrwürdige Marschall denselben für „albern“ erklärt, so widerspricht ihm hier doch die allgemeine Erfahrung, derzufolge das Zurückgehen im Gefecht stets die Achilles-Ferse der Franzosen war, ist und bleiben wird!—

II. Die Anwendung des Exercitiums im Gefecht.

A. Die Colonne.

23. Die Colonne ist mehr eine Formation für den Marsch und das Evolutioniren, als für das Gefecht. — (?)

24. Außerhalb des Geschütz-Bereichs marschirt man in Colonne mit ganzer, in der Nähe des Feindes mit halber Distance (um die Colonne zu verkürzen) (J.).

25. Die Linie formirt man schneller und besser durch Aufmarschiren als durch Aufschließen und Deployiren (?) (J.)

26. Zum Angriff gegen Flanken und Rücken des Feindes kann man sich nur der, auf die Grenadier- oder Voltigeur-Compagnien (rechts oder links) abmarschirten (Zug-) Colonne bedienen*). Sie ist die beweglichste und

---

so lange sie das lobbrige Wesen, die Geringschätzung der festen Form und strammen Haltung des Soldaten in Reih und Glied nicht zu beseitigen vermögen, so lange die Franzosen das stramme Exerciren mit Geringschätzung behandeln.

Die Bestätigung dieser Ansicht findet man sogar in nachstehenden Worten des Marschall Bugeaud selbst, indem er sagt:

»Von vielen Militairs hört man häufig die Aeußerung: „Im Kriege exer»cirt man nicht!“ und dürfte aus dieser thörichten Ansicht auch wohl die »Geringschätzung der Exercirkunst entstehen, welche man leider! nur zu »oft bei sehr hochgestellten Offizieren findet – eine Geringschätzung, die sogar »Viele abgehalten hat, „über diesen höchst wichtigen Theil der Kriegskunst nur nach»zudenken, und haben sich durch dieselbe gefährliche Gewohnheiten in die Armee »eingeschlichen, welche nicht selten zum Verlust von Schlachten beigetragen »haben!«

»Allerdings macht man im Kriege keine Exercir-Kunststücke (manoeu»vres de tiroir) oder Schaustücke! Die Anzahl der, für das Gefecht nothwen»digen, Evolutionen ist nur beschränkt. Die einfachsten sind die besten. »Desto wichtiger aber ist es auch, es zu verstehen, dieselben correct auszu»führen und sie, den Umständen angemessen, zur rechten Zeit, am rechten »Ort, richtig anzuwenden.« —

Diese Geringschätzung des Exercirens spricht sich aber gewissermaßen schon in der Bezeichnung desselben aus, indem man das Exerciren in Frankreich „faire la théorie!“ nennt. Der von Hause aus praktische Franzose legt aber auf jede Theorie nur geringen Werth!

*) Auf den Vorschlag Bugeauds ist die Formation der colonne par peloton

besser zum Gefecht als die Colonne d'attaque (double sur le centre, d. i. Colonne nach der Mitte).

Das Reglement kennt sie jedoch nicht.

Anmerkung.

Die großen Colonnen von Wagram, Lützen, Bautzen, Waterloo — zu 3 bis 12 Bataillonen*) — beweisen nur den Verfall der Kriegskunst. Sie sind schwer zu bewegen, sehr schwer und langsam zu entwickeln, zu Flanken-Angriffen gar nicht zu gebrauchen; sie sind nur Futter für die Artillerie und daher gänzlich zu verwerfen.

Zu tiefe Colonnen haben überhaupt keinen Halt, jede Unordnung der Tête geht, wie ein elektrischer Funke, bis zur Queue, die oft zuerst ausreißt!

27. Flanken-Märsche in der Nähe des Feindes sind stets nur in der Bataillons-Zug-Colonne mit ganzer Distance zu machen, da aus dieser die Linie am schnellsten herzustellen ist. (?) (J.)

---

erst nach 1846 reglementsmäßig geworden. Noch später wurde die colonne par divisions eingeführt, und sind fast nur diese beiden Arten von Colonnen 1859 in Italien von der Linien-Infanterie angewendet worden, während die Garden fast nur die Colonne nach der Mitte anwendeten.

*) Bei Wagram formirte Napoleon I. zum ersten Male eine kolossale Angriffs-Colonne von 12, in Linie deployirten, Bataillons! welche er alle 12 dicht auf einander aufschließen ließ! Der Angriff gelang! und steht daher noch bis heute in der französischen Armee die berühmte „colonne de Wagram" in Ansehen, obgleich die Versuche dieser widersinnigen Formation bei Lützen, Bautzen und Waterloo total verunglückten!

Bei Bautzen wurde eine derartige, in Colonne formirte Division, von 12 Bataillonen — als sie sich im Gewehrfeuer zu entwickeln begann — ehe sie dies zu Stande brachte, völlig aufgelöst.

Bei Waterloo ging ein Armee-Corps sogar in drei solchen großen Colonnen vor, — jede mit einem deployirten Bataillon in Front, die übrigen Bataillone in Linie, dahinter dicht aufgeschlossen — wurde aber von der englischen Cavallerie sofort niedergeritten.

Trotz alledem übt man doch heute noch die großen colonnes de Wagram ein!

B. Die Gefechts-Formation in Linie.

28. Die wahre Gefechts-Formation ist die deployirte Linie, indem nur in dieser die Infanterie den wahren Gebrauch ihrer Hauptstärke — des Feuers — machen kann. Sie ist aber auch, wo das Terrain es gestattet, die beste Marsch-Formation außerhalb des Bereiches des Gewehrfeuers und wenn man von Cavallerie nichts zu befürchten hat, — indem man in derselben weniger vom Geschützfeuer leidet. Man marschirt daher 2000 bis 1500 Schritt vom Feinde in Linie auf und behält dieselbe — selbst wenn man den Feind mit Colonnen angreifen will — was nur selten, dann aber nur mit Bataillons-Zug-Colonnen geschehen darf! — bis zum Bereich des Gewehrfeuers bei, in welchem man erst die Colonnen formirt*).

29. Front-Veränderungen im Gewehrfeuer sind nur nach vorwärts ausführbar, nach rückwärts fast gar nicht. — (?) — Sie müssen aber stets im Trabe gemacht werden, namentlich nach rückwärts, da in vielen Fällen nur diese Gangart vom Untergange retten kann. — (?) — Die Infanterie muß daher auch gehörig darauf eingeübt werden, „500 — 600 Schritt im Trabe zurückzulegen," um eine neue, gehörig jalonirte, Front einzunehmen**).

---

*) Ob die Franzosen 1859 diese Vorschrift stets befolgten, ist nicht zu ermitteln gewesen; doch steht fest, daß es zuweilen geschehen ist.

**) Ueber »Front-Veränderung,« — welche in der preußischen Armee ohne Schwierigkeit, in Linie oder in Colonne, nach allen Richtungen hin gemacht werden, — äußert der alte erfahrene Marschall noch vielerlei Bedenken; und noch heute legen die Franzosen eine fast lächerliche Wichtigkeit auf die Schwierigkeit der Front-Veränderung, welche sie — allerdings auf sehr weitläufige und nicht selten ungeschickte Weise — und zwar in Linie! — ausführen! was jedenfalls sehr schwierig, aber ganz unnöthig ist.

Aber auch hierbei empfiehlt Bugeaud wieder, den Trab (Dauerlauf) anzuwenden, wie dies bei der Achsschwenkung schon das preußische Reglement von 1808 vorschreibt.

30. Hinter je drei Bataillone in Linie lasse man kleine Colonnen von einem halben oder ganzen Bataillon folgen, um

1. entstehende Lücken in der Linie ausfüllen zu können,
2. besonders aber um den Feind, — den man angreift oder der unsere Linie durchbricht, — in die Flanke zu nehmen. (J.)

C. Die Echelons (schräge Schlacht-Ordnung).

31. Zu schrägen Angriffen formirt man die Truppe in Echelons — einen oder beide Flügel vorgeschoben, oder zurückgehalten, — indem man so nur den Theil engagirt, welcher fechten soll. Echelons aber, welche rechts und links dem Angriff folgen, sind jeder besonderen Deckung desselben bedeutend vorzuziehen: denn Echelons bedrohen die Flanken des Feindes, während sie den Angriff gegen unsere Flanken erschweren, sie selbst aber nur durch weit ausgeholte Bewegungen bedroht werden können, die zu pariren man Zeit genug hat.

Besondere Abtheilungen, Bataillons, Brigaden 2c., zur Deckung einer Gefechtslinie, muß man ebenfalls en échelon derselben aufstellen, wodurch man zugleich deren moralische Kraft erhöht, indem sie, anstatt bedroht zu werden, selbst bedrohen.*) (J.)

32. Die Abstände der Echelons werden durch die Umstände und vor allem durch das Terrain bestimmt; doch müssen die Echelons einander nur in solcher Entfernung folgen, daß sie sich leicht gegenseitig unterstützen und —

*) In allen Gefechten und Schlachten in Italien ist diese Formation bei der Infanterie so wie bei der Cavallerie festgehalten worden, und haben die Franzosen diese sehr empfehlenswerthe Formation der schrägen Schlachtordnung Friedrichs II. entlehnt.

wenn Cavallerie sie angreift — diese auf 150 Schritt unter ein Kreuzfeuer der Carrés nehmen können. (J.)

D. Das Feuer-Gefecht.

33. Das Feuern im Avanciren ist nicht praktisch, es hält den Vormarsch nur auf und kostet mehr Menschen, als die Wirkung des Feuers werth ist. Man feuert daher im Avanciren nicht, beschleunigt aber den Angriff und hält, je näher man an den Feind kommt, desto strenger auf Ruhe, Ordnung und Geschlossenbleiben.

34. Im Vormarsch zum Angriff dürfen nur die, der Linie oder der Colonne vorausgehenden, Tirailleurs schießen.

Kurz vor dem Angriff der Linie oder Colonne, traben die Tirailleurs zurück oder werfen sich zur Erde. Die zunächst den Flügeln der Truppe befindlichen hängen sich diesen an, feuern fort und werfen sich auf die Flanken des Feindes.*) (J.)

35. Dem geschlagenen Feinde sendet man, im Nachrücken, ebenfalls kein Feuer nach, aber desto mehr Tirailleure.**) (J.)

36. Im Zurückgehen kann man dem Feinde — wenn Umstände denselben aufzuhalten erheischen — Salvenfeuer entgegenschicken. Ohne diese Umstände aber eilt man im Trabe, und zwar zuweilen so schnell als möglich, zurück. Nicht selten hat eine derartige schnelle déroute geschlagene Truppen vom Untergange errettet, weshalb man dieselbe in gewissen Fällen befehlen, die Truppe aber zuvor auch hierauf eingeübt, die Unordnung förmlich organisirt haben muß.***)

*) Dies schreiben die preußischen Reglements von 1808 und 1843 schon ebenso vor.

**) Vorstehende Bemerkung gilt auch hier.

***) Dies können wohl tüchtig geschulte, gut einexercirte Truppen thun. Bei den Franzosen dürfte aber ein derartiges Manoeuvre doch immer höchst gefährlich bleiben!? —

E. Das Carré.

37. Die großen Carrés von 2—6 Bataillons, welche man in Egypten erfunden und auch in Algier angewendet hat, mögen dort von Nutzen gewesen sein, sind aber in Europa ein Unsinn.*)

Nur das Bataillons-Carré ist anwendbar!**)

38. Mehrere Carrés können einander leicht unterstützen, besonders, wenn sie beim Angriff der Cavallerie eine schräge Stellung (en carrés obliques) einnehmen und dadurch diese unter ein gehöriges Kreuzfeuer bringen.***)

F. Die Directions-Veränderung

39. im Gefecht mache man in Linie (?), indem man auf diese Weise mit dem geringsten Verluste durch Geschützfeuer — in paralleler oder schräger Richtung — an den Feind heranrückt und ihn dabei über die Art des Angriffs, welche man ausführen will, in Ungewißheit läßt, da man aus dieser Formation sehr leicht zu der in Echelons übergehen kann. Höchst wichtig ist es aber, die Truppen,

*) Demungeachtet wurden diese großen Carrés 1854 im Lager von Satory und Helfaut, sowie später bei Châlons noch eingeübt. In Italien 1859 sind sie jedoch nicht angewendet worden.

**) Bugeaud versteht sowohl unter dem großen als unter dem Bataillons-Carré stets »das hohle.«

***) Die Franzosen legen einen hohen Werth auf das Kreuzfeuer und haben daher eine wahre Leidenschaft für die Aufstellung von carrés obliques! Die großen Mängel dieser Formation sind aber: daß die carrés obliques nicht nur der Cavallerie ihre schwächsten Theile — die Ecken! — darbieten, sondern daß sie auch nicht ohne Gefahr für die eigenen Leute sind, indem sie mit mathematischer — im Gefecht schwer zu erzielender! — Genauigkeit, scharf rechtwinklig! gegen einander stehen müssen, wenn sie sich nicht gegenseitig verwunden oder todtschießen sollen.

besonders die Bataillons-Commandeure, hierauf gehörig einzupauken. Denn dies ist die ächte Gefechts-Formation!*) — (?)

40. Demnächst empfiehlt Bugeaud noch ganz besonders, „den Vorpostendienst nicht zu vernachlässigen," und giebt für denselben manche beherzigenswerthe Regel**); doch scheint seine Empfehlung, in Italien wenigstens, nicht beachtet worden zu sein, da — wie weiterhin dargethan werden wird — der Vorpostendienst — welcher von jeher die schwache Seite der französischen Armee war — auch dort im höchsten Grade mangelhaft, außerdem auch höchst nachlässig betrieben worden ist.

In wiefern die französische Infanterie nun die hier mitgetheilten Bugeaud'schen Grundsätze überhaupt, 1859 in Italien zur Anwendung gebracht hat, wird weiterhin näher erörtert werden.

Jedenfalls verhindern die Bugeaud'schen trefflichen Grundsätze nicht, daß die taktische Ausbildung der Franzosen — namentlich der Infanterie — im Allgemeinen nur als »mangelhaft« bezeichnet werden muß, indem dieselbe noch immer — aus Geringschätzung des soliden, scharfen Exercirens! — wie auch Bugeaud ihnen dies vorwirft — letzteres mit

*) Die Franzosen üben diese Evolution sehr viel und machen viel Wesens von den »changements de direction!« Bei ihrer höchst mangelhaften taktischen Ausbildung fällt dieselbe in der Ausführung — größtentheils in Linie formirt! — in der Regel aber doch sehr schlecht aus! und dürfte ihnen diese Evolution — einem soliden, gut geschulten Feinde gegenüber — leicht sehr gefährlich werden! In Italien 1859 haben sie dieselben auch nur sehr selten angewendet und zwar nur mit Colonnen!

**) Eine der empfehlenswerthesten dieser Regeln ist die:
»Nicht nur die Communication nach dem Feinde zu, sondern auch die,
»welche man im Fall des Zurückgehens benutzen muß, mit Feldwachen zu
»besetzen.«

leichtfertiger Nonchalance, und zwar nicht bloß mit Vernachlässigung, sondern mit völliger Verachtung aller Schärfe der Formen sowohl, als der Haltung der Leute, betreiben.

Man sucht dies zwar immer durch die thörichte Behauptung zu rechtfertigen: »daß der französische Charakter sich mit »den strengen Formen nicht vertrage, ja dieselben nicht ertra»gen könne!*) — ihrer aber auch durchaus nicht bedürfe (?), »indem der Mangel derselben durch die Intelligenz des Sol»daten und dessen Bravour im Gefecht mehr als ersetzt wür»den!« —?—

Die gerechte Strafe für diese Selbst-Ueberschätzung und irrthümliche Beschönigung ihrer Unterlassungssünden ist aber noch niemals ausgeblieben, wo die Franzosen mit tüchtigen, ruhigen, taktisch gründlich durchgebildeten Truppen, sobald diese nur halbweg gut geführt wurden!! — es zu thun gehabt haben! —

Die Uebungen größerer Truppen-Massen,

namentlich von gemischten Waffen, werden sehr einseitig betrieben, und bestehen nur in Ausführung einfacher taktischer Formen mit größeren Truppenmassen auf dem Exercier-Platze.

Diese Uebungen selbst sind in der Regel nur von kurzer Dauer, und beschränken sich die Evolutionen und Bewegungen

---

*) Die Unrichtigkeit dieses Arguments hat Napoleon I. zur Genüge bewiesen, da unter seiner ferule die taktischen Formen mit aller Schärfe gehandhabt und auch so correct, als dies den Franzosen möglich ist! ausgeführt wurden, obgleich er für seine Person von der Exercier-Taktik — der Ausführung der »théorie« — nichts verstand, so daß, als er einmal 1809 auf die Idee kam, im Schloßhofe von Schönbrunn ein Bataillon seiner Garde mit gezogenem Degen selbst zu exerciren, — »faire faire la théorie!« — er dasselbe nach wenigen Commandos so völlig durcheinander gebracht hatte, daß er, den Degen einsteckend, einem General zurief: »Que le diable emporte votre f.... théorie! Redressez cette cochonnerie!« und zornig in das Schloß eilte.

dabei meist nur auf einige wenige einfache Formationen, wie z. B. Entwickelung aus Colonnen in lange Linien (zuweilen 18 Bataillons in eine Linie!), Avanciren, Formiren von Colonnen aus der Linie, Frontveränderungen, Defilee-Uebergänge (im Vor- und im Zurückgehen) ꝛc. — alles im Gefechts-Verhältniß, nach einer untergelegten, einfachen Special-Idee, jedoch stets ohne Gegner, der auch nicht einmal markirt wird.

Sehr häufig werden diese militairischen Ballets aber unter dem pomphaften Namen irgend einer berühmten Schlacht Friedrichs II. oder Napoleons I., wie z. B. Leuthen! Austerlitz! Wagram! ꝛc., angekündigt! als wollte man durch die Nachahmung der Operationen jener berühmten Feldherren der Armee lehrreiche Muster geben! Dieser Zweck wird jedoch gänzlich verfehlt, da in der Regel nur die Ausführung irgend einer der entscheidenden Bewegungen aus der bezüglichen Schlacht erfolgt, die aber selten das Original, dem sie nachgebildet wird, errathen läßt! Durch den prunkhaften Namen wird jedoch die Phantasie und Eitelkeit der Soldaten animirt! und dies genügt schon.

Durch diese Uebungen werden die Truppen aber doch daran gewöhnt: sich, in größeren Massen, mit Ruhe, Ordnung und Gehorsam zu bewegen, was allerdings zur Gefechts-Disciplin sehr nothwendig ist.

Die Selbstständigkeit und Umsicht der Generale aber, — welche hierbei nur die Rollen von Statisten auszuführen haben, indem ihnen jede Bewegung von Oben her befohlen wird, so daß sie nicht nach eigenem Ermessen, den Umständen und der Zeit gemäß, eingreifen lernen! — wird durch diese, höchst einseitigen, Uebungen ebenso wenig gefördert, als daß die Generale hierbei den Gebrauch der verschiedenen Waffen erlernen könnten. Sie werden vielmehr nur daran gewöhnt, zu folgen, sich leiten zu lassen, im Rahmen zu gehen*), außerhalb dessen den richtigen Weg in der Wirklichkeit zu finden, dem Genie resp. besonderem Talent überlassen bleibt. Eingeübt hierin werden sie aber anderweitig nicht, da Uebungen von zwei Corps gegen einander — was man in Frankreich »faire la petite guerre!« nennt! — durch welche Generale sowohl, als Regiments- und Bataillons-Commandeure den selbstständigen Gebrauch der verschiedenen Waffen und die Benutzung des Terrains, — wie dies im Kriege von ihnen verlangt wird, — erlernen können, in der französischen Armee bisher nicht stattfanden.

Man unterläßt diese sehr wichtige Art von Uebungen — durch welche allein, im Frieden, dem General und höheren Offizier Gelegenheit zu seiner Ausbildung in der Führung von Truppen auf und nach dem Terrain, geboten wird — aber nicht etwa nur aus dem Grunde: »weil bei diesen Uebungen »ein Haupt-Faktor, das moralische Element, welches vor Allem »in der Wirklichkeit das Entscheidende ist, doch nicht zur Gel»tung kommen könne!« oder »um nicht durch nothwendige »Kritiken bei event. Fehlgriffen das sentiment individuel der »betreffenden Führer zu verletzen, sondern lieber Jeden im »Glauben an seine Unfehlbarkeit zu lassen!«**). —

---

*) Man charakterisirt daher auch einen General, welcher sonst tüchtig ist, aber eben nur »im Rahmen zu gehen,« d. h. nicht ohne höhere Leitung zu handeln versteht, den vorgeschriebenen Wegen aber gewissenhaft folgt, mit der Bezeichnung: »c'est un bon géneral encadré!«

Demzufolge hat man denn auch in Italien oft sogar die kommandirenden Generale der Corps, überall aber die Divisions-Commandeure selbst, die Details in den Gefechten anordnen und auch leiten gesehen, so daß die Brigade-Generale meist nur als »encadrés« handelten. Da, wo Letztere aber allein handelten, zeigte sich demungeachtet doch stets deutlich, wie die, dem Franzosen angeborene, Selbstständigkeit und Entschlossenheit, sowie das unbedenkliche Uebernehmen jeder Verantwortlichkeit, sie, durch die Wichtigkeit des Moments, zum selbstständigen Handeln trieb, wo sie denn der richtige praktische Takt und die Kriegs-Erfahrung nicht selten das Richtige treffen ließ! wiewohl auch Fehlgriffe zur Genüge von ihnen gemacht wurden!

**) Wenn der General aber erst durch eine derbe Lection vom Feinde über seine

Der wahre Grund ist der: daß dergleichen Uebungen — deren großen Nutzen der Kaiser sehr wohl anerkennt — mit dem sanguinischen, ehrgeizigen, heftigen, leicht aufbrausenden Franzosen nicht auszuführen sind, ohne daß dieselben zu den größten Unordnungen und Animositäten Veranlassung geben würden, weil es den Franzosen an der, hierzu nothwendigen, Kaltblütigkeit, Ruhe und Selbstbeherrschung fehlt. Man hat einige Male Versuche gemacht, in zwei Parteien gegen einander zu manövriren. Es ging aber nicht! indem der zu große élan und entrain! die Truppen nicht nur sehr bald in Unordnung, sondern gleich so heftig an einander brachte, daß die Infanterie in der Wuth sogar die Pferde todtstach und diese wieder scharf einzuhauen im Begriff stand, als noch zeitig genug das Ende der Uebung schnell befohlen wurde.

Aus Mangel an Uebung versteht man es demnächst aber auch nicht, diesen wichtigen Dienstzweig zweckmäßig zu arrangiren und lehrreich zu leiten, so daß es nach allem dem hier Angeführten allerdings nicht zu tadeln ist, wenn diese Uebungen ganz unterbleiben.

Nach dieser allgemeinen Charakteristik der französischen Armee und deren Eigenthümlichkeiten, Organisation und Ausbildung dürfte es wohl zeit- und sachgemäß erscheinen, nun auch die großen siegreichen Erfolge näher zu beleuchten, welche diese Armee in der jüngsten Zeit, im Jahre 1859, in Italien*)

Unfehlbarkeit enttäuscht werden soll, so dürfte eine solche Schule doch dem Ganzen vielleicht sehr theuer zu stehen kommen? —

*) Der Krieg im Orient 1854/56 wird hier nicht näher beleuchtet werden, da es sich in demselben hauptsächlich nur um eine Belagerung im colossalsten Maßstabe handelte, wie sie bisher nie da war und schwerlich zum zweiten Male sobald wieder stattfinden dürfte (?), eine Belagerung, bei welcher die taktischen Ereignisse größtentheils nur in kleineren und größeren Ausfällen bestanden — zu denen selbst die soge-

auf eine so überraschend schnelle Weise erfochten hat, und demnächst mit aller Unparteilichkeit nach den Ursachen zu forschen, welche diese Erfolge in so unglaublich kurzer Zeit herbeigeführt haben, um hieraus nützliche Lehren und Fingerzeige zu abstrahiren, welche in der Zukunft besonders zu beachten sein würden.

Die Hauptfragen, deren Beantwortung hierbei zu ermitteln wäre, würden daher vor Allem sein:

1. Wie ist der Krieg in Italien 1859 auf beiden Seiten geführt worden? d. h. in welcher Art und Weise ist auf beiden Seiten operirt und gefochten worden?

2. Welche taktischen Formen und welche taktischen Grundsätze sind von den Franzosen in den resp. Gefechten und Schlachten angewendet worden?

3. Welche Resultate ergeben sich im Allgemeinen aus der Darstellung des Feldzuges 1859 in Italien und der unparteiischen Beantwortung der vorstehenden Fragen in Hinsicht der Ursachen, denen die französische Armee den Sieg verdankt?

Eine detaillirte Beschreibung des quaest. Feldzuges hier zu geben, würde selbstredend den Zweck, sowie den Raum dieser Blätter ungebührlich überschreiten; dieselbe ist auch um so weniger erforderlich, als der Leser, wenn vielleicht auch nicht ganz speciell mit den Details, doch mit dem Verlauf des Krieges in Italien im Allgemeinen, wohl genugsam bekannt sein dürfte, so daß es als Anhalt für die Beantwortung der vorstehenden Fragen genügen wird, wenn die beregten kriegerischen Ereignisse in Italien 1859 hier nur in gedrängter Kürze nochmals vorgeführt und event. mit einigen bezüglichen, unvor-

---

nannte Schlacht bei Inkermann zu rechnen sein dürfte (?) — in dieser aber, sowie in der Schlacht an der Alma trägt die Kampfweise der Franzosen, — als deren erste Versuche in größerem Maßstabe, — noch kein bestimmtes Gepräge.

greiflichen Bemerkungen begleitet werden, aus denen sich zugleich die Beantwortung der ersteren der vorstehenden Fragen ergeben dürfte.

Der Krieg in Italien im Jahre 1859.

Zum richtigen Verständniß jedes Krieges ist vor Allem — nächst der Kenntniß der Stärkezahl der streitenden Parteien, sowie deren Organisation, Formation und resp. nationalen Eigenthümlichkeiten — die Kenntniß des Kriegsschauplatzes erforderlich, da derselbe stets und überall, — nirgends in Europa jedoch so sehr, als in Ober-Italien — von dem größten Einfluß auf die Kriegführung ist.

Eine detaillirte Beschreibung des Kriegsschauplatzes in Ober-Italien, wie solche für das Studium des Krieges erforderlich ist, würde aber selbstredend hier zu weit führen und dürfte eine kurze gedrängte Charakteristik desselben zum Verständniß der, in Rede stehenden, Skizze des Feldzuges wohl genügen.

Der quaest. Kriegsschauplatz umfaßt den Theil der oberitalienischen Ebene, — von Piemont und der Lombardei — welcher im Westen und Norden von den hohen Alpen Frankreichs und der Schweiz, im Osten vom Mincio, im Süden vom Po eingeschlossen wird. Dem letzteren fließen alle, innerhalb dieses Ländergebietes von den Alpen gen Süden herabströmenden Flüsse — wie die Dora Baltea, Sesia, Agogna, der Terdopio, Ticino, Lambro, die Adda, der Oglio, die Mella, Chiese und der Mincio — in ziemlich senkrechter Richtung zu, indem sie die quaest. Ebene in zehn, parallel hintereinander liegende Abschnitte theilen, deren jeder, durch die resp. ihn begränzenden Flüsse, in der Richtung von Osten nach Westen und umgekehrt, mehr oder minder gute Vertheidigungs-Linien darbietet.

Durch die starke Bevölkerung der fruchtbaren Gegend ist dieselbe — besonders in der Lombardei — hoch cultivirt und demzufolge das völlig ebene Terrain zwischen jenen Flüssen, namentlich in der, zwischen dem Ticino und Mincio liegenden, Lombardei, von unzähligen, von Dämmen eingefaßten, nassen Gräben und einander sehr nahe, oft einer über den andern hinweggeführten, gemauerten Canälen durchschnitten, so wie mit Städten, Dörfern, Meiereien, Gehöften und einzelnen Häusern förmlich übersäet. Sämmtliche Baulichkeiten in den Dörfern, wie in Städten, sind massiv von Stein, die Häuser fast alle, selbst in den Dörfern, 2 bis 3 Stockwerk hoch und in letzteren, wie in Städten, eng aneinanderstoßend, gebaut.

Zwischen den Oertlichkeiten aber ist das vortrefflich angebaute Land überall mit Getreide-, Mais- und Reisfeldern überdeckt, von denen jedes mit unzähligen Maulbeer- oder Obstbäumen, in parallelen, oft nicht 10 Schritt von einander entfernten, Reihen bepflanzt ist, welche, vom Boden bis zu den Zweigen, mit einander durch — in dichte Guirlanden gezogenen — Weinreben verbunden sind. Da letztere volle, parallellaufende Laubwände bilden, welche jede Umsicht und Uebersicht bedeutend erschweren, ja vom Frühjahr bis zur Ernte, wo Getreide und Mais sehr hoch im Halm stehen, sogar fast unmöglich werden, so kann man — um sich zu orientiren — nur von den Dächern der Häuser, den Kirchthürmen und den wenigen, im Lande vorhandenen, nicht gar hohen Hügeln, das Terrain übersehen.

Außer den Haupt-Chausseen, welche die größeren Ortschaften verbinden, führen durch dieses, im höchsten Grade coupirte, von unzähligen Gräben durchschnittene Terrain viele, jedoch nur schmale Fahrwege und Fußsteige, — sämmtlich chaussirt — häufig auf Dämmen oder zwischen hohen Mauern, von einem Ort oder Gehöft zum andern.

Außerhalb der Straßen und Wege fortzukommen, ist durch den Anbau der Felder*) wo nicht unmöglich, doch höchst schwierig, besonders sowohl für Cavallerie selbst in kleinen Abtheilungen, als für geschlossene Infanterie. Cavallerie und Artillerie können sich hier nur auf den Chausseen und größeren Fahrwegen frei bewegen. Größere, völlig freie Ebenen, wo Truppen, vor Allem Cavallerie, in größeren Abtheilungen sich entwickeln und frei bewegen können, findet man nur auf dem Plateau von Montechiaro und in der Ebene von Medole (zwischen Goito und Castiglione delle Stiviere).

Im Allgemeinen erschwert daher das Terrain überall die Bewegung größerer Truppenmassen — sowohl in Linie als in Colonne — ungemein, und gestattet eigentlich nur die freiere Bewegung und den bequemeren Gebrauch von Infanterie in kleinen Abtheilungen, so daß letztere vorzugsweise hier auf das zerstreute Gefecht hingewiesen, ja förmlich dazu gezwungen ist. Diese Gefechtsart erhielt in Folge des so coupirten Terrains bekanntlich auch hier ihre erste gründliche Ausbildung — in den ersten Feldzügen Napoleons I. (1795—1800), welche letzteren erst so recht verständlich werden, nachdem man das Terrain von Ober-Italien durch Autopsie kennen gelernt hat.

Bei der äußerst schwierigen Uebersicht des Terrains ist daher hier namentlich der Vorposten- und Patrouillen-Dienst, sowie die Aufmerksamkeit der Avant- und Arrière-Garden von der höchsten Bedeutung, und bleibt es unerklärlich, wie es möglich wurde, daß dieser, zu allen Zeiten, hier aber ganz besonders wichtige Dienstzweig! 1859 von beiden kriegführenden Armeen fast gänzlich vernachlässigt wurde, um so mehr

*) Die Reisfelder, welche besonders in dem, zwischen der Sesia, dem Po und dem Ticino liegenden südöstlichen Piemont (der Lomellina) vorherrschen, sind, der erforderlichen Bewässerung wegen, größtentheils sumpfig und daher fast gar nicht praktikabel.

als es auf beiden Seiten an dazu erforderlichen leichten Truppen nicht fehlte? — beide Theile aber — namentlich die Oesterreicher! — die Eigenthümlichkeiten des Terrains kannten, und wissen mußten, daß dasselbe, indem es den Gebrauch von größeren Truppenmassen nicht nur erschwert, sondern oft ganz verhindert, vorzüglich Ueberraschungen, besonders durch Infanterie begünstigt.

Aus der vorstehenden, wenn auch flüchtigen Skizze des Terrains dürfte einigermaßen wohl hervorgehen, welchen großen Schwierigkeiten die Kriegführung in Ober-Italien unterworfen ist. Zur näheren Erläuterung derselben mag aber doch noch folgender, sehr wichtiger Ausspruch eines hochgeachteten, kriegserfahrenen deutschen Generals hier Platz finden, welcher dessen gediegenen neuesten Schrift*) entlehnt wird und dahin lautet:

»Der italienische Kriegsschauplatz bedingt eine sehr in's Einzelne gehende Gliederung, sehr zahlreiche Stäbe, geringe Gesammtstärke, viel technische Truppen, leichte Artillerie, leichte Infanterie, wenige aber gute, sehr bewegliche Reiterei!« **)

»Kein Kriegsschauplatz aber verlangt so viel von den Führern und Truppen, wie dieser! Die Schwierigkeiten der Befehlführung, der Unterstützungen, der Massenverwendung, des Artilleriefeuers bringen hier eine Geltung des individuellen Werthes der einzelnen Abtheilungen und einzelnen Leute hervor, die nirgend sonstwo zu erwarten steht.« —

---

*) Siehe: »Militairische Betrachtungen über einige Erfahrungen des letzten Feldzuges und einige Zustände deutscher Armeen.« — Darmstadt 1860.

**) Die Oesterreicher hatten deshalb auch früher stets nur sehr wenig und nur leichte Cavallerie bei der Armee in Italien, so daß unter Radetzki 1833 bei 120,000 Mann sich nur 4 Cavallerie-Regimenter à 6 Escadrons befanden. Von den 72 Escadrons der französischen Armee sind aber 1859 — mit Ausnahme weniger einzelner Escadrons — nur bei Solferino, und zwar in der Ebene bei Medole, an einer Stelle 6, an einer anderen 8 Escadrons zugleich (in Linie) im Gefecht thätig gewesen.

Dieser Kriegsschauplatz entspricht hiernach aber vor Allem dem Charakter der Franzosen und deren sentiment individuel! welches hier zur vollen Geltung kommen konnte und auch gekommen ist, ebenso wie in Algier, wo die französische Armee seit dreißig Jahren eine vortreffliche Vorschule gemacht und viele Kriegserfahrungen gesammelt hatte, welche ihnen in Italien sehr zu statten gekommen sind.

Den Oesterreichern war dieser Kriegsschauplatz aber nicht nur aus der Geschichte ihrer langjährigen Kriege auf demselben bekannt, sondern auch durch einen 45 Jahre langen Besitz der Lombardei, in welcher Zeit sie das ganze Land topographisch aufgenommen, militairisch genau studirt und auf diesem Terrain ihre Truppen nach allen Richtungen eingeübt, ja 1848 erst! den Krieg in demselben geführt und so — in specie das Terrain auf dem rechten Ufer des Mincio — auf dem praktischesten Wege kennen gelernt hatten*).

Die Skizze des Feldzuges in Italien 1859 kann, bei dem hier vorliegenden Zweck, selbstredend, sich nur auf eine gedrängte Aufzählung der, dem Leser hinlänglich bekannten militairischen Begebenheiten und einer, nur kurzgefaßten, Beleuchtung dieser Facta — ohne tiefer eingehende Kritik derselben — beschränken, und muß demnächst auch der Gang der politischen Ereignisse vor der Entwickelung des quaest. Dramas, als allgemein bekannt, vorausgesetzt werden.

Die österreichische Armee besaß im Frühjahr 1859 ein vortreffliches Material an körperlich kräftigen Soldaten,

*) Auf diesem Terrain fanden öfter, namentlich aber 1838, die großen Herbst-Uebungen der österreichischen Armee in Italien statt, bei denen unter anderen ein Theil der 1859 gelieferten Schlacht von Solferino durchgeführt wurde.

von denen jedoch nur etwa der vierte Theil als gehörig eingeschult zu betrachten war, da ein Theil der Mannschaft aus noch sehr jungen Leuten von $1\frac{1}{2}$ bis 1 Jahr und noch geringerer Dienstzeit, über die Hälfte etwa aus Rekruten bestand. Nur ein sehr geringer Theil der Mannschaft kannte den Krieg.

Der Geist der Armee und deren Disciplin waren vortrefflich. Auch waren die Truppen nach dem zweckmäßigen Manövrirungs-Reglement gut, — jedenfalls besser exercirt, als die Franzosen. —

Die Infanterie war jedoch in zu großen schwerfälligen Massen — in Bataillone von 1300 Mann! — formirt; eine Formation, welche die Truppe unbeweglich machte und für die Detailführung im Gebrauch auf dem quaest. Kriegsschauplatz in Ober-Italien nur nachtheilig sein konnte.

Die Bataillone der Infanterie und Gränzer waren zu 6, die der Jäger zu 4 Compagnien, sämmtliche Compagnien zu 4 Offizieren und 212 Mann, so daß die Bataillone der ersteren circa 1300, die der Jäger circa 900 Mann stark sein sollten, daher zu 1200 resp. 800 Mann, beim Beginn des Feldzuges, anzunehmen sind.

Nach dem Manövrir-Reglement sollten nun die Bataillone stets in Divisions-Colonnen (d. h. von je 2 Compagnien) — auf Deployir-Distance auseinander gezogen — und zwar bei jedem Bataillon (à 6 Compagnien) 2 Divisionen im ersten, die dritte Division auf die Intervalle derselben im zweiten Treffen, operiren, und würde diese Formation auch für das bezügliche Terrain nicht nur genügt haben, sondern sehr passend gewesen sein. Das Manövrir-Reglement ist jedoch nicht überall befolgt, vielmehr ist vielfach davon abgewichen worden! —

Ebenso waren auch die Infanterie-Brigaden zu wenig gegliedert, in der Formation, sowie im Commando, und dadurch, wie die Bataillone, für die Detailführung zu schwerfällig.

Dagegen hatte die Infanterie den Vortheil, daß sie — bis auf wenige Regimenter — fast durchgängig schon mit vortrefflich gezogenen Gewehren*) bewaffnet, und mit denselben sehr gut eingeübt war; besonders waren die Jäger sehr gut eingeschossen. Ebenso, wie die Bewaffnung, waren auch Ausrüstung und Bekleidung gut zu nennen.

Die Cavallerie, — an Leuten und Pferden vortrefflich, — war ganz zweckmäßig für den quaest. Kriegsschauplatz, in Escadrons zu 6 Offizieren und 150 Pferden formirt und jedenfalls der der Alliirten, namentlich der piemontesischen, in Hinsicht des Reitens und der Ausbildung sehr überlegen, jedoch nicht genügend bei den Infanterie-Divisionen vertheilt, da für den quaest. Kriegsschauplatz jeder Infanterie-Brigade 1—2 Escadrons hätten beigegeben werden müssen, während oft ein Armee-Corps deren nur 2 bis 4 hatte.

Der zahlreichen Artillerie fehlte es nicht an guter Instruction und Uebung auf dem Schießplatze, dagegen an Gewandtheit, sowie an Beweglichkeit und Uebung im Terrain. Auch war die Artillerie nicht genug gegliedert, ihr Material veraltet und schwerfällig, so daß diese sonst treffliche Waffe in obigen Beziehungen jedenfalls der französischen Artillerie nachstand.

Das Offizier-Corps der Armee war tüchtig und vom besten Geiste beseelt, dem der französischen Armee gegenüber, jedoch weniger kriegserfahren, obgleich ein großer Theil der älteren Offiziere, namentlich der Stabsoffiziere und Generale den Krieg von 18⁴⁸/₄₉ und zwar auf demselben Terrain schon! mitgemacht haben dürfte? —

*) Das Infanterie-Gewehr mit Bajonet, sowie die Jäger-Büchse mit Haubajonet sind nach dem Lorenzschen System, die Büchsen mit Dorn. Bei der Infanterie und den Jägern hat das Gewehr resp. die Büchse, bei den Leuten des 1sten und 2ten Gliedes nur Stand-Visir, beim 3ten Gliede aber Stand-Visir und Klappe.

Bei der plötzlichen, so bedeutenden Augmentation der Armee hatte man den sehr erklärlichen Mangel an Offizieren dadurch zu decken gesucht, daß man nicht nur sehr viel Cadetten und Unteroffiziere zu Offizieren ernannt hatte, sondern auch mirabile dictu! sogar eine nicht unbedeutende Anzahl von — Civilbeamten!! Leute, denen jede militairische Bildung fehlte, die den Dienst gar nicht, noch weniger aber den Krieg kannten, was bei der zu geringen Anzahl von etatsmäßigen Offizier-Stellen um so mehr nur von großem Nachtheil sein konnte! —

Nicht zu übersehende Mängel waren ferner:

1) eine zu geringe Dotation an höheren Commandostellen;*)

2) zu kärglich dotirte und mangelhaft organisirte Stäbe der Generale rc., deren General-Stabs-Offiziere und Adjutanten in den Relationen auch nirgends sichtbar werden, jedenfalls aber zu neu im Geschäft — bei aller achtungswerthen wissenschaftlichen Bildung — nicht die, für den Krieg nothwendige Ausbildung hatten, da man, um dem vermehrten Bedarf an General-Stabs-Offizieren und Adjutanten zu entsprechen, viele noch nicht routinirte Offiziere hierzu ernannt hatte.**)

Der piemontesischen Armee — seit 1849 so gut wie neu formirt — war die österreichische Armee jedenfalls — mit Ausnahme der Artillerie, die bei den Piemontesen als sehr

---

*) Eine Infanterie-Brigade besteht aus einem Regiment à 4 Bataillons und einem leichten (Jäger- oder Gränzer-) Bataillon. Außer dem Brigadier ist daher nur noch ein Oberst (der Regiments-Commandeur) bei der Brigade, welcher aber im Commando ausfällt, da nach dem Reglement die Bataillons-Commandeure das Commando direct vom Brigadier abnehmen!! —

**) Auch in der österreichischen Armee bestehen — wie in mancher anderen Armee — in Widerspruch mit dem gegenwärtigen Standpunkte der militairischen Bildung der Offiziere und den Anforderungen an die, als nächste Organe der Generale fungirenden, Offiziere! — der Generalstab und die Adjutantur noch bis heute als völlig getrennte Corps neben einander! —

gut zu bezeichnen ist — in jeder Beziehung bedeutend überlegen.

Die französische Armee dagegen — welche vorstehend bereits ausführlicher geschildert worden ist — hatte der österreichischen gegenüber manche Vortheile, indem sie nicht nur bedeutend mehr länger gediente, sondern auch sehr viel kriegserfahrene Soldaten besaß*), welche — bei trefflichem Geist und musterhafter Disciplin — von tüchtigen, fast durchgängig kriegserfahrenen, Unteroffizieren, Offizieren und Generalen geführt, an den Krieg gewöhnt waren.

Für den Kriegsschauplatz sehr zweckmäßig, war die Infanterie in kleinen Bataillons zu 6 Compagnien von 100 bis 120 Mann formirt, welche die Detailführung, so wie die Beweglichkeit ungemein begünstigten. Somit war das Linien-Bataillon nur 600—720 Mann stark, dürfte jedoch nur mit 600 Mann zu berechnen sein, da viele Bataillone nicht complett waren. Die Bataillone der Chasseurs und Zuaven dagegen sind mit 800 Mann zu berechnen.

Bekleidung und Ausrüstung, sowie Bewaffnung waren sehr gut, obgleich, außer den Garden, chasseurs à pied, den Zuaven und Turcos und den Regimentern aus Afrika erst wenige Infanterie-Regimenter mit gezogenen Gewehren bewaffnet waren.**)

*) Sämmtliche, aus Algier herangezogene, Truppen hatten nicht einen einzigen Rekruten, da gesetzlich nur Leute von 2 Jahren Dienstzeit den, in Algier stehenden, Truppen zugetheilt werden dürfen. Sämmtliche aus Afrika herangezogene Truppen waren aber an den Krieg oder doch an große Fatiguen gewöhnt. Das 3. Zuaven-Regiment z. B. war vom October 1858 bis zum Mai 1859 nicht unter Dach und Fach gewesen, und trug der Mann, außer seinen Waffen, an 80 Pfd. Gepäck (Tornister, Decke, Lebensmittel, nicht selten auch Holz zum Bivouac) und außerdem auf dem Tornister zu seinem Vergnügen wohl noch einen Hund oder eine Katze! —

**) Der Mann soll bei der Linie 120, bei den Garden, Chasseurs und Zuaven 150 Patronen bei sich geführt haben, und doch haben verschiedene Abtheilungen der Linie Märsche von 12—14 Stunden gemacht, ohne Marode zurückzulassen. Andere dagegen hatten indessen doch der Maroden sehr viele! —

Dagegen besaß die Artillerie ein vortreffliches Material — nicht nur an tüchtigen, gut durchgebildeten Leuten und guten Pferden — sondern vor Allem an gezogenen Geschützen und dem, vom Kaiser erfundenen, 12pfündigen canon-obusier.

Die Garde und mehrere Divisionen der Linie hatten Batterien von gezogenen Geschützen bei sich, die sich jedoch nicht überall bewährt zu haben scheinen.*)

Die Cavallerie, in Regimenter zu 4 Escadrons (von gleicher Stärke, wie die österreichischen, à 6 Offiziere und 150 Pferde) formirt, stand jedoch, wie schon erwähnt, der österreichischen bedeutend nach und war außerdem in keinem Armee-Corps den resp. Infanterie-Brigaden zugetheilt.**)

Die Stäbe der höheren Führer dagegen waren an Kopfzahl, Ausbildung und Gewandtheit der dieselben bildenden

---

*) Die gezogenen Geschütze haben bei genauer Ermittelung der Entfernung vom Ziel-Object außergewöhnliche Treffähigkeit und Schußweite. In der Hitze des Gefechtes haben die Franzosen jedoch zwar gern weit hin geschossen, in ihrer Lebendigkeit aber sich doch sehr oft in den Distancen geirrt und ihr Ziel daher sehr oft bedeutend überschossen.

Das canon-obusier und die anderen Systeme haben aber den Erwartungen nicht entsprochen, so daß deshalb jetzt Commissionen diesen Gegenstand näher prüfen und über die allgemein einzuführenden Geschütze näher berathen sollen.

Sämmtliche Batterien waren zu 6 Geschützen. Die Fuß- oder Positions-Batterien bestanden aus vier 12pfündigen canons-obusiers und zwei Haubitzen (à 16 Centimetres).

Die fahrenden und reitenden Batterien hatten jede 6 12pfdge canons-obusiers.

Die Reserve-Artillerie eines Armee-Corps bestand aus 4—6 Batterien (Fuß- und fahrenden, sowie 1—2 reitenden). Jede Infanterie-Division hatte 2 fahrende, jede Cavallerie-Brigade 1 reitende Batterie.

**) Der Vortheil, welchen im Kriege nur wenige der Infanterie-Brigaden zugetheilte Escadrons — sogenannte Divisions-Cavallerie — im Gefecht gegen Infanterie und Artillerie, überall — namentlich aber in einem Terrain, wie in Ober-Italien — gewähren, wird weiter unten näher gezeigt werden. Die Franzosen mochten wohl diese quaest. Detailverwendung ihrer Cavallerie, der persönlichen Ueberlegenheit des österreichischen Reiters gegenüber, fürchten und demnächst auch dieselbe, im Vertrauen auf die Gewandtheit ihrer Infanterie, vielleicht eher entbehren zu können glauben? —

Offiziere bedeutend reicher als die der Oesterreicher dotirt, und hat sich der Nutzen dieser Organisation auch überall bewährt.*)

Ein wesentliches Element für jede Kriegführung aber, in Hinsicht dessen die Alliirten einen großen Vortheil vor den Oesterreichern voraus hatten, war die Verpflegung! — indem diese bei ersteren nicht nur sehr gut, sondern auch sehr reichlich, bei letzteren dagegen sehr gering und dabei noch höchst mangelhaft war. —

Die Vertheilung der Verpflegung soll jedoch bei beiden Theilen nicht immer so regelmäßig erfolgt sein, als dies nicht nur zu wünschen, sondern auch nothwendig war.**)

Von sehr vortheilhaftem Einfluß für die Kriegführung waren für die französische Armee aber noch folgende, allgemeine Bestimmungen, welche der Kaiser Napoleon gleich beim Beginn des Krieges der Armee gab:

---

*) Bei den Franzosen bilden Generalstab und Adjutantur ein Corps! — le corps impérial d'Etat-major — aus welchem jeder Brigade-General 1 Capitain, jeder Divisions-General 1 Chef (in der Regel Oberst oder Oberst-Lieutenant) 1 oder 2 chef d'Escadron (Stabsoffiziere) und 1 oder 2 Capitains erhält, so daß bei jeder Division von 2 Brigaden 6 Offiziere d'Etat-major fungiren, außer den zu ihrer Unterstützung commandirten Ordonnanz-Offizieren, deren Zahl nicht bestimmt ist. Außerdem hat jeder Divisions-General in seinem Stabe aber auch noch den Commandeur seiner Artillerie und dessen Adjutanten, sowie einen Genie-Offizier, in Summa also mindestens 8—10 Offiziere zur Disposition!

**) Der französische Soldat erhält im Felde täglich: 2 Pfd. Brod, 2 Pfd. Fleisch, Reis 2c., 1/2 Litre Wein und was das Wesentlichste und nicht genug zu empfehlen ist, des Morgens früh 1 Litre guten café, und zwar hat der Vorgesetzte, welcher nicht dafür sorgt, daß seine Truppen jeden Morgen, vor dem Aufbruch, café genossen haben, Strafe zu erwarten!

Demnächst macht der Soldat aber im Felde, wie im Frieden, wo es irgend angeht, täglich zwei reichliche Mahlzeiten, — eine Vormittags oder Mittags nach Ankunft im Bivouac und eine Abends.

Der österreichische Soldat erhält, nach uralten Prinzipien! immer noch täglich nur: 2 Pfd. Brod, 1/2 Pfd. Fleisch, etwas Gemüse und Schnaps — kocht in der Regel nur einmal, und zwar gewöhnlich nach dem Einrücken in das Bivouac ab. Sehr selten geschieht dies noch einmal des Morgens vor dem Aufbruch, so daß der Soldat in Italien nicht nur fast jedes Mal mit leerem Magen in das Gefecht gegangen ist, sondern oft Tage lang marschirt sein soll, ohne auch nur Brod erhalten zu haben! —

A. Zur Erleichterung der Bagage, des Gepäckes und des Anzuges.

1. Kein General darf einen Wagen mit sich führen.
2. Die Generale vertauschen den Hut mit dem Kepi, und legen, — ebenso auch alle Offiziere, — die Epaulettes ab.
3. Jeder Offizier trägt seinen Mantel en bandoulière und eine Tasche mit Lebensmitteln auf einen Tag, (wie der Soldat).
4. Der Oberst darf nicht mehr als zwei Pferde halten.
5. Die Offiziere dürfen keine Zelte mitnehmen.
6. Der Infanterist behält nur das Kepi, die Jacke (veste), eine gute Tuchhose, den Capot (kurzen Mantel), 2 Paar Schuhe (1 Paar an, 1 Paar im Tornister) und sein Stück Zelt (zum tente-abri)*). Nur die Zuaven und Turcos behalten den collet-capote (Mantelkragen mit Capuze) und die demie-couverture. (NB. Alle Waffenröcke und alle Paradesachen, sowie alles übrige Gepäck wurde nach Genua geschickt.)

B. Sicherheits-Maßregeln.

1. Eine halbe Stunde vor Sonnen-Aufgang tritt jederzeit, im Bivouac, Alles unter das Gewehr, als ob ein Angriff drohe! und rückt, — wenn der Feind nichts unternimmt, — nach Tages-Anbruch wieder ein.
2. In der Nähe des Feindes, wenn zwischen demselben und den Truppen nicht ein Terrain-Hinderniß, wie z. B. ein Fluß, sich befindet, lagert des Nachts die Hälfte der Truppen in Gefechts-Ordnung, ein Theil der Artillerie in formirten Batterien.

Die Hälfte der Cavallerie hat Nachts gesattelt. (NB. Diese Maßregeln hat die Armee in Algier stets mit großem Vortheil beobachtet).

*) Im Bivouac knöpfen je 2 Mann ihre resp. Zeltstücke an einander und bilden von denselben ein Zelt, unter welchem sie gemächlich geschützt liegen können.

Die Oesterreicher dagegen marschirten zwar in leinenen Kitteln, trugen aber den Waffenrock, gerollt, auf dem Tornister und schleppten bis zum 18. Juni, trotz der argen Hitze, ihre schwer bepackten Tornister und schweren Czakots mit sich! Erst am Mincio, als der Kaiser den Ober-Befehl übernahm, befahl derselbe: »daß die Soldaten in Feldmützen ausrücken, die abgelegte Bekleidung und das Gepäck ihnen aber nachgefahren werden sollte! — was zwar den einzelnen Mann von einer bedeutenden Last befreite, dagegen den großen Uebelstand erzeugte: daß der Train der Armee ungemein vermehrt und durch denselben ihre Beweglichkeit noch mehr verringert wurde! — ein Uebelstand, dessen Nachtheile nur durch das schnell erfolgende Ende des Feldzuges nicht zur vollen Geltung kamen.

Die Beantwortung der Frage: »Wie der Krieg in Italien 1859 auf beiden Seiten geführt, d. h. in welcher Art und Weise auf beiden Seiten operirt und gefochten worden ist?« wird durch die hier nachfolgende Betrachtung über:

I. Die strategischen Verhältnisse

der beiderseitigen Armeen vom Beginne des Krieges bis nach der Schlacht bei Solferino zu erledigen versucht werden.*)

---

*) Der Krieg in Italien mit allen seinen Begebenheiten gehört bereits der Geschichte, mithin auch dem Urtheil der Welt an. Es darf daher hier wohl nicht erst noch befürwortend bemerkt werden, daß den hier folgenden Betrachtungen und unvorgreiflich ausgesprochenen Urtheilen die Facta, soweit dieselben zu ermitteln waren, zum Grunde gelegt, alle Urtheile aber fern von jeder Parthei-Ansicht, ohne jede Bezüglichkeit in Hinsicht der handelnden Personen, nach den vorhandenen Thatsachen nur im Interesse der Geschichte offen ausgesprochen worden sind. Jede Berichtigung etwa möglicher Irrthümer kann der Geschichte nur förderlich sein und wird derselben — eingedenk der Wahrheit des: »humanum est errare!« — gewiß nur höchst willkommen sein!

Schon seit mehr als zwei Monaten stand bekanntlich in der Mitte des April 1859, die österreichische Armee mit bedeutenden, überlegenen Streitkräften kriegsbereit an der Westgrenze der Lombardei, von Pavia bis Sesto Calende — 10 Meilen — der, auf dem rechten Ufer des Ticino aufgestellten piemontesischen Armee*) in feindseliger Spannung gegenüber, als Oesterreich — um dem drückenden, fast unerträglich gewordenen, Zustande ein Ende zu machen — am 23. April 1859 sein Ultimatum dem Könige von Sardinien mit der Aufforderung übersandte: »Sich innerhalb drei Tagen! definitiv darüber zu erklären: ob Sardinien endlich entwaffnen und den Frieden erhalten wolle oder nicht.« ? — **)

Am 23. April stand die 60,000 Mann starke piemontesische Armee allein in Piemont, und zwar: mit 2 Divisionen à 11,000 Mann und der Reserve-Cavallerie-Division von 2,000 Mann, also mit p. p. 24,000 Mann auf dem linken Ufer des Po, von diesem Flusse bis zum Lago maggiore (— 9 Meilen —), sowie hinter der Dora Baltea von Ivrea bis Turin (— 7 Mei-

---

*) Es zählten im April 1859:

A. die österreichische Armee:		B. die sardinische Armee:	
2. Armee-Corps	22,000 Mann	5 Infanterie-Divisionen	
3. do.	26,000 „	à 10—11,000 Mann ...	53,000 Mann
5. do.	26,000 „	1 Cavall.-Division ...	2000 „
7. do.	20,000 „	Summa	55,000 Mann
8. do.	26,000 „		
Res.-Cavallerie-Division ..	4000 „	Garibaldis Frei-Corps	5000 „
Summa	124,000 Mann	Summa Summarum	60,000 Mann

Nach der Sollstärke dürften die Oesterreicher stärker gewesen sein, doch wird vorstehende Stärke beibehalten.

**) Unter den obwaltenden Umständen war die Bewilligung einer Bedenkzeit von 3 Tagen der erste Fehler Oesterreichs. Denn da für Oesterreich — zum Vorgehen entschlossen wie es war — jeder Tag Zeit-Gewinn von der höchsten Wichtigkeit war, so dürfte unter den obwaltenden Umständen eine Bedenkzeit von 24 Stunden jedenfalls vortheilhafter gewesen sein!

Der quäst. Fehler darf jedoch nicht dem Kommandirenden der Armee zur Last gelegt werden.

len —) vertheilt, während 3 Divisionen und Garibaldi's Frei-Corps — in Summa 36,000 Mann — auf dem rechten Ufer des Po, von Verrua bis Bassignano (— 8 Meilen —), cantonnirten.

Sardinien, welches schon längst den Krieg wollte, verweigerte natürlich — wie vorauszusehen war! — nach Ablauf der 3 Tage, die Entwaffnung um so mehr, als schon vor Ablauf jener Frist — am 25. April bereits! — die Têten der, längs der Grenze concentrirten, französischen Armee — zuerst das 3. Armee-Corps unter Marschall Canrobert — dem Alliirten zu Hülfe eilend, — über den Mont-Cenis in Savoyen einzurücken anfingen und — auf das Schnellste, mittels der Eisenbahn, — auf Turin dirigirt wurden, wo dieselben bereits am 28. April eintrafen*).

Demungeachtet rückte die österreichische Armee, — welche nach einer nur 24stündigen Bedenkzeit! für das Ultimatum — am 24. April schon in Piemont hätte einrücken sollen!! — aber auch jetzt noch nicht — wie sie es konnte! — sofort am 26. April ein! Durch unnöthige diplomatische Bemühungen, deren fruchtlose Resultate leicht vorauszusehen waren,

---

*) Mit Ausschluß des 5. französischen Armee-Corps, unter Prinz Napoleon (von circa 20,000 Mann), welches erst bei Solferino — durch eine Demonstration — mittelbar an den Operationen in Ober-Italien sich betheiligte, daher hier nicht weiter mit in Rechnung gestellt werden soll — bestanden die Streitkräfte, mit denen Frankreich in Ober-Italien den Krieg geführt hat, aus p. p. 124,000 Combattanten, und zwar:

das Garde-Corps	20,000	Mann,
„ 1. Armee-Corps	28,000	„
„ 2. „ „	20,000	„
„ 3. „ „	30,000	„
„ 4. „ „	26,000	„
Summa	124,000	Mann.

Rechnet man hierzu noch die Piemonteser mit 55,000 Mann und Garibaldis Corps mit 5,000 Mann, so betrug die gesammte Alliirte Armee in Summa 184,000 Mann (excl. des 5. Armee-Corps).

wurde der Einmarsch nochmals um drei Tage! verzögert, von denen ein jeder für die Oesterreicher ein eben so unberechenbarer Verlust, als für die Alliirten ein unschätzbarer Gewinn war*).

Am 29. und 30. April endlich! überschritt der Feldzeug-Meister Graf Gyulai**) mit der österreichischen Armee den Ticino auf mehreren Punkten und stand am 1. Mai concentrirt zwischen Vespolate und Sarzana — 7 Meilen, d. h. 2 Märsche von der Dora Baltea, welche er jetzt

a. am 3. Mai,

b. nach dem Einrücken am 24. April aber schon am 28. oder

c. nach dem Einrücken am 26. wenigstens am 30. April schon

erreicht haben konnte!

Von der Dora Baltea bis Turin aber sind nur noch 4 Meilen! welche in einem starken Tages-Marsch zurückgelegt sind!***).

---

*) Die 3tägige Verzögerung des Einmarsches war der zweite Fehler, der die nachtheiligsten Früchte zu tragen nicht verfehlte. (S. Bazancourt, campagne d'Italie en 1859, I., pag. 99. »Ces deux jours de retard, quels qu'en soient les motifs, furent pour le Piémont un secours de la Providence!!«

**) Der vollständige Name des F.-Z.-M. ist: Gyulai von Maros-Németh und Nadaska; nicht: Giulay ꝛc.

***) Die Dislocation der Oesterreichischen Armee war — nach ihren neuesten Angaben (s. Oesterreich. milit. Zeitschrift, I. Jahrgang, 2 Heft. 1860. pag. 134 ꝛc.) —

	am 29. April	am 30. April	am 1. Mai	am 2. Mai
3. Corps	(mit 1 Brigade) bei Pavia (über den Ticino gehend),	Rest über den Ticino bis Dorno,	Lomello und Ferrera,	Torre di Beretti.
5. Corps	bei Pavia (über den Ticino),	Trumello,	Mortara,	Candia, Terrasa — a. d. Sesia.
8. Corps		bei Pavia (über d. Ticino gehend): bis Zinasco,	St. Nazaro,	Gambrana, Pieve del Cairo. — Front gegen den Po.

Gyulai konnte also, wenn er schneller vorgerückt wäre, wie er dies eigentlich thun mußte!

ad a. am 5. Mai,

ad b. aber schon am 30. April und

ad c. wenigstens am 3. Mai

mit der Hauptmacht von 90,000 Mann vor Turin stehen, wenn er auch zur Deckung seiner linken Flanke 34,000 Mann gegen den Po stehen ließ! —

Die Franzosen selbst bezeichnen es als einen großen Fehler, daß Gyulai nicht sofort nach Turin ging!*).

Die französische Armee, — in zwei Hälften getheilt! — gelangte auf zwei verschiedenen, von einander sehr weit entfernten, Wegen 1. über den Mont-Cenis, 2. über Genua — auf den Kriegsschauplatz und kam auf beiden Wegen nur allmälig an, so daß ein kräftiges Dazwischenfahren der Oesterreicher nicht nur die Vereinigung der — durch Meer

	am 29. April	am 30. April	am 1. Mai	am 2. Mai
2. Corps		bei Pavia (über d. Ticino gehend): bis Gropello (in Reserve),	St. Giorgio,	Mede Sartirana, hinter dem 8. Corps.
7. Corps		bei Beregnardo über den Ticino gehend: bis Gambolo u. Vigevano,	Mortara,	St. Angelo, Robbio.
Reserve-Cavallerie:		bei Pavia,	Trumello,	Trumello.
Haupt-Quartier		bei Garlasco	Garlasco,	Lumello.

*) S. Bazancourts Campagne d'Italie I, pag. 232.:

»Le général Giulay avait commis une faute irréparable, en ne marchant pas rapidement sur Turin. A ce moment-là, le champ de la guerre lui appartenait, pour ainsi dire, tout entier! L'armée française, par suite de la précipitation de son entrée en campagne, se trouvait dans la position la plus critique: privée encore de munitions et d'artillerie, separée en plusieurs tronçons, elle eût pu être attaquée en détail et amoindrie dès le commencement de la lutte, avant même d'être organisée!«

und Gebirge! getrennten Armee verhindern, sondern sogar deren Vernichtung ermöglichen konnte!

Das französische 3. und 4. Armee-Corps kamen auf einer einzigen Alpenstraße, in getrennten Abtheilungen, fast ohne alle Cavallerie, ohne Munition, ohne gehörige Verpflegung in Piemont an und wurden sofort über Turin auf Alessandria dirigirt, wohin auch am 28. April schon die, an der Dora und bei Turin stehenden Piemontesen sich gezogen hatten, so daß Turin und die Dora, von diesem Tage an, nur etwa durch 10,000 Piemontesen beschützt wurde, zu denen zu jener Zeit vielleicht noch 20,000 der im Anmarsch befindlichen Franzosen hätten herangezogen werden können?

Am 28. und 30. April würde Gyulai also in dieser Richtung nur auf höchstens circa 30,000 Alliirte! gestoßen sein, die vom 2. bis 6. Mai aber sogar sich auf 10,000 Mann! verringert hatten, indem die französische Armee zu dieser Zeit, — das Gefährliche ihrer Lage erkennend, — die Dora-Linie aufgegeben und sich mit den Piemontesen auf dem rechten Ufer des Po, zwischen Casale, Alessandria und Voghera vereinigt hatten*), nachdem am 30. April erst die Têten des 1., am 2. Mai erst die des 2. Armee-Corps in Genua gelandet waren! (NB. Die Garden begannen erst am 6. Mai in Genua zu landen.)

Der Feind konnte den Oesterreichern auf der Straße nach Turin keine großen Hindernisse in den Weg legen; das Terrain bot keine Schwierigkeiten, das Land dagegen aber große Leichtigkeit der Verpflegung dar, und die Einwohner waren zu jener Zeit dem Oesterreicher noch keineswegs feindlich gesinnt.

---

*) Die Alliirten vereinigten ihre sehr zerstreut anlangenden Streitkräfte um Alessandria und Casale, indem sie, auf diese Festungen gestützt und den Po vor der Front, sich um so sicherer sammeln und zu den eigentlichen Operationen vorbereiten konnten, zu denen sie aber doch erst 4 Wochen nach der Erklärung des Krieges! fertig waren!!?

Welche unberechenbaren günstigen Folgen für die Oesterreicher eine sofortige kräftige Offensive, sowohl in der Richtung auf Turin, als auch ein schneller Uebergang über den Po, zwischen den Mündungen des Ticino und der Sesia, — mit Zurücklassen von circa 30,000 Mann gegen die Dora Baltea, — und ein kräftiges Vordringen mit 94,000 Mann in der Richtung auf Novi gehabt haben würde, bedarf keiner weiteren Auseinandersetzung, wenn man weiß, daß Gyulai, wenn er gegen den Po operirte, von Vespolate

a. am 26. April vorgehend, den Po am 28. April,
b. " 29. " " " " " 1. Mai,
c. " 2. Mai " " " " 4. "

überschritten haben konnte.

Die Alliirten fürchteten aber die kräftige Offensive der Oesterreicher, eben so sehr gegen Turin, als gegen den Po und Novi, und geht die bedrohliche Lage, in welche ein kühnes Vorgehen Gyulais sie am 4. Mai noch gebracht haben würde, aus ihren eigenen Berichten hervor*).

Am 2. Mai schien Gyulai — der noch alle Chancen für sich hatte — auch wirklich die Absicht gehabt zu haben: "zwischen dem Ticino und der Sesia den Po zu überschreiten und auf dessen rechtem Ufer vorzugehen!" – Er ließ das 7. Corps an

---

*) S. Bazancourt's Campagne d'Italie I, tome a.,
pag. 101: Si les troupes autrichiennes réunies en force, tentaient une attaque hardie, cette attaque pouvait avoir pour l'armée sarde des résultats désastreux, und
pag. 105: Pour arrêter les Autrichiens, qui avaient passé le Po sur plusieurs points, il eût fallu un déploiement de troupes, impossible, avec les ressources actuelles.

Am 4. Mai aber schrieb Marschall Canrobert an den Kaiser:
pag. 112: Si les Autrichiens avaient marché dès le principe tête baissée, soit sur Turin, soit sur Alexandrie et le Chemin de fer de Gênes, ils auraient déjà produit beaucoup de mal, mais — ils ne l'ont pas fait, étonnés sans doute par l'apparition de Vos troupes à Casale et à Alexandrie. (?)

der Sesia stehen, concentrirte das 2., 3., 5. und 8. Corps zwischen der Sesia und dem Ticino, um Lumello, wo er sein Haupt-Quartier nahm, und ließ in der Nacht vom 2. zum 3. Mai bei Cornale (Gerola) Brücken über den Po schlagen, welche am 3. — wo heftiger, starker Regen zu fallen begann — auch vom 8. Corps überschritten wurden, welches gegen Tortona bis Sale und Voghera vorging.

Vom 3. bis 5. Mai ließ Gyulai durch Demonstrationen, Anfuhren von Brücken-Material, Valenza und Frassinetto gegenüber, sowie durch Schein-Angriffe die ganze Po-Linie oberhalb Cornale allarmiren und versetzte dadurch die Alliirten um so mehr in große Unruhe und Besorgniß, als ihre Lage, wie aus ihren eigenen Berichten hervorgeht, damals noch höchst gefährlich war*).

Es schien, als wollte Gyulai — mit Festhalten der Lomellina**) — doch endlich auf dem rechten Ufer des Po offensiv vorgehen, indem er den Schwerpunkt seiner Operationen auf seinen linken Flügel legte.

Dem war jedoch nicht so! denn plötzlich, — ohne daß man bis jetzt einen Grund dazu aufzufinden vermocht hat! — zog er am 6. Mai seine vorgeschobenen Truppen vom rechten Ufer des Po wieder auf das linke zurück, ließ am 7. die Eisenbahn-Brücke bei Valenza sprengen, concentrirte seine Armee

---

*) Canrobert war am 3. Mai in der größten Besorgniß, daß die Oesterreicher sich zwischen ihn und die, von Genua vorrückenden Corps, werfen, sowie sich der Eisenbahn von Valenza nach Turin bemächtigen würden, so daß er die resp. Bahnhöfe eiligst befestigen ließ. Am 4. jedoch schrieb er schon an den Kaiser: »Les mouvements qu'ils opèrent lentement depuis plusieurs jours vers Frassinetto, vers Valenza et au delà du Po par Cambio, vers Salé, me donnent fortement lieu de penser qu'ils se tiennent sur la défensive, tout en voulant nous donner le change par des démonstrations offensives — dans tous les cas l'ennemi nous fait gagner du temps!« (S. Bazancourt, C. d'Italie 1859, I, pag. 112.)

**) Die Lomellina ist der Theil Piemonts auf dem linken Ufer des Po, zwischen dem Ticino und der Sesia.

zwischen der Agogna und Sesia, und nahm am 7. Mai sein Haupt-Quartier in Mortara*).

Da er auf diese Weise aber plötzlich seinen Schwerpunkt wieder auf seinen rechten Flügel verlegte, drohte er mit einer kräftigen Offensive auf Turin, und ging auch in der That, — nachdem er zur Deckung seines linken Flügels das 8. Armee-Corps bei Vacarizza und eine Division des 7. Corps bei Stroppiana gegen den Po zurückließ, — mit allen seinen übrigen Streitkräften über Vercelli, auf der Straße nach Turin bis St. Germano — (9 Meilen, d. i. 3 kleine oder zwei starke Märsche, von Turin) — vor, so daß am 8. Mai bei St. Germano das 2., 3. und 5. Oesterreichische Corps concentrirt standen, während das halbe 7. Corps schon bis Bialla und Ivrea streifte.

Von den alliirten Armeen befanden sich am 7. Mai nur kaum noch 10,000 Mann auf dem linken Ufer des Po, um Turin; auf dem rechten Ufer dagegen standen die Piemontesen mit 45,000 Mann und die ganze französische Armee — soviel, als von derselben damals bereits beisammen war! — in dem Dreieck Casale, Tortona und Gavi (südlich Novi), und zwar stand die Hauptstärke der Alliirten zwischen Alessandria und Valenza — (9 bis 10 Meilen von St. Germano und 12 bis 13 Meilen von Turin!).

Der Regen, — welcher gewöhnlich als Entschuldigung für die Unsicherheit (?) der bisherigen Operationen angegeben wird, — mußte also doch nicht zu arge Hindernisse aufgethürmt haben, da die österreichische Armee in Massen nahe zusammenbleiben und ebenso in Massen vorgehen konnte! —

Die Offensive in dieser Richtung würde, in den letzten Tagen des April unternommen, die brillantesten Resultate gehabt, den Feldzug vielleicht schnell beendet haben, indem man

*) Dies war der dritte Fehler.

damals nur die wenigen Piemontesen, welche auf dem linken Ufer des Po standen, allein zu überrennen hatte, Turin mit Leichtigkeit nehmen und die, in sehr zweifelhafter Kampffähigkeit, in zwei getrennten Hälften anrückenden, Franzosen nicht nur aufhalten, sondern vielleicht sogar jede Hälfte derselben einzeln aufreiben konnte!

Wenn auch nicht so günstige Resultate verheißend, so war aber auch das Vorgehen gegen Turin jetzt im Anfang Mai noch, nicht nur zeit- und sachgemäß, sondern überdies auch noch nicht schwieriger als früher, da die Alliirten hier nur wenig Truppen — kaum 10,000 Mann! — entgegenzustellen hatten.

Wie sehr die Piemontesen aber damals immer noch den quaest. Coup gegen Turin fürchteten, bezeugen ihre officiellen Berichte*).

Die gerechten Besorgnisse der Alliirten waren jedoch unnöthig! — Turin ward gerettet! indem Gyulai — mit seinen Têten nur noch zwei Märsche von Turin! — am 9. Mai plötzlich nicht nur seine Offensive wieder aufgab, sondern auch seine ganze Armee, sogar mit großer Eile! über

---

*) Nach Bazancourt (C. d'Italie I. pag 114.) sagt das Journal historique de l'armée sarde über das quaest. Vorgehen der Oesterreicher gegen Turin:

»Les autrichiens au nombre de 40,000 à peu près avaient passé la »Sesia; s'ils atteignaient Ivrea, qui ne pouvait longtemps résister, »Turin leur devenait une proie facile! Contre toute attente »l'ennemi suspendit sa marche et se replia sur les deux rives du »Po pour rentrer dans ses positions de la Lomellina!« und Bazancourt (I. pag. 115) fügt hinzu in Hinsicht der Aufstellung Gyulais (Casale gegenüber, bis zur Mündung des Ticino):

Dès lors Turin était préservé! —

L'ennemi par ses retards et ses tâtonnements avait perdu les bénéfices de sa brusque entrée en campagne et l'armée alliée sortant tout-à-coup d'une situation pleine de périls avait pu, sans être attaquée en détail indispensable, compléter ses approvisionnements, réunir son artillerie et terminer l'organisation si nécessaire de ses services administratifs!

die Sesia zurückzog, in seine alten Stellungen in die Lomellina zurückkehrte und sein Hauptquartier am 10. Mai wiederum nach Mortara verlegte, welches er — zum Beginn der Offensive! — am 7. erst verlassen hatte!*) — ? —

Ein gewichtiger Grund zum Aufgeben der so günstigen Offensive — welches den Feind selbst in Erstaunen versetzte! — war nicht vorhanden! Die Entschuldigung aber für diese, nicht nur nutzlosen, sondern sogar auf den Geist und das Vertrauen der Armee ebenso, wie auf die Kriegführung selbst, höchst nachtheilig einwirkenden, oscillirenden Pendelbewegungen der Armee, die Angabe nämlich: »daß Gyulai die Nachricht erhalten habe: »die alliirte Armee dringe auf dem »rechten Ufer des Po vor!« (?) — bleibt ebenso unhaltbar als bedauernswerth,**) da die Alliirten — nachdem sie bereits 3 Wochen lang!! in ihren Arrangements ꝛc. durchaus nicht gestört worden waren — sogar am 14. Mai! sich noch nicht in der Verfassung befanden, um zur Offensive mit Erfolg vorgehen zu können, indem ihnen hierzu noch gar Vieles fehlte, — wie z. B. die Brücken-Trains, die sich noch in Frankreich befanden ꝛc. ꝛc. —***).

Das ganze, bis hierher beobachtete Verfahren Gyulai's bewies aber aller Welt, also auch dem Feinde, daß man eine

---

*) Dies war der vierte Fehler.

**) Nach einer anderen Leseart soll Gyulai zum Zurückziehen der Armee am 9. Mai durch eine telegraphische Depesche (d. d. Paris den 9. Mai) sich veranlaßt gesehen haben, indem diese ihm die sichere Nachricht gebracht haben soll? »Am 10. Mai werde der Kaiser Napoleon Paris verlassen und zur Armee gehen!« —?

Dieser Grund dürfte aber nur noch beklagenswerther sein, als der erstere! Denn selbst wenn der Onkel — d. h. nicht etwa der Prinz Jérome? sondern Napoleon I. — am 10. Mai Paris verlassen hätte, so würde dies das Verfahren des Ober-Generals der Oesterreicher doch niemals gerechtfertigt haben! —

***) Siehe vorstehend die Note *) S. 97.

»brusque entrée en Piemont«*) — wie die Franzosen das Einrücken nannten! — mit Geräusch gemacht, zu dem weiteren Verfolg aber einen gehörig überdachten, gut basirten Feldzugs- und Operations-Plan — wie es scheint! — weder mitgebracht, noch später festgestellt, keinen Falles nach einem festen, reiflich überdachten Plan gehandelt hat, daß vielmehr Gyulai, anstatt dem Feinde offensiv auf den Leib zu geben und ihm das Gesetz vorzuschreiben; — was die Alliirten auf das Aeußerste fürchteten! — sich leider! vom Feinde das Gesetz geben ließ! indem er dessen Bewegungen und zwar in so hohem Grade gehorchte, daß er schon — bevor noch die Alliirten dieselben auszuführen vermochten! — ziemlich gesicherte Vortheile eiligst wieder aus den Händen gab!

Nicht mit Unrecht fing die Armee daher jetzt schon an, das Vertrauen in die obere Leitung zu verlieren, die, ohne jeden erkennbaren Grund, innerhalb 14 Tage! jetzt zum vierten Male!! das Operations-Object der Armee wechselte und diese in die alten Positionen der Lomellina zurückzog, von denen aus — wie man zur scheinbaren Rechtfertigung proklamirte! — »die Offensive gegen Westen ebenso gut, als gen Süden möglich bliebe!« — in keiner dieser Richtungen jedoch erfolgte! —

Während das 7. Corps die Sesia-Linie beobachtete, wurde die Po-Linie zwischen der Sesia und dem Ticino von den übrigen, in der Lomellina concentrirten, Corps nicht überschritten — weil angeblich das Hochwasser des Po dies nicht gestattete!? — Man begnügte sich damit, dieselben nur zu bewachen! indem man, — wie es scheint! — lieber des seligen Lascy's beliebtes

*) Von der »brusque entrée« kann man in Betracht ihrer Folgen leider! nur sagen: »Much ado about nothing!« und »pourqoui tant de bruit pour — une ommelette?«

Cordonsystem*) als die Grundsätze der Strategie berühmter Feldherren befolgte.

Aus Besorgniß vor Umgehung seiner Flanken, — wie es scheint, — gab Gyulai nicht nur drei Mal seine Offensiv-Operation auf, sondern blieb jetzt auch — entweder aus derselben Ursache, oder aus gänzlicher Rathlosigkeit? — über vierzehn Tage unthätig in einer Art von Agonie! in der Lomellina stehen, während man den Truppen die Langweile in den Cantonnements und resp. Bivouaks — wie man sagt — mit Uebungen in Griffen, Exerciren rc. vertrieb! —

Am 14. Mai war endlich der Kaiser Napoleon bei der Armee in Alessandria eingetroffen und hatte den Oberbefehl übernommen, was den Truppen einen neuen Impuls, der Armee eine erhöhete Kraft gab.

Der Kaiser begann seine Wirksamkeit gleich damit, die alliirte Armee um Alessandria noch enger zu concentriren, und verblieb noch 14 Tage!! in dieser, zwischen dem Po und dem Gebirge des Montferrat eingeklemmten Stellung, aus welcher die Rückzugslinie nur durch Defileen — in seiner linken Flanke auf Turin oder in seinem Rücken auf Genua und das Meer! — führten! — ? —

Am 19. Mai standen die Piemontesen noch zwischen Ocimiana und Valenza, die Franzosen mit dem Garde-, 3. und 4. Corps um Alessandria und Valenza, mit dem zweiten Corps bei Sale, zwischen der Scrivia und dem Tanaro, mit dem 1. bei Ponte Curone und Voghera, auf der Straße nach Piacenza.

Noch immer mit der Heranziehung des Materials beschäftigt, sprach sich auch hier, von Seiten der Franzosen, noch kein bestimmter Plan zu Operationen aus, als plötzlich

---

*) Ein geistreicher, als Militair-Schriftsteller rühmlichst bekannter General pflegte stets Lascy's Passion für das Cordonsystem sehr charakteristisch zu bezeichnen, indem er sagte: »Lascy habe stets jeden Grenzpfahl mit gleicher Liebe umfaßt!«

Gyulai am 19. Mai wieder ein Lebenszeichen von sich gab! — Er verließ die Sesia-Linie und wollte, — wie es schien! — zum vierten Male die Offensive ergreifen? —

Anstatt aber den Po zu maskiren und mit allen Kräften schnell auf Turin zu gehen, und dadurch die Franzosen von ihrer Verbindung mit Frankreich abzudrängen, schien er diesmal eine Offensive auf dem rechten Ufer des Po — wo jetzt die Alliirten bereits mindestens an 130,000 Mann! concentrirt hatten!! — versuchen zu wollen? — indem er am 19. Mai zuerst einzelne Abtheilungen bei Vaccarizza auf das rechte Ufer des Po bis Bobbio und Casteggio vorschob, demnächst aber denselben am 20. früh das ganze 5. Armee-Corps — 26,000 Mann stark — folgen ließ, welches auf der Straße von Piacenza gegen Voghera vorrückte.*)

In Voghera stand General Forey mit der 1. Division des 1. französischen Corps, die ihre Vorposten — denen noch 10 Escadrons piemontesischer Cavallerie zugetheilt waren — bis Montebello und Casteggio vorgeschoben hatte.

Die piemontesische Cavallerie wurde um Mittag, östlich Genestrello, überfallen und die zunächst hinter ihr stehenden 4 Bataillone Franzosen jedenfalls so überrascht, daß die sofort allarmirte Division von 13 Bataillons — theils mittelst der Eisenbahn — so schnell als möglich! voreilte. Dieselbe kam jedoch nur mit 11 Bataillons (circa 7000 Mann) — bataillonsweise nach und nach zum

Gefecht bei Montebello,

welches von beiden Seiten mit großer Tapferkeit, besonders der Kampf um die Dörfer Genestrello und Montebello sowie um einzelne Gehöfte mit Hartnäckigkeit geführt wurde.

---

*) Der fünfte Fehler!

Obgleich General Forey hier zum ersten Male mit den Oesterreichern — deren Kampfweise ihm völlig fremd war! — zu thun bekam und seine Dispositionen erst zur Stelle machen konnte, so führte er das Gefecht doch mit vielem Geschick, indem er von Hause aus seinen rechten Flügel an die dominirenden Abfälle des Gebirges lehnte und, mit Echellons vom rechten Flügel vorgehend, fortwährend die feindlichen Flanken zu umfassen suchte, jedes neu ankommende Bataillon aber — mit dichten Tirailleurschwärmen voran, die Colonne nahe dahinter — sofort zum Bajonet-Angriff vorführte.

Ohne Reserve, fast Alles in erster Linie fechtend, war Forey doch stets bemüht, seine Kräfte zu concentriren.

Durch das unaufhaltsame, offensive Vordringen der Franzosen wurde ihre Minderzahl gegen die um das Dreifache überlegene Mehrzahl der Oesterreicher — durch welche Erstere erdrückt werden konnten und mußten! — um so mehr ausgeglichen, als Letztere, — anstatt mit vereinten Kräften auf der großen Straße nach Voghera mit aller Kraft vorzurücken und sich auf den linken Flügel der Franzosen zu werfen, — in 5 Colonnen auf einer Ausdehnung von 1½ Meile eparpillirt! — vorrückten, in dieser getrennten Formation aber auch verblieben! obgleich das Gefecht über sechs Stunden dauerte! — Zeit genug, um die verschiedenen österreichischen Truppenmassen — von denen nicht viel über die Hälfte zum Gefecht gekommen sind! — ebenfalls zu concentriren!

Bei aller Tapferkeit der Oesterreicher wurde das Gefecht ihrerseits aber auch noch mit Unsicherheit und Unentschlossenheit geführt, indem man — fast nur auf die Schußwaffen sich verlassend — zu viel stehenden Fußes focht, die Offensive mit dem Bajonet mit Maßen anzuwenden aber unterließ!

so daß ihren Tirailleurschwärmen der rechtzeitige Nachdruck der Colonnen fehlte.

Durch die unglückliche Besorgniß vor Umgehungen!! sowie für die Sicherung des Rückzuges!! unterblieben nicht nur, im günstigsten Moment! die unerläßlichen kräftigen Offensivstöße, sondern man legte auch hier — wie gewöhnlich! den Accent — auf Aufnahme-Stellungen rückwärts!! während die Franzosen unaufhaltsam nur vorwärts drängten, bis endlich die, an Truppen weit stärkeren Oesterreicher, trotz ihrer taktischen und numerischen Ueberlegenheit, — ehe noch die Reserven der Franzosen, welche mittelst der Eisenbahn herangeholt wurden, eingetroffen waren! — gegen $^1/_2$7 Uhr Abends das Gefecht aufgaben! und den Rückzug nach dem Po antraten, über welchen das 5. Corps am 21. Mai Morgens bis S. Nazaro zurückging! —

Hierdurch betrachteten sich die Franzosen aber und mit vollem Recht! als Sieger; so daß sie den großen moralischen, im Kriege nicht genug zu berücksichtigenden, Vortheil erlangten: »Im ersten Treffen gleich! den ersten Sieg erfochten zu haben!« —

Dieser Vortheil wurde aber um so bedeutender, als die, von Hause aus stets vorhandene, Sieges-Gewißheit der Franzosen durch das fait accompli bestätigt ward, was natürlich der ganzen Armee einen neuen Impuls gab und nicht wenig zur Steigerung des élan beitrug, welchem, zum Theil wenigstens, die späteren Erfolge der Franzosen zuzuschreiben sind, während bei den Oesterreichern dieser erste erlittene échec einen mehr oder minder deprimirenden Eindruck zu machen nicht verfehlen konnte!

Man hat das Zurückgehen des 5. Corps zwar dadurch entschuldigen wollen, daß man das Vorgehen desselben überhaupt »nur eine große Recognoscirung«? genannt hat, deren Absicht »das Erkunden der feindlichen Stellung gewesen sei« ? — Diese Erklärung macht aber die Sache eher schlimmer als besser: denn wollte man bloß wissen, wo der Feind stehe? so genügten zur Erreichung dieses Zweckes nur einige umsichtige Offiziere mit nur wenigen geübten Truppen. Wollte man aber durch ein Gefecht den Feind herauslocken, um zu zeigen: »wie stark er sei?« so bedurfte man auch hierzu nicht eines ganzen Armee-Corps! Wollte man dasselbe jedoch zu dem angegebenen Zweck verwenden, so mußte man entweder das Gefecht sofort abbrechen, sobald der Feind seine geringen Kräfte gezeigt hatte, oder man mußte, — was das Richtige war — den kämpfenden schwächern Feind mit aller Energie über den Haufen werfen, um zu sehen: »was hinter demselben stehe?« — nicht aber mit 24 Bataillons, 4 Escadrons, (26,000 Mann!) nach sechsstündigem blutigem Gefecht zurückgehen! und dem so bedeutend schwächeren Feinde — nachdem derselbe nur 11 Bataillons und 10 Escadrons!! gezeigt hatte, den Kampfplatz und den Ruhm des ersten Sieges überlassen! —

Hätte das Vorgehen des 5. Armee-Corps den Zweck gehabt: »den Alliirten nur eine Jalousie zu erregen und dadurch das Vorgehen der Armee gegen Turin zu decken,« — so wäre selbst der gehabte Erfolg, so nachtheilig derselbe auch ausfiel! doch gerechtfertigt und sogar belohnt worden: denn die Alliirten concentrirten sich nach dem Gefecht bei Montebello am 21. Mai trotz ihres Erfolges! — nur noch enger zwischen Alessandria, Castel Nuovo und Voghera, so daß die Straße über Vercelli nach Turin noch weniger als bisher für die Oesterreicher gefährdet war!

Das Zurückgehen des 5. Armee-Corps dürfte man aber nicht wohl dessen Führer zur Last legen; vielmehr scheint dasselbe von Oben her! verfügt worden zu sein, indem der Feldherr — wahrscheinlich durch den échec bei Montebello anderen Sinnes geworden? — die bereits angedeutete Offensiv-Bewegung abermals aufgab! von nun aber bis Ende Mai auf dem linken Ufer des Po stehen bleibend, sich nicht nur völlig ruhig verhielt, sondern auch nicht einmal die Sesia-Linie wenigstens so weit im Besitz behielt, daß man dem Feinde an der Klinge blieb. Man verlor vielmehr diese Fühlung völlig, da man sich weder durch Vorposten noch Streif-Corps auf dem rechten Ufer der Sesia aufklären konnte! ein Fehler, der sich sehr schwer bestrafte, wie die nächst folgenden Begebenheiten bewiesen haben*).

Als Episode muß hier noch erwähnt werden, daß am 21. Mai Garibaldi mit seiner Schaar zum ersten Male als Mithandelnder auf dem Kriegs-Schauplatze erschien, indem er bei Sesto Calende in die Lombardei einrückte, am 24. Varese, am 27. Como nahm und hier — von dem, mit einer Division gegen ihn abgesandten, österreichischen General Urban, auf Laveno zurückgedrängt, — diese kleine Feste erstürmte und mit den dort vorgefundenen Dampfschiffen über den Lago maggiore zurückeilte, um später, — nach der Schlacht bei Magenta — abermals auf dem rechten Flügel der Oesterreicher thätig und nicht ohne wirksamen Einfluß auf Letztere einzugreifen. Bedeutender als in strategischer Beziehung, die eben nicht von Belang war! wurde Garibaldi's Wirksamkeit aber in moralischer Hinsicht! indem namentlich sein Auftreten den ganzen nördlichen Theil der Lombardei zum Abfall von Oesterreich fortgerissen hat. —

Nachdem gegen Ende Mai auch die Ponton-Trains aus Frankreich bei der alliirten Armee angekommen waren, beschloß endlich! der Kaiser Napoleon »die Offensive zu ergreifen«, da er durch Gyulais schwankendes, unentschlossenes und unthätiges Benehmen zur Genüge die Ueberzeugung gewonnen hatte, — zu welcher auch wohl ein, mit weniger Scharfblick

*) Der sechste Fehler!

und Menschenkenntniß, als der Kaiser, begabter, Gegner zu gelangen, Zeit und Gelegenheit zur Genüge gehabt hätte: —

»daß Gyulai — zu besorgt für seine Flanken und seinen »Rückzug! — weder den erforderlichen Blick, noch den »Entschluß und die zur Ausführung erforderliche Energie »besitze, um ihm seinen Plan zu vereiteln!« —

wie Gyulai dies thun konnte und mußte, die Alliirten aber mit vollem Recht verdient hätten! —

Aber nicht durch ein Vordringen auf dem linken Ufer des Po und an diesen angelehnt, — was das Richtige gewesen wäre! — führte der Kaiser seinen Plan aus; sondern, — um schneller nach Mailand, seinem nächsten Hauptobject! zu gelangen, und — wie die Franzosen angeben — um die, von Norden zum Po fließenden, Gewässer an ihrer geringeren Breite passiren zu können (?) — beschloß der Kaiser — seine Operationen gegen die österreichische Haupt-Armee von der mittleren Sesia aus (?) zu beginnen und zu diesem Ende den Schwerpunkt von seinem rechten Flügel auf den linken zu verlegen! — ?

Um dies zu erreichen, mußte er aber mit seiner ganzen Armee einen Flankenmarsch — von 10 Meilen Ausdehnung! — um den rechten Flügel der, zwischen der Sesia und dem Ticino, mit der Front gegen den Po stehenden, österreichischen Armee herum, und zwar im Angesicht und auf 1—½ Meile von der Front des Feindes, längs derselben ausführen! —

Das Glück wollte ihm wohl! denn er führte dieses höchst gewagte, unter anderen Verhältnissen gar nicht zu rechtfertigende, Manöver — was wohl der große Friedrich am Tage der Schlacht von Leuthen, auf eine kurze Strecke von wenigen Meilen zu wagen sich erlauben konnte! was hier aber mehr frech als klug zu nennen war, da — 6 Tage! zu dessen Durchführnng erforderlich waren! und dabei die Armee ihren Untergang nicht blos riskirte, sondern in der That verdient hätte! — unbegreiflicher Weise! »à la barbe de l'ennemi!« — auch wirklich nicht nur glücklich, sondern auch unbeschädigt und ungestört aus!! — Doch nicht der tiefsten Geheimhaltung seines kühnen Planes, der ja am 2. oder 3. Marschtage schon zu durchschauen war! — verdankte er dessen Gelingen, sondern vorzüglich der, eben so unverantwortlichen als unglaublichen Unachtsamkeit, Sorglosigkeit und Nachlässigkeit des österreichischen Vorpostenwesens, sowie der Unentschlossenheit und Rathlosigkeit Gyulais, der nicht nur fünf Tage lang von der colossalen Bewegung der ganzen französischen Armee nicht das Geringste geahndet zu haben scheint, sondern dieselbe — als er sie endlich am 5. Tage Morgens! officiell erfuhr — auch ungehindert vollenden ließ!! —*)

Quem Dii perdere volunt, prius dementent! —

Schon am 21. Mai hatte der Kaiser, bald nach dem Gefecht bei Montebello, die piemontesische Division Cialdini zu den seit längerer Zeit bereits auf dem rechten Ufer der Sesia stehenden piemontesischen Truppen abrücken und diese bis Vercelli vorgehen, demnächst aber noch am 26. den General Mac Mahon, zum Schein! Anstalten zum Schlagen einer Brücke über den Po bei Cirvesina machen lassen, um hierdurch die Bewegung der Armee zu maskiren.

Am 29. stand die ganze piemontesische Armee demzufolge, mit Ausnahme der 5. Division, welche am Po stehen blieb, schon concentrirt bei Vercelli.

Am 28. Mai und in der Nacht zum 29. fuhr das 3. französische Armee-Corps auf der Eisenbahn von Valenza nach Casale bis über den Po und marschirte von dort in fünf Tagen bis Novara.

---

*) Der siebente Fehler!

Das 4., 2., 1. und Garde-Corps folgten etappenmäßig! von Casale nach Novara — in Märschen von 1½—2½ Meilen — hinter einander, auf ein und derselben Straße, welche — ebenso wie die Eisenbahn — mit 1—½ Meile Abstand vom rechten Ufer der Sesia, fast in paralleler Richtung mit letzterer geführt, von den, auf dem linken Ufer im Besitz der Oesterreicher befindlichen Hügeln und Kirchthürmen aber vollständig zu übersehen war.

Die Truppen marschirten! den größten Theil des Weges, doch wurden auch viele Abtheilungen gleichzeitig auf der Eisenbahn befördert, so daß letztere Tag und Nacht fortwährend von schnell einander folgenden Zügen befahren ward.

Am 30. Mai, als das 3. Corps Prarolo (1½ Meile südlich Vercelli) erreicht hatte, mußte die piemontesische Armee — um den Marsch der französischen zu maskiren — von Vercelli aus, mit 41 Bataillons einen Angriff auf die bei Vinzaglio und Palestro eparpillirt stehenden Bataillone des österreichischen 7. Corps machen.

Nach einem, fünf Stunden langen, blutigen Gefecht bei Palestro sahen sich die Oesterreicher genöthigt, zurückzugehen.

Am 31. nahm der Kommandirende des 7. Corps — Feld-Marschall-Lieutenant Zobel — das Gefecht mit 19 Bataillons zwar wieder auf, mußte aber, nach blutigem Kampf, doch das Feld räumen.

In dem Gefecht an diesem Tage wurden die Piemontesen vom 3. Zuaven-Regiment (vom 3. Corps) unterstützt, welche 5 Geschütze nahmen. Die Oesterreicher mußten aus der Anwesenheit der Zuaven jedenfalls ersehen, daß französische Truppen herangerückt seien! scheinen dies jedoch nicht beachtet zu haben.

Am 31. Mai, dem 4. Marschtage! Abends, hatte die französische Armee aber bereits mit vier Corps die Gegend von

Vercelli erreicht*), ohne daß die Oesterreicher vom linken Sesia-Ufer aus — weder aus dem Rauch und Dampf der, ohne Unterbrechung fahrenden, Locomotiven, noch aus den starken Staubsäulen, welche bei dem trockenen Wetter durch die marschirenden Massen aufsteigen mußten! und die ebensowenig als der quaest. Dampf unbemerkt bleiben konnten! — den Anmarsch bedeutender feindlicher Truppen-Massen gefolgert hätten! so daß sie von dem drohenden, um sie herumziehenden Ungewitter auch nicht die geringste Ahnung gehabt zu haben, höheren Orts wenigstens, keine Meldungen darüber eingegangen zu sein scheinen!

Am 31. Mai Morgens sollen zwar die Vorposten des 7. Corps gemeldet haben: »daß man die ganze Nacht hindurch das Pfeifen der Locomotiven gehört habe und daher Truppenbewegungen von Casale nach Vercelli vermuthe!« — ? doch scheinen hierauf nicht sofort Recognoscirungen gegen Vercelli gemacht worden zu sein! Dies geschah erst am 1. Juni, Morgens 3 Uhr, als dem Feld-Marschall-Lieutenant Zobel (7. Corps) bereits gemeldet wurde: »daß starke französische Colonnen von Vercelli nach Novara marschirten!« — Die hierauf vorgesendeten Patrouillen brachten dennauch sehr bald die Bestätigung dieser Meldung, indem sie auf der Straße von Vercelli nach Novara auf französische Truppen gestoßen waren**).

---

*) Die verschiedenen Corps erreichten:

	am 30. August	am 31. August
3. Corps	Prarolo ($1\frac{1}{2}$ M. südl. Vercelli),	Palestro ($\frac{3}{4}$ M. westl. Vercelli).
4. Corps	Vercelli,	Cameriano ($1\frac{1}{2}$ M. nördl. Vercelli).
Garde-Corps	Trino (3 M. südl. Vercelli),	Vercelli.
2. Corps	Casale (3 M. südl. Vercelli),	Vercelli.
1. Corps	Valenza (6 M. südl. Vercelli),	Casale (3 M. südl. Vercelli).

**) Vercelli hatten die Oesterreicher schon am 20. Mai geräumt, und schon

Gleichzeitig mit der hierauf abgestatteten Meldung des F.-M.-Lts. Zobel an den F.-Z.-Mstr. Graf Gyulai, bat Ersterer sofort den Höchst-Kommandirenden dringend: »mit den, bei Robbio und Mortara befindlichen, Corps — dem 7., 3. und 2. (66,000 Mann!) — sofort vorzugehen und den Feind in seinem Marsch von Vercelli auf Novara anzugreifen!« was jedenfalls noch zu einem günstigen Resultat geführt haben dürfte, da die feindlichen Corps — einzeln, von einander getrennt — noch im Marsch begriffen waren! — das 5. und 9. österreichische Corps*) aber das französische 3. Corps und die Piemontesen paralisiren konnten. Um wie viel bedeutender würde das Resultat aber erst gewesen sein, wenn Gyulai schon am 29. Mai den Marsch des Feindes erfahren hätte! — und, wie er es mußte! — an demselben Tage auch nach Vercelli vorgerückt, am 30. aber über den, in getrennten Colonnen marschirenden, Feind plötzlich hergefallen wäre?! —

Zobels Bitten wurden jedoch nicht genehmigt!**).

Anstatt am 1. Juni ungesäumt ein kräftiges Vorrücken der Armee in der Richtung auf Vercelli — Novara anzuordnen, erfolgte vielmehr am folgenden Tage — dem 2. Juni — der Befehl zum — Zurückgehen!! der Armee! indem Gyulai, anstatt endlich zur kräftigen Offensive überzugehen, beschloß: »die Lomellina, — welche man vor 5 Wochen so kühn betreten hatte! — jetzt ohne Schwertstreich aufzugeben und — incredibile dictu! — mit der ganzen Armee über den Ticino zurückzugehen!!! — Der Kaiser, der einem wohl-

---

am 21. Mai wurde die Stadt durch piemontesische Truppen besetzt, welche man auch ungestört im Besitz von Vercelli belieẞ! — Der achte Fehler!

*) Das erste österreichische Armee-Corps, 20,000 Mann, traf erst am 1. Juni bei Magenta und Buffalora ein.

**) Der neunte Fehler!

verdienten Schicksal glücklich entgangen war, konnte mit Recht an seinen Stern glauben!! —

Am 2. Juni erhielten demnach die österreichischen Truppen, die mit Ungeduld den Befehl zum Vorrücken erwarteten! die Ordre zum Zurückgehen!*) und überschritten den Ticino! — das 2., 3. und 7. Corps noch an diesem und dem folgenden Tage bei Vigevano, das 5. bei Bereguardo. Das 8. Corps rückte von Piacenza nach Binasco.

Von den, zu jener Zeit bereits zur österreichischen Armee gestoßenen, zwei Corps standen bereits am 1. Juni das 1. mit der Tête bei Buffalora, das 9. bei Pavia und Piacenza, so daß Gyulai am 3. Juni auf dem linken Ufer des Ticino eine Armee von nahe an 160,000 Mann! zu seiner Disposition hatte, welche am 3. Juni Abends mit mindestens 140,000 Mann bei Buffalora und Magenta concentrirt sein konnte, wenn am 1. sofort — als der Rückzug über den Ticino beschlossen war — sowohl die, auf dem rechten Ufer dieses Flusses stehenden, Armee-Corps, als auch die, bei Pavia stehenden, Truppen des 9. Corps, den Befehl zum Eilmarsch nach Buffalora erhalten hätten!

Am 3. Juni, wo Gyulai sein Haupt-Quartier in Abbiate grasso (1 Meile südlich Magenta) nahm und schon am Morgen dieses Tages das 2. französische Armee-Corps auf dem linken Ufer des Ticino das 1. österreichische Corps bei Robechetto (1 Meile nördlich Magenta) angriff, erfolgte aber auch da noch kein Befehl zur schnellen Concentrirung**) der, von Buffalora bis Pavia verzettelten Armee! Vielmehr wurden sogar am 3. Juni Nachmittags das, nach Corbetta (½ Meile östlich Magenta) dirigirte 3. Corps bei Abbiate grasso (1 Meile südlich Magenta) und eine Division des 7.

*) Der zehnte Fehler!

**) Der elfte Fehler!

Corps bei Casteletto (1 Meile südlich Magenta) von Gyulai festgehalten*), während die alliirte Armee am 3. Juni Abends bereits 140,000 Mann bei Novara vereinigt hatte**).

Mit richtigem militairischen Takt suchte der Kaiser jetzt mit seiner, bereits hinlänglich starken, bei Novara concentrirten Armee die Schlacht, und zwar dies um so mehr, als es den Anschein hatte, daß die Oesterreicher dieselbe bei Buffalora annehmen zu wollen, bereit seien. Seine Disposition zu derselben ist jedoch keineswegs als ein Muster zu empfehlen und ver-

---

*) Am 3. Juni Abends standen von der österreichischen Armee:

das 1. Corps		20,000	Mann bei Buffalora und Magenta.
„ 2. „		20,000	„ „ Magenta.
„ 7. „	1 Div.	10,000	„ „ Corbetta ($\frac{3}{4}$ M. östl. Magenta).
	1 Div.	8,000	„ „ Abbiate grasso (1 M. südl. Magenta).
die Res.-Cav.-Div.		3,000	„ „ Abbiate grasso.
das 3. Corps		26,000	„ „ Abbiate grasso.
„ 5. „		25,000	„ „ Fallavecchia ($2\frac{1}{2}$ M. südl. Magenta)
„ 8. „		26,000	„ „ Binasco ($3\frac{1}{2}$ M. südl. Magenta).
„ 9. „		20,000	„ „ n. Pavia (5 M. südl. Magenta).
Die Div. Urban		10,000	„ „ Gallarate (3 M. nördl. Magenta).

Summa 167,000 Mann.

Von diesen konnten bei Magenta am 3. Abends das 1., 2., 3., 7. Corps und die Reserve-Cavallerie mit 86,000 Mann, und wenn das 5. Corps die Nacht durchmarschirte, am 4. Morgens 111,000 Mann vereinigt sein! Die Division Urban aber (10,000 Mann bei Gallarate) konnte jedenfalls am 4. Morgens bis Magenta herangezogen sein, so daß auf diese Weise mit dem — rechtzeitig herangerufenen — 8. und 9. Corps sehr leicht am 4. bei Magenta 167,000 Mann am Tage der Schlacht zu vereinigen gewesen sein würden! —

**) Am 3. Juni Abends standen von der alliirten Armee:

die Piemontesen mit	45,000	Mann bei Gagliate (1 M. nördl. Novara).
die Gren.-Div. d. Garde-C.	8,500	„ zwischen Novara und Trecate ($1\frac{1}{2}$ M. westl. Buffalora.)
das 3. Corps	30,000	„
„ 4. „	25,000	„
die Cavallerie der Garde	2,500	„
das 2. Corps	22,000	„ bei Gagliate und Turbigo gegenüber ($1\frac{1}{2}$ M. nördl. Trecate).
die Volt.-Div. d. Garde-C.	9,500	„

Summa 143,000 Mann.

NB. Das 1. Corps (30,000 Mann) kam, per Eisenbahn, am 3. Juni Abends nach Olengo, südlich Novara.

diente eher eine Bestrafung, als einen glücklichen Erfolg, den ihm aber dennoch auch hier wieder das Schicksal gewährte!

Der verwegene, so glücklich durchgeführte, Flankenmarsch schien die Franzosen in der geringen Meinung, welche sie bereits von ihrem Gegner erlangt hatten, nur noch bestärkt, jedenfalls ihnen keine besondere Achtung für denselben erweckt zu haben! denn der, mehr als kecken, Umgehung von Valenza bis Novara ließ der Kaiser jetzt eine ebenso verwegene des rechten Flügels der, bei Buffalora und Magenta stehenden, Oesterreicher folgen! — eine Bewegung, welche, bei einigem Ueberblick, gehöriger Disposition und Energie von Seiten der Letzteren leicht die allerverderblichsten Folgen für die französische Armee nicht nur haben konnte! sondern haben mußte und — mit Recht verdiente! —

Am 2. Juni stand bei Magenta und Buffalora nur das 1. österreichische Armee-Corps des F.-M.-Lts. Grafen Clam-Gallas mit 20,000 Mann.

Am 3. Juni waren aber bereits das 1. und 2., sowie das halbe 7. österreichische Armee-Corps zwischen Buffalora und Corbetta — auf einem Terrain von $^{3}/_{4}$ Meilen Durchmesser — mit 50,000 Mann concentrirt, mit denen am 4. sich noch das 3., so wie der Rest des 7. Corps (36,000 Mann) vereinigten, so daß hier bei Magenta an diesem Tage schon 86,000 Mann dem Feinde den Uebergang über den Ticino zu verlegen, bereit standen. Das 5. Armee-Corps (25,000 Mann) stand am 3. — zwar ohne sein Verschulden — noch bei Fallavecchia, konnte aber doch am 4. früh schon bei Magenta eingetroffen sein! — wenn es rechtzeitig den Befehl hierzu erhalten hätte!

Außerdem stand auch noch die Reserve-Division Urban mit 10,000 Mann, welche Garibaldi zurückgewiesen hatte, bei Gallarate — 3 Meilen nördlich Magenta und nur $1^{3}/_{4}$ Meilen östlich Turbigo — so daß dieselbe sehr leicht am 3.

schon bei Turbigo mitwirken, jedenfalls am 4. bei Magenta thätig sein konnte, so daß jedenfalls am 4. Mittags eine Truppenmasse von mindestens 120,000 Mann bei Magenta zu vereinigen gewesen wäre!

Zu einer Schlacht hatte aber Gyulai weder eine Disposition noch überhaupt den Befehl gegeben*), noch irgend welche Anstalten zu einer solchen getroffen, sondern am 2. Juni nur dem Commandirenden des 1. Corps, dem Feld-Marschall-Lieutenant Clam-Gallas, befohlen: »den Uebergang über den Ticino vor Magenta, sowie oberhalb — bei Turbigo (1½ Meile) und bei Tornavente (2½ Meile) aufwärts — zu halten!«?

Die übrigen Corps waren am 3. Juni ebenfalls noch nicht mit Instructionen für eine Schlacht versehen! —

Auf dem rechten Ufer des Ticino bei S. Martino — Buffalora gegenüber — war schon früher ein Brückenkopf angelegt und mit Geschütz besetzt, die Brücke bei S. Martino aber zum Sprengen vorbereitet worden.

Der linke Thalrand des Ticino dominirt das Thal, sowie den rechten Thalrand und S. Martino, so daß die Position auf dem linken Thalrande den Oesterreichern die größten Vortheile bot. Aber schon am 2. Juni Abends ließ Clam-Gallas die Besetzung des Brückenkopfes aus demselben zurückgehen (ohne jedoch die Geschütze mitzunehmen!) — und hierauf noch an demselben Abend die Brücke bei S. Martino sprengen. Da die Mine jedoch zu schwach geladen war, so senkten sich nur zwei Bogen zunächst dem linken Ufer des Ticino und zwar nur so unbedeutend ein, daß die Franzosen späterhin sie sehr bald, selbst für Geschütz, wieder gangbar machten.

*) Der zwölfte Fehler!

Diesem Uebelstande abzuhelfen, fehlte es nicht an Zeit, wohl aber an — Pulver!!? nach welchem man sogar, jedoch vergebens! nach Mailand schickte!! da dort angeblich kein Pulver mehr vorhanden war?*).

Anstatt sofort Alles anzuwenden, um die nicht genügend gesprengte Brücke total zu zerstören, that man aber hierzu nicht nur nichts, sondern am 3. Juni gab Clam-Gallas unbegreiflicher Weise sogar auch die Stellung auf dem linken Thalrande des Ticino bei Buffalora auf und nahm eine Aufstellung auf den weiter rückwärts! liegenden Höhen, in denen der sehr tiefe und breite Schifffahrts-Canal, der Naviglio grande geführt ist, diesen selbst vor der Front, ohne jedoch die über letzteren befindlichen Brücken — mit Ausnahme des Ponte vecchio di Magenta — sofort zu zerstören! — ?

Der Kaiser anderer Seits befahl dagegen schon am 2. Juni Nachmittags: »daß General Mac Mahon mit dem 2. Corps und der Garde-Voltigeur-Division unter dem General Camou — denen drei piemontesische Divisionen folgen sollten — über Gagliate auf Turbigo und von da auf Buffalora und Magenta vorgehen solle, während die Garde-Grenadier-Division und das 3. Corps bei S. Martino angreifen, das 4. Corps und zwei piemontesische Divisionen bei Novara in der Reserve bleiben sollten.« In Folge dieses Befehls traf von Mac Mahons Colonne zuerst General Camou mit der

*) Daß es an Pulver gefehlt habe? ist kaum zu glauben, um so weniger, als die Franzosen angaben, daß sie am 4. in mehreren Häusern von Ponte nuovo und in Magenta Fässer mit Pulver vorgefunden hätten! Man hat jenen unverzeihlichen Fehler daher vergeblich damit zu entschuldigen gesucht: »daß die Ingenieur-Offiziere das noch vorräthig gewesene Pulver — in dem Glauben, die Mine der Brücke von S. Martino sei hinreichend geladen?! — zum Sprengen mehrerer Brücken über den Schifffahrts-Canal (naviglio grande) verbraucht hätten!?« — Von den sechs, vor der österreichischen Front über den Naviglio führenden, Brücken ist aber (fehlerhafter Weise!) doch nur eine einzige, und zwar der Ponte vecchio di Magenta, gesprengt worden!? — während man von den quaest. 6 Brücken nur eine — und zwar die bei Robecco — hätte erhalten sollen! —

Garde-Voltigeur-Division am 2. Abends bei Ponte di Turbigo ein und blieb — obgleich er daselbst nichts vom Feinde fand — doch am rechten Ufer des Ticino stehen, ließ aber schnell eine Brücke schlagen und schickte sofort zwei Compagnien in Nachen über den Fluß, welche unbehindert das linke Ufer desselben besetzten! Nachdem Camou aber in der Nacht noch eine zweite Brücke hatte schlagen lassen, besetzte derselbe am 3. Juni um 2 Uhr Morgens schon — da kein Feind zu sehen war — ungehindert Turbigo.

Am 3. Juni Morgens sandte Mac Mahon die Division Espinasse (vom 2. Corps) von Gagliate gegen S. Martino vor, welche den Brückenkopf daselbst unbesetzt, an der Brücke aber nur einige feindliche Cavallerie-Vedetten! fand und daher sofort sich in Besitz der Brücke setzte, so daß auf diese Weise die Alliirten bereits am 3. Juni Morgens die beiden Uebergänge über den Ticino, bei Turbigo sowohl, als bei S. Martino (Buffalora), in Besitz hatten.

Am 3. Juni gegen Mittag wurde die Division Espinasse, welche auf beiden Ufern des Ticino zur Deckung der Brücke bei S. Martino Stellung genommen hatte, durch die Garde-Grenadier-Division abgelöst und folgte dem General Mac Mahon auf Turbigo, wo sie die Nacht über auf dem rechten Ufer des Ticino stehen blieb, da sie erst am 4. Vormittags sich mit dem 2. Corps wieder vereinigen sollte.

Die Garde-Grenadier-Division setzte unterdessen jenseit des Ticino ihre Vorposten aus und ließ die Brücke durch ihre Genie-Compagnie sehr bald wieder practicabel machen*).

Am 3. Morgens hatte Camou, wie bereits erwähnt, mit der Garde-Voltigeur-Division bei Turbigo den Ticino überschritten; Mac Mahon aber war erst am 3. Vormittags um

---

*) Hier zeigte sich praktisch der Vortheil, welchen die den Divisionen zugetheilten Genie-Compagnien gewähren.

$^1/_2$9 Uhr mit der Division Lamotterouge von Gagliate aufgebrochen und ging um $^1/_2$1 Uhr Mittags bei Turbigo über den Ticino, von wo er mit den beiden Divisionen Lamotterouge und Camou, bis Robechetto ($1^1/_2$ Meile nördlich Magenta) vorrückte, ohne auf den Feind zu stoßen!? — so daß er gegen 2 Uhr mit 26 Bataillons (19,000 Mann) vor Robechetto stand, welches aber erst von einer Brigade von 4 Bataillons der österreichischen Division Cordon, die von Buscate noch im Anmarsch war, besetzt werden sollte!

Das Gefecht bei Robechetto.

Mac Mahon formirte sofort die Division Lamotterouge zum Angriff auf Robechetto, indem er 3 Bataillons Algierischer Schützen — die sogenannten Turcos! — welche hier zum ersten Male in Activität kamen — an die Tête nahm, denen er 3 Bataillons Linie, als soutien, en échelon, hinter dem linken Flügel der letzteren aber die 2. Brigade der Division (6 Bataillons) ebenfalls als échelon folgen ließ, während die Garde-Voltigeur-Division Camou als Reserve nachrücken sollte. Eine Batterie von 12 Geschützen unterstützte den Angriff.

Da das Dorf vom Gegner noch nicht besetzt war, so ritt der General Lamotterouge mit seinem Stabe in dasselbe hinein und recognoscirte, vom Kirchthurme aus, den Feind.

Kaum hatte er jedoch das Dorf verlassen, als ein Zug einer österreichischen Jäger-Compagnie, zur Recognoscirung des Dorfes, in letzteres einrückte, dasselbe jedoch auch sofort wieder verlassen mußte, indem jetzt der Angriff der Turcos auf Robechetto erfolgte.

Die Turcos, welche von jedem Bataillon 2 Compagnien in Tirailleurs aufgelöst hatten, denen die Bataillons auf 120 Schritt (in colonne par division) folgte, stürzten brüllend, mit lautem Geheul, im Trabe, unaufhaltsam*), aber auch unaufgehalten — da das Dorf noch gar nicht besetzt war! — bis in die Mitte desselben vor und kamen hier erst — gegen den quaest. Zug österreichischer Jäger — zum Feuern. Sehr bald gingen sie aber zum Bajonet-Angriff über und gelangten natürlich sehr schnell in den Besitz des noch gar nicht besetzten Dorfes, da die Handvoll österreichischer Jäger, auf die sie stießen, dasselbe nach kurzer Gegenwehr sehr bald räumen mußten und — mit ihrem Bataillon wieder vereinigt — auf Malvoglio (¼ Meile) zurückgingen, wo sie, unter dem Schutz der übrigen Bataillons der Brigade und ihrer Batterie, mit diesen Stellung nahmen. Von hier aus schickten die Oesterreicher von ihrem linken Flügel ein Bataillon Infanterie dem mit Heftigkeit nachdrängenden Feinde in die rechte Flanke, doch wurde dasselbe sehr bald von einer Abtheilung der Garde-Voltigeur-Division zurückgewiesen, worauf F.-M.-Lt. Cordon um 5 Uhr — gedeckt durch ein Gehölz — noch bis 3000 Schritt hinter Cuggiono zurückging und dort die Nacht über stehen blieb.

Obgleich Cordon's Truppen, — welche seit 36 Stunden nicht gekocht, noch gegessen hatten! — sich 3 Stunden lang schlugen, so erhielten sie von den, nur 1½ Meile! von Robechetto entfernten drei Armee-Corps doch keine Unterstützung und hatten endlich dem vielfach überlegenen Feinde weichen müssen, der sie noch bis in das Gehölz hinein mit seiner Artillerie beschoß! dann aber vor Cuggiono (¾ Meilen von Buffalora) Halt machte und mit der Garde-Voltigeur-Division bis Turbigo, mit der Division Lamotterouge bis hinter Robechetto zurückging, an beiden Orten aber die Nacht über ruhig stehen blieb.

---

*) Wie Bazancourt erzählt! — dessen Relation des Gefechts von Robechetto, österreichischerseits, als durchaus unrichtig bezeichnet wird.

Die Piemontesen waren Mac Mahon gar nicht gefolgt. Obgleich die Oesterreicher am 3ten schon bei Corbetta und Magenta über 50,000 Mann beisammen hatten, welche bereits am Nachmittag dieses Tages — jedenfalls gegen Abend wenigstens! — 30,000 Mann ohne Gefahr, gegen Mac Mahon entsenden konnten — welche mehr als hinreichend gewesen wären, um dessen 19,000 Mann nicht nur zu schlagen, sondern sie völlig zu erdrücken! — so geschah von Seiten Clam's doch nicht das Geringste, um den bedrängten Cordon zu unterstützen! ja man ließ sogar Mac Mahon — der isolirt, auf dem linken Ufer des Ticino stand! — eine Meile von seinen Brücken bei Turbigo! — von denen jenseit des Flusses das Gros der französischen Armee noch $1^1/_2$ Meile entfernt war! — in seiner höchst gefährdeten Stellung bei Robechetto, $^3/_4$ Meilen vor der österreichischen Front! — die ganze Nacht und am folgenden Tage bis 10 Uhr Morgens ungestört stehen!

Aus vorstehender Relation ergiebt sich aber wohl zur Genüge, daß man des Kaisers Disposition — nämlich die so weite Entsendung Mac Mahon's! — durch den Ticino vom Gros der Armee auf mehrere Meilen Entfernung getrennt! — nicht mit Unrecht eine ebenso verwegene! als unkluge! nennen darf, die mit vollem Recht eine derbe Lection verdient hätte? — Diese zu ertheilen, fiel jedoch dem Gegner gar nicht ein, obgleich dieselbe ebenso leicht auszuführen gewesen wäre, als deren Unterlassung unbegreiflich bleibt? Jedenfalls vermißt man hier den klaren Ueberblick, sowie die entschiedene obere Leitung und das richtige Erkennen der Verhältnisse, — die für Mac Mahon aber nicht nur am 3. Juni, sondern auch noch am folgenden Tage höchst ungünstig, ja sogar höchst gefährlich waren, wie dies noch mehr ersichtlich werden wird aus der hier folgenden Relation der

Schlacht bei Magenta.

Der Kaiser Napoleon hatte beschlossen: Am 4. Juni mit der ganzen Armee auf das linke Ufer des Ticino überzugehen, — wo er die Schlacht zu finden erwartete, — um den Feind in der Front und in der rechten Flanke zugleich! anzugreifen.

Seine Dispositiou hierzu war aber für ihn nicht nur höchst gewagt, sondern mehr als gefahrdrohend und in der That kein Muster! indem er den Uebergang über den, 350 Schritt breiten, Fluß in zwei großen, auf 1½ Meile getrennten, Colonnen auszuführen befahl, von denen:

bei S. Martino:

die des rechten Flügels, unter seinem directen Befehl, bestehend aus:

der Garde-Grenadier-Division . .	8,000	Mann,
und dem 3. Corps	30,000	„
in Summa	38,000	Mann;

bei Turbigo:

die des linken Flügels, unter dem Befehl des Generals Mac Mahon, bestehend aus:

der Garde-Voltigeur-Division . .	9,000	Mann,
dem 2. Corps	20,000	„
der 2. piemontes. Division (Fanti) der 3. „ „ (Durando)	21,000	„
in Summa	50,000	Mann,

über den Ticino gehen;

das 4. Corps	26,000	Mann,
die Garde-Cavallerie-Division . .	3,000	„
2 piemontesische Divisionen und die piemontes. Reserve-Cavallerie	24,000	„
in Summa	53,000	Mann,

als Reserve bei Novara und Gagliate stehen bleiben und erst um 4 Uhr Nachmittags bis Trecate vorrücken sollten.

Außerdem stand noch das 1. Corps von 30,000 Mann bei Olengo (südlich Novara).

Aber auch die Aufstellung der Oesterreicher dürfte wohl schwerlich als Muster gelten, indem dieselben am 4. Juni — anstatt, mit Festhaltung der Ticino-Linie, in compacten Massen bei Magenta zu stehen — von wo man dem Feinde event. nach allen Richtungen, gehörig entgegentreten konnte! —

vom 1. Corps bei Cuggione . .	9,000 Mann,
" " " von Bernate bis Buffalora	11,000 "
das 2. Corps von Ponte di Magenta bis Robecco	20,000 "
Dahinter:	
1 Division des 7. Corps bei Corbetta mit	10,000 "
bei Abbiate grasso (1 Meile von Magenta):	
1 Division des 7. Corps mit . .	8,000 "
und das 3. Corps mit	22,000 "
in Summa	80,000 Mann,

auf eine Ausdehnung von fast 2 Meilen! vertheilt hatten, während sich

das 5. Corps (25,000 Mann) noch südlich Fallavecchia (2½ Meile von Magenta);

das 8. Corps (26,000 Mann) nördlich Binasco (3 Meilen von Magenta), beide im Anmarsch auf Magenta befanden.

Vom General Gyulai war — wie bereits erwähnt wurde — kein Befehl zur Schlacht, noch weniger — so viel man weiß! — eine Disposition zu einer solchen ertheilt! —

Erst als das 1. Corps am 4. Juni Morgens 8 Uhr ihm melden ließ: »daß starke feindliche Colonnen von Trecate auf S. Martino anrückten!«, erging aus dem Hauptquartier in Abbiate grasso, nur der Befehl:

1. an den F.-M.-Lt. Graf Clam, welcher den Ober-Befehl bei Magenta über das 1. und 2. Corps führte: »sich bei Magenta zu **halten**!«

2. An alle übrigen Corps: »sofort auf Magenta heranzurücken!« — Befehle, die 24 Stunden zu spät kamen! —*)

Am 4. Juni 8 Uhr Morgens rückten 3 Grenadier- und 3 Zuaven-Bataillons der französischen Garde, in Summa also 6 Bataillons ungehindert über die Brücke bei S. Martino zum Angriff auf das, hinter dem Naviglio grande stehende 2te österreichische Corps vor, denen gegen 10 Uhr noch 6 andere Grenadier-Bataillons nebst 2 Escadrons und 3 reitenden Batterien der Garde folgten.

Der Angriff wurde von den Oesterreichern kräftig zurückgewiesen, von der Garde aber mehrere Male — jedoch stets ohne Erfolg — erneuert, bis er um ½12 Uhr ganz eingestellt und die Grenadier-Division bis zur Brücke von S. Martino zurückgezogen wurde, da der Kaiser, in großer Besorgniß! — noch immer vergebens auf Mac Mahon's Angriff gegen Magenta harrend — diesen erst abwarten wollte.

Die Stellung der Oesterreicher hinter dem Naviglio grande war stark**) zu nennen und erforderte nicht die Hälfte der Truppen zu deren Vertheidigung, als man dazu verwendet hatte, so daß zu kräftigen Offensiven eine bedeutende Streitkraft disponibel sein konnte und mußte!

Nach dem altgewohnten Princip: »den feindlichen Angriff zu erwarten, die Position zu halten und stets sich nur auf die Vertheidigung zu beschränken!« hatte man daher auch keine zweckmäßigen Anstalten für eine kräftige

---

*) Der dreizehnte Fehler!

**) Von den 6 Brücken, welche vor der Front der Oesterreicher von Bernate bis Robecco über den Naviglio führten, war, wie schon erwähnt, nur eine — Ponte vecchio di Magenta — zerstört.

Offensive getroffen. Man hatte überhaupt aber, wie es scheint! gar keine bestimmte Disposition ausgegeben? indem man nur in der Position! focht und den Angriff abwartete, also auch hier wieder sich das Gesetz vom Gegner geben ließ! —

Gegen den Angriff der 8,000 Mann starken Garde-Division hätten 10,000 Mann völlig genügt, um die Stellung hinter dem Naviglio fest zu halten, so daß des Morgens um 8 Uhr schon 40,000 Mann, um 10 Uhr aber sogar 70,000 Mann! disponibel sein konnten, um den, auf dem linken Ufer isolirten, Mac Mahon zu vernichten, der unvorsichtig und unklug mit 29,000 Mann in zwei — auf eine halbe Meile, ohne jede Verbindung, von einander getrennten — Colonnen auf Magenta vorging, von denen die des linken Flügels (10,000 Mann) erst 5½ Stunde nach Beginn des Gefechts zu ihm stieß!!!*)

Um 10 Uhr war nämlich Mac Mahon — dem kaiserlichen Befehl gemäß — mit der Garde-Voltigeur-Division Camou (9,000 Mann) von Turbigo, sowie mit der Division Lamotte-rouge (10,000 Mann) von Robechetto gegen Magenta aufgebrochen und hatte mit letzterer, um Mittag etwa, die österreichische Division Cordon (9,000 Mann) bei Casate — abermals mit den Turcos in erster Linie! — heftig angegriffen und zurückgeworfen. Um ½1 Uhr stieß die Division Lamotte-rouge (10,000 Mann) aber auf das, zwischen Buffalora und Guzzafame jetzt concentrirte, 1ste Corps — 20,000 Mann — und griff dasselbe auch sofort an, obgleich die Garde-Division

---

*) Die Franzosen selbst rügen den Fehler, daß Clam nicht sofort über Mac Mahon kräftig hergefallen sei! (S. Bazancourt, C. d'I. I. pag. 245:
»Le but des Autrichiens devait être évidemment de couper en deux les troupes du 2. corps, et d'isoler la division Espinasse, qui marchait sur Magenta par Marcallo, des deux autres divisions, qui voulaient atteindre le même but en passant par Buffalora.«)

Camou noch 1 Stunde weit zurückgeblieben war, die Colonnen des linken Flügels — Division Espinasse — aber, welche nach 11 Uhr erst Turbigo passirt hatte und die Straße über Castano Buscate, Mesero und Marcallo einschlagen mußte, in drei Stunden noch nicht herankommen konnte!

Mac Mahon, die Ueberlegenheit der feindlichen Kräfte erkennend, zog daher die Division Lamotterouge zurück — indem er gegen den Feind nur noch ein schwaches Artilleriefeuer unterhielt — und wartete mit dem kräftigeren Angriff, bis die — über eine Meile weit im Trabe! — heraneilende Garde-Voltigeur-Division Camou eingetroffen sein würde.

Die Oesterreicher benutzten jedoch weder ihre Uebermacht, noch Lamotterouge's gefährliche Lage zu einem kräftigen Offensivstoß!! sondern warteten in der Position Mac Mahon's weiteren Angriff ruhig ab. Letzterer nahm denselben aber erst um ½2 Uhr, und zwar mit den beiden nun vereinigten Divisionen Lamotterouge und Camou, wieder auf, indem er, in Echelons vom rechten Flügel, mit letzterem zuerst auf Buffalora vorging*) und dieses Dorf — wiederum die Turcos an der Tête! — mit Heftigkeit sofort angriff.

Als der Kaiser endlich das, von Mac Mahon jetzt wieder begonnene, Kanonenfeuer hörte, ließ er nach ½2 Uhr sofort die Garde-Grenadier-Division von S. Martino gegen Ponte nuovo di Magenta von Neuem vorrücken und das Gefecht kräftig wieder aufnehmen, welches hier von beiden Theilen nicht nur mit großer Tapferkeit, sondern auch mit aller Heftigkeit und Zähigkeit — wenn auch nicht mit besonderem Geschick! — doch mehrere Stunden lang ununterbrochen und

---

*) Die näheren Details der verschiedenen Gefechts-Momente in den resp. Schlachten und Gefechten — so interessant dieselben auch sind — müssen hier, selbstredend, übergangen werden, da Zweck und Raum dieser Blätter nur gestatten, den Gang und Verlauf der quäst. Schlachten 2c. nur im Allgemeinen, in möglichster Kürze, nach deren Haupt-Momenten zu entwickeln.

zwar mit großen Verlusten auf beiden Seiten fortgeführt wurde.

Der Kampf, welcher sich hier besonders um mehrere einzelne Gehöfte, speziell aber um die massiven Stations-Gebäude bei Ponte nuovo di Magenta drehte, wogte Stunden lang hin und her, und wiewohl die Franzosen nur mit 8,000 Mann hier gegen einen zweifach stärkeren Gegner fochten, so schwankten die Vortheile, in Folge des stets heftigen, unermüdlichen Vordringens der Franzosen — denen die Oesterreicher nur mit partiellen Gegenstößen antworteten! — doch fortwährend hinüber und herüber. Obgleich Erstere, zu schwach, hier während 3 Stunden fast nicht von der Stelle kamen, so benutzten die Oesterreicher dennoch ihre Ueberlegenheit wiederum nicht zu kräftiger Offensive in größerem Maßstabe! —

Bald nach Wiederaufnahme des Gefechts von Seiten der Garde-Grenadier-Division war aber das 2. Grenadier-Regiment gegen Buffalora dirigirt worden und hatte dort Mac Mahon's Angriff auf dieses Dorf so kräftig unterstützt, daß Buffalora, von 2 Seiten angegriffen — jedoch erst nach längerem hartnäckigen Kampfe — um ½3 Uhr endlich genommen wurde, worauf F.-M.-Lt. Clam-Gallas das 1. Corps um Cascine nuovo (½ Stunde rückwärts) concentrirte.

Gleichzeitig nahm aber auch Mac Mahon jetzt die, bei Buffalora sehr durcheinander gekommene und durch Verluste sehr erschütterte Division Lamotterouge ebenfalls zurück und stellte sogar — da die Division Espinasse noch immer nicht heran war! — gegen 3 Uhr das Feuer fast gänzlich ein, um so mehr, als Clam mit seinen überlegenen Kräften keine Offensive unternahm! Der Kaiser gerieth dadurch in die peinlichste Verlegenheit, um so mehr, als er über die Ursache dieses plötzlichen Schweigens Mac Mahon's keine Nachricht erhielt, seine Reserven aber — nach denen schon längst ein Adjutant nach dem andern vergeblich ausgeschickt worden war! — noch immer nicht ankamen, und zwar — weil die, mit Bagagen und Artillerie-Trains versperrte Straße deren Vormarsch fortwährend aufhielt.*) Mit bewunderungswürdiger Zähigkeit setzte der Kaiser indessen doch das Gefecht fort, da F.-M.-Lt. Clam sowohl als der hier befehligende F.-M.-Lt. Fürst Lichtenstein (2. Corps) nur partielle Bajonet-Attaken mit einzelnen Bataillonen oder Regimentern, aber weder eine kräftige Offensive unternahmen, noch durch große Batterien den Feind zu vernichten suchten!!**)

Erst um 1/25 Uhr — als die Garde-Grenadiere fast decimirt und bereits ganz erschöpft waren! — traf eine Brigade (Picard) von 6 Bataillonen des 3. Corps, bataillonsweise! beim Kaiser ein, denen um 5 Uhr eine zweite Brigade (Janin) folgte, die — beide von der Division Renault — mit dem rechten Flügel gegen Ponte vecchio di Magenta und Carpenzago dirigirt wurden, wo ihnen das österreichische 3. Corps — 26,000 Mann — jedoch um 1/26 Uhr erst! entgegentrat.***)

---

*) Da von Novara bis S. Martino nur eine große Straße für Colonnen practicabel war, so gebrauchte das 3. Corps allein 5 Stunden! — (von 9—2 Uhr) — um von Novara bis Trecate (1 Meile), und 3 Stunden! — (von 2—5 Uhr) — um von da bis S. Martino (3/4 Meilen) durch die Bagage ꝛc. vorzubringen. Dem französischen Generalstabe giebt es aber kein günstiges Zeugniß, daß derselbe die Bagagen und Trains — anstatt diese bis nach Entscheidung des Tages bei Novara stehen zu lassen! — hinter den resp. Truppen mitgeschleppt hatte! —

**) Obgleich die Schlacht bereits seit 8 Uhr Morgens begonnen hatte, blieb Gyulai — wie aus den verschiedenen Mittheilungen über die Schlacht bei Magenta zu entnehmen ist! — doch bis nach Mittag in Abbiategrasso (1 Meile vom Kampfplatz!), stieg dort erst gegen 1 Uhr zu Pferde und wird — in den resp. Relationen über die Schlacht — erst um 1/2 3 Uhr bei Magenta bemerkbar, wo er selbst die Leitung der Schlacht übernahm! doch läßt sich von seiner Anwesenheit und resp. Einwirkung auf den Gang der Schlacht Nichts weiter ermitteln, als daß er: jetzt erst!! der Division Reischach (7. Corps) befahl, von Abbiate grasso nach Magenta vorzurücken, und für seine Person um 5 Uhr bei Robecco erschien, um selbst den Angriff des jetzt erst! von Abbiate grasso! dort anlangenden 3ten Corps gegen Ponte vecchio di Magenta einzuleiten!!

***) Von Abbiate grasso bis Carpenzago ist nur 1 Meile!!! —

Unterdessen war um 5 Uhr schon die von Trecate — 1¼ Meile, im Trabe! — herangeeilte Division Vinoy (4. Corps) bei Ponte nuovo di Magenta, welches die Garde bereits sechsmal genommen und wieder verloren — jetzt aber zum siebenten Male wieder genommen hatte, eingetroffen und war um ½6 Uhr sofort auf der Chaussée zum Angriff auf Magenta vorgerückt.

Zu dieser Zeit hatte auch Mac Mahon, da er seine gerechte Befürchtung »getrennt geschlagen zu werden!« durch die Ankunft der Division Espinasse — welche nirgends den Feind angetroffen hatte! — endlich beseitigt sah, um ½6 Uhr die Offensive wieder ergriffen und, — unterstützt durch eine große Batterie von 30 Geschützen, welche General Auger nach und nach ins Feuer brachte — von Norden her den Angriff auf Magenta begonnen.

In und um diesen Ort standen jetzt aber die Oesterreicher in dichten Massen versammelt und leisteten einen verzweifelten Widerstand*); und zwar standen in Magenta selbst der größte Theil des 1. Corps und die Division Reischach des 7. Corps, östlich neben Magenta die Division Jellachich vom 2. Corps und als Reserve, die Division Lilia vom 7. Corps bei Corbetta.

Gegen den Kaiser standen um diese Zeit eine Division des 2. Corps und das 3. Corps — und zwar mit den Brigaden Raming — zwischen Magenta und Ponte vecchio

*) S. Bazancourt C. d.'I. I. p. 323: La lutte prend à chaque instant des proportions croissantes. — En vain le Général Auger met de nombreuses pièces en batterie; en vain les commandants Faye et Beaudouin font un feu meurtrier sur le village et sur les colonnes, qui se forment dans les vergers et derrière les jardins, rien n'abat la résistance énergique de l'ennemi, qui ne se laisse arracher que lambeau par lambeau cette importante position! Gewiß ein ehrenvolles Zeugniß für den tapferen Widerstand, welchen die Oesterreicher hier leisteten! —

di Magenta, die Brigaden Hartung und Dürfeld bei Carpenzago, die Brigade Wetzlar bei Bovisa.

Auf Mac Mahon's rechtem Flügel ging die Division Lamotterouge — hinter deren linkem Flügel en échelon die Garde-Voltigeur-Division Camou als Reserve folgte, — über Cascine nuovo, auf dem linken Flügel die Division Espinasse gegen Magenta, — dessen Kirchthurm den Colonnen als Directions-Punkt gegeben ward — gleichzeitig mit der Division Vinoy, welche auf der Chaussée von Westen anrückte, zum concentrirten Angriff auf Magenta mit aller Heftigkeit vor*).

Gegen Mac Mahon und Vinoy (42,000 M. in Summa) standen hier — das 2. Corps — die Division Reischach (vom 7. Corps); das 1. Corps in Magenta, die Cavallerie von Mensdorf bei Corbetta, — (in Summa über 50,000 M.) in und um den Ort.

Ein furchtbarer Kampf entspann sich jetzt um und in Magenta, welcher von beiden Seiten — der stärksten Verluste ungeachtet! — mit Erbitterung und bewundernswerther Tapferkeit 2 Stunden lang! geführt wurde, so daß es — ungeachtet der großen Batterie — von 40 Geschützen — den Franzosen erst nach 7 Uhr gelang, die Oesterreicher zum Rückzuge zu veranlassen, dennoch aber erst um 1/2 8 Uhr sich in den Besitz von Magenta zu setzen, dessen östlicher Theil aber sogar noch die folgende Nacht hindurch von den Oesterreichern besetzt geblieben sein soll.

Von großer Wirkung in diesem letzten Momente des Kampfes bei Magenta war besonders das Artillerie-Feuer der

---

*) Ein scharfer Tadel für die Oesterreicher liegt in Bazancourt's Worten (C. d.'I. I. p. 315): »L'ennemi a dû renoncer à son projet:[1]) de couper en deux sa colonne. C'était-là sa seule appréhension!«

[1]) Leider ist aber das Vorhandensein dieses »projet« (?) bei den Oesterreichern nirgends herauszufühlen!

40 Geschütze unter General Auger, zu dessen Unterstützung noch eine zweite große Batterie von 30 Geschützen der Garde vom General Sevelinges, auf der Südwest-Seite von Magenta aufgefahren wurde, welche die zurückgehenden Oesterreicher unter ein verheerendes Kreuzfeuer brachte *).

In ziemlich buntem Durcheinander der Regimenter, Bataillone und Compagnien zog endlich Graf Clam mit dem 1. und 2. Corps und einzelnen Theilen des 7. Corps — welche von 8 Uhr Morgens bis ½8 Uhr Abends in heldenmüthigem Kampfe tapfer ausgehalten hatten, — erst gegen 8 Uhr Abends sich über Corbetta bis Cisliano zurück. Warum er aber, ohne vom Feinde verfolgt zu werden, auch gleich bis Cisliano — ¾ Meilen weit! — zurückging? ist eben so wenig zu erklären, als daß es möglich sein konnte? daß Gyulai diesen Rückzug nicht sofort bemerkt haben sollte? vielmehr denselben erst in der Nacht! um 2 Uhr! erfahren haben will**)?

Wäre dem 5. und 8. Armee-Corps am 3. Juni Abends der Befehl zum eiligen Marsch nach Magenta ertheilt worden, so würden dieselben, nach mehrstündiger Ruhe, sofort in der Nacht vom 3. zum 4. herangerückt und vielleicht am 4. Vormittags schon, jedenfalls am 4. bald nach Mittag bei Magenta eingetroffen sein und, nach kurzer Ruhe, zur Vernichtung der Franzosen vor 5 Uhr schon kräftig eingegriffen, in allen Fällen aber — selbst wenn sie erst den 4. gegen Abend bei Magenta anlangten — selbstredend bei richtiger Verwendung — auch dann noch eine siegreiche Entscheidung um so mehr herbeigeführt haben, als der Kaiser bis Abends 5 Uhr nur eine Verstärkung von p. p. 20,000 Mann! — 2 Divisionen

*) Die große Wirkung dieses Kreuzfeuers wird jedoch von Oesterreicher Seite in Abrede gestellt.

**) Der vierzehnte Fehler!

(Renault vom 3., Vinoy vom 4. Corps) — heranzuziehen vermocht hatte, denen gegen ½8 Uhr Abends erst noch 11,000 Mann (die Division Trochu vom 3. Corps) folgte, die aber nur noch mit wenigen Bataillonen gegen den linken Flügel der Oesterreicher zum Gefecht kam.

Gegen 7 Uhr Abends waren aber erst 4 Bataillons — die Tête der Division Paumgarten des 5. Corps — auf dem linken Flügel der Oesterreicher, hinter dem Centrum des 3. Corps, bei Robecco eingetroffen und hatten, — sowie nach 8 Uhr ein Bataillon vom 8. Corps auf dem rechten Flügel bei Magenta — noch Theil an der Schlacht genommen. Die vereinzelten Angriffe dieser geringen Truppenmassen konnten jedoch nicht mehr von Einfluß sein; denn schon bald nach 7 Uhr hatten die, bei Ponte nuovo di Magenta verstärkten, Truppen, sowie das gegen Ponte vecchio über Carpenzago und Garnavasca vorgegangene 3. Oesterreichische Corps und der Rest des 2. Corps, fechtend den Rückzug angetreten, welcher mit der Dunkelheit in der Richtung auf Castellazzo de Barzi und Robecco fortgesetzt wurde.

Die Franzosen folgten jedoch nicht. Denn auch sie waren so erschöpft, und alle Truppentheile so durcheinandergewürfelt, daß die Armee der Ruhe bedurfte, die Truppen aber förmlich neu rangirt werden mußten.

In Magenta blieben — wie schon erwähnt — die ganze Nacht hindurch, einzelne Abtheilungen des 7. Oesterreichischen Corps noch zurück, deren Armee, ebenso wie die französische, die Nacht über in der Nähe von Magenta stehen blieb*).

---

*) Nach den Mittheilungen der Oest. Mil. Zeitschrift (I. Jahrg. 2. Heft 1860 p. 134 u. f.) sollen in der Nacht vom 4. zum 5. Juni Abtheilungen des 7. Corps in Magenta, die Division Paumgarten des 5. Corps zwischen Magenta und Ponte vecchio di Magenta, das 3. Corps bei Carpenzago und Casa Limido stehen geblieben sein.

Von den Piemontesischen Divisionen hatte sich die 2. (Fanti) beim Vormarsch von Turbigo auf Magenta durch die Nachricht: »daß eine Oesterreichische Division (Urban) bei Gallarate stehe«, so lange aufhalten lassen, daß sie erst um 5 Uhr bei Mesero (1 Meile von Magenta) anlangte und hier durch die Bagagen der Division Espinasse*) so aufgehalten wurde, daß erst nach 7 Uhr! endlich 1 Bataillon und 4 Geschütze?! auf dem linken Flügel der Franzosen bei Magenta zum Gefecht, — die Division aber erst nach Beendigung desselben ankam!!! —

Die 3. Division (Durando) kam gar nicht bis Magenta; sie blieb bei Cuggiono stehen!

Den Kampf hatten die Oesterreicher mit Ausdauer und Tapferkeit 12 Stunden lang! geführt, in denselben aber anstatt — wie sie es bei besseren Dispositionen leicht gekonnt hätten! — mit 120,000 Mann auf einmal, — nur nach und nach! an 90,000 Mann ins Feuer gebracht**), während bei den Franzosen ebenfalls nach und nach! nur 67,000 Mann zum Gefecht gekommen waren, von denen:

Der linke Flügel:	Der rechte Flügel:
bis Mittag 3 Stunden	bis Mittag 3 Stunden
gegen Abend 3½ „	von Nachm. bis Abends } 5 „
in Summa 6½ Stunden	in Summa 8 Stunden

im Feuer gestanden haben.

---

*) Also auch hier waren die Bagage-Trains bis zum Gefecht mitgeschleppt worden!! —

**) Nach den bereits vorstehend p. 130 sub *) gedachten Mittheilungen der Oest. Mil. Zeitschrift sollen die Oesterreicher nur 60,000 Mann? ins Feuer gebracht haben, was jedoch nicht ganz richtig sein dürfte, da effectivo das 1. 2. 3. 7. Corps, 1 Division des 5. und 1 Bataillon des 8. Corps, sowie die Reserve-Cavallerie-Division an der Schlacht Theil genommen haben, welche in Summa über 90,000 Mann zählten. Wenn hiervon aber nur 60,000 Mann wirklich in das Feuer gekommen sein sollten, so würde dies der Ober-Leitung eher zum Vorwurf, als zur Entschuldigung gereichen? —

An Offizieren und Mannschaften zählte man:

Von Seiten der Oesterreicher: Todt: 63 Offiziere, 1400 Mann. Verwundet: 5 Generale, 218 Offiziere, 4000 Mann. Vermißt: über 4000 Mann.

Von Seiten der Franzosen: Todt: 2 Generale, 52 Offiziere, 1000 Mann. Verwundet: 200 Offiziere, 3000 Mann. Vermißt: nicht zu ermitteln.

Die Verluste waren also auf beiden Seiten verhältnißmäßig gleich stark*).

Die Oesterreichische Armee war trotz aller Verluste am Abend noch in guter Ordnung und nicht so erschüttert, daß sie nicht sofort am folgenden Morgen den Kampf wieder aufzunehmen fähig gewesen wäre, was sie um so mehr thun konnte und mußte, als am 4. Abends bereits das 5. und 8. Corps (50,000 Mann), Letzteres sogar noch völlig intact bereits bei Robecco und resp. bei Corbetta standen, Clam aber mit dem 1. und 2. Corps von Cisliano leicht wieder heranzuholen gewesen wäre.

Am 4. Abends war der Sieg daher noch keineswegs entschieden! Gyulai, der die Nacht wieder in Abbiate grasso zubrachte und dessen Reserven stärker waren, als die der Franzosen, soll auch einen Augenblick die Absicht gehabt haben: »am 5. die Schlacht wieder aufzunehmen«, und ließ sogar an diesem Tage Morgens 2 Uhr durch eine Brigade

---

*) Die Verluste sind von Seiten der Franzosen jedenfalls viel zu gering angegeben. Wenn aber die hier angegebenen Stärken der resp. Oesterreichischen Corps, im Vergleich mit den später erfolgten Berichten, nach welchen nur 60,000 Oesterreicher (?) bei Magenta im Gefecht gestanden haben sollen (?) — zu hoch gegriffen erscheinen, so muß bemerkt werden, daß hier die resp. Stärken nach den früheren Angaben derselben beim Beginn des Krieges, welche allerdings mit denen jener Berichte nicht übereinstimmen! — berechnet worden sind, bis zur Schlacht bei Magenta jedoch nur das 5. Corps (bei Montebello) des Erwähnens werthe Verluste erlitten hatte, alle übrigen Corps aber nur wenig Abgang gehabt haben dürften.

von Carpenzago aus einen Angriff auf Ponte vecchio machen, welcher jedoch von der Division Trochu zurückgewiesen wurde.

Als am 5. Juni Morgens 2 Uhr die Meldung von Clam's Rückzug bis Cisliano, um 3 Uhr aber von dessen Abmarsch nach Mailand!? erfolgte*), gab Gyulai sein Vorhaben jedoch nicht nur auf, sondern befahl auch sogar sofort am 5. Juni 5. Uhr Morgens den Abmarsch der ganzen Armee**), und zwar den des 8. Corps nach Melegnano, den aller übrigen Corps auf Pavia und Lodi!! — indem er selbst sein Hauptquartier — mirabile dictu! — nach Belgiojoso! (bei Pavia) verlegte***).

Die Franzosen, welche mit Recht am 5. Juni den erneuerten Angriff der Oesterreicher befürchteten — obgleich keine Disposition Oesterreichischer Seits für diesen Fall bekannt ge-

---

*) In der Nacht vom 4. zum 5. Juni standen:

Die Oesterreichische Armee:

Bei Magenta und Corbetta	7. Corps	16,000	Mann,
	½ 8. „	14,000	„
Bei Corbetta die Reserve-Cavallerie-Division		2000	„
Bei Carpenzago, Robecco, Castellazzo de Barzi .	3. Corps	23,000	„
	5. „	25,000	„
Bei Cisliano	1. „	16,000	„
	2. „	16,000	„
	Summa	112,000	Mann.
Bei Bestazzo	½ 8. Corps.	12,000	„
	Summa Summarum	124,000	Mann.

Das 5. Corps hatte wenig Verluste erlitten und war daher ebenso wie das 8. Corps noch als intact zu betrachten.

NB. Die resp. Verluste am 4. Juni sind bei der vorstehenden Berechnung möglichst stark in Abrechnung gebracht.

**) Dies war der fünfzehnte Fehler, der um so größer war, als ein Sieg am 5. Juni, für welchen die allergünstigsten Chancen für die Oesterreicher vorhanden waren, alle bis dahin gemachten Fehler wieder gut machen konnte!

***) giojoso heißt nämlich: fröhlich! — glücklich! —

worden ist! — wollten der Meldung von Gyulai's Abmarsch gar keinen Glauben schenken und waren daher nicht wenig freudig überrascht, als sich die Richtigkeit desselben bestätigte.

Anstatt — wie die fehlerhaften Dispositionen, des Kaisers sowohl, als Mac Mahon's, es verdient hätten! — gründlich geschlagen zu werden! hatten die Franzosen also auch hier — wenn auch nicht so leichten Kaufes als bei Montebello! — doch abermals und zwar einen glänzenden Sieg über die Oesterreicher erfochten! wodurch ihr Selbstgefühl und die Ueberzeugung von ihrer Unüberwindlichkeit nur noch mehr gehoben, der élan der Armee nur noch bedeutend gesteigert wurde!

Aber nicht der tactischen Ueberlegenheit einer besonderen Kampfweise allein, nicht der genialen oberen Leitung, nicht den Dispositionen des Kaisers und seiner Generale, noch der Ueberlegenheit der Waffen verdankten die Franzosen diesen Sieg! auch nicht allein ihrer höchst anerkennenswerthen Tapferkeit, ihrem unerschütterlichen, aber auch nicht selten unverständigen! Muth oder der Todes-Verachtung, mit der, vom General bis zum Soldaten, jeder sein Leben einsetzte, nicht ihren unaufhörlichen, ungestümen Angriffen, noch den allerdings in den letzten Momenten bedeutenden Wirkungen ihrer Artillerie, sondern hauptsächlich den Fehlern und Unterlassungs-Sünden ihrer Gegner!!! —

In der Schlacht bei Magenta waren auf beiden Seiten vorzugsweise nur Infanterie und Artillerie in Thätigkeit, indem nur hier und da einzelne Escadrons gegen Tiralleurs zum Gefecht kamen*).

*) Namentlich zeichneten sich der Oesterreichische Oberst v. Edelsheim an der Spitze einer Escadron vom Husaren-Regiment König v. Preußen, sowie noch andere einzelne Escadrons dieses Regiments durch kühne Angriffe auf französische Infanterie sehr aus.

Muth, Tapferkeit, Zähigkeit, Ausdauer und Hingebung der Truppen waren auf beiden Seiten völlig gleich.

Ueber des Kaisers, sowie über Mac Mahon's fehlerhafte Dispositionen: »getheilten Anmarsch, isolirte Angriffe, Zurückbleiben der Reserven ꝛc.« — ist bereits das Nähere mitgetheilt worden.

Während aber die Franzosen bei geringerer tactischer Ausbildung durch ihre unablässigen Angriffe und ihr unermüdliches Vorwärtsdrängen mit ihren kleinen gefügigen Abtheilungen, durch ihr allseitiges Bestreben nach Vereinigung der Kräfte, die alle zum Zusammenwirken drängten, eine Ueberlegenheit über die tactisch besser gebildeten, aber schwerfälligen Bataillons der Oesterreicher erlangten, fehlte bei Letzteren auch noch jedes kräftige Zusammenwirken größerer Truppenmassen sowohl, als die entschiedene gewandte Führung derselben. Man focht hier, wie bei Montebello, fast nur stehenden Fußes in der Position!! und und brachte die Truppen überall nur »Bataillons-«, »Regiments-« oder höchstens »Brigade-Weise« ins Gefecht, so daß dieselben nur partielle Kämpfe und zwar stets gegen überlegene Kräfte zu bestehen hatten, denen sie nicht selten unterlagen, so daß auf diese Weise sehr oft momentane siegreiche Erfolge unbenutzt vorüber, also verloren gingen.

Der großen Selbstständigkeit der französischen Generale, — die fast alle auf eigene Verantwortlichkeit handelten, — stand die Abhängigkeit der Oesterreichischen Generale, die stets zum Handeln erst den höheren Befehl abwarteten!! um so nachtheiliger gegenüber, als der erforderliche Befehl sehr häufig entweder nicht der richtige war! oder zu spät kam! oder auch wohl gar nicht erfolgte!!! — Denn vor Allem dürfte der Verlust der Schlacht nur dem Ober-General sowohl, als den höheren Führern, deren Mangel an Gefechtskenntniß sowohl, als an scharfem Ueberblick und Entschluß, sowie an Gewandtheit und Sicherheit in richtiger Benutzung der Truppen und der Verhältnisse zur Last fallen. Ueberall fühlt man hier Unsicherheit, Unklarheit, Unerfahrenheit und Unentschlossenheit durch! Alles Mängel, die durch keine Tapferkeit der Truppen ausgeglichen werden konnten!

Eine tiefer eingehende Kritik wird jeder Leser am besten sich selbst zusammenstellen, denn: »facta loquuntur!« —

Aus der vorstehenden kurzen Relation aber wird der sachverständige Leser leicht alle die Fehler und Mängel, welche bei Magenta auf beiden Seiten zu Tage traten, ohne daß dieselben hier noch spezieller erörtert werden dürften, von selbst erkennen und sich jedenfalls sagen müssen:

1. daß man sowohl bei den einzelnen Corps als bei der ganzen österreichischen Armee die klare, entschiedene und richtige obere Leitung! —
2. das Vorhandensein einer allgemeinen Disposition, nach welcher gehandelt werden konnte!
3. die Anwendung kräftiger, umfassender offensiver Maßregeln — sowohl gegen Mac Mahon und gegen den Kaiser im Großen, als auch in verschiedenen anderen Momenten in kleinen Verhältnissen,
4. die rechtzeitige Aufstellung starker Reserven auf dem Kampfplatze, sowie deren rechtzeitige und richtige Verwendung,

schmerzlich vermißt, und daß man nur tief bedauern kann,

5. daß die zahlreiche Artillerie theils gar nicht gebraucht, theils zu eparpillirt verwendet wurde, anstatt sie, — wie bei den Franzosen — in große Batterien zu vereinigen, die auch bei den Oesterreichern zu verschiedenen Momenten von der bedeutendsten Wirkung gewesen sein würden!
6. daß man — nicht nur ohne völlig geschlagen zu sein, sondern sogar noch im Besitz kräftiger, intacter Verstärkungen, welche bereits am 4ten Abends zur

Stelle, denen des Gegners aber bedeutend überlegen waren — am 5. Juni mit Tagesanbruch den Kampf nicht wieder aufnahm! sondern

7. dem Feinde das Schlachtfeld und mit diesem auch den Sieg überlassend! — den Rückzug! antrat und ohne Weiteres dem Feinde, sogar ohne weiteren Kampf, die ganze Lombardei Preis gab! indem Gyulai, ohne sich auf die starken, mit großen Kosten angelegten, Festungen zu stützen, ohne sich überhaupt im Mindesten aufzuhalten! dem berühmten Festungs-Viereck zueilte und auf einen Befehl des Kaisers Franz Joseph (?) vom 6. Juni die Armee auch gleich bis hinter den Mincio zurückführte! — sapienti sat! —

Wie man sagt, soll nämlich auf Befehl des Kaisers Franz Joseph jetzt jeder Widerstand in der Lombardei aufgegeben worden sein, um die sämmtlichen Streitkräfte Gyulai's mit den, bei Verona bereits versammelten, schleunigst unter dem Schutze des Festungs-Vierecks von Verona, Peschiera, Mantua und Legnano zu concentriren.

Die österreichische Armee folgte hierzu den großen Straßen zunächst dem Po, über Pavia, Cremona und Verula nuova, sowie über Lodi, Crema und Orci Novi, indem sie am 10. Juni die Adda, am 12. die Mella, am 15ten die Chiese überschritt und ohne eine dieser Flußlinien zu halten, sich auf Lonato und Castiglione delle Stiviere wandte, wo das 1., 7. und 8. Corps am 17., 18. und 19. Juni stehen blieben und die Uebergänge über die Chiese bei Montechiaro und Ponte S. Marco mit Arrière-Garden besetzt behielten, während das 5. Corps bis Volta, das 3. über Guidizzolo bis Goito am Mincio, die Resere-Cavallerie bis Guidizzolo zurückgingen. Am 20. Juni setzten die resp. Corps den Rückzug bis über den Mincio fort, so daß am 21. bereits die ganze Armee hinter diesem Flusse Stellung genommen hatte.

Nur die Division Urban folgte der nördlichen Straße über Bergamo, Brescia und Peschiera und hatte am 8. bei Bergamo und am 15. bei Castenedolo noch ein Gefecht mit Garibaldi's Freischaar, welche gewissermaßen die Avant-Garde der Piemontesen bildete.

Am 5. Juni wurden auf Befehl Gyulai's 41 Geschütze in der Citadelle von Mailand vernagelt, am 6. die Citadelle und Stadt geräumt, die Garnison auf der Eisenbahn nach Verona befördert.

Am 6. war Napoleon zu Magenta, die französische Armee ruhte, wie am 5., bei Magenta und Abbiate grasso; nur das 2. Corps rückte am 6. nach S. Pietro l'Olmo bei Mailand und zog am 7. in Mailand ein, wo der Kaiser mit dem Könige von Sardinien am 8. eintraf.

Am 7. hatten die Oesterreicher Pavia, am 8. die kleine Feste Laveno am Lago maggiore verlassen. Am 9. und 10. ward Piacenza geräumt, das Material der Artillerie und des Genie auf dem Po fortgeschickt. Am 11. wurde auch noch die Festung Pizzeghetone und das Castell von Brescia geräumt.*)

Am 8. fanden noch auf der Straße von Mailand nach Lodi zwischen dem 1. und 2. französischen Corps, welches dieser Straße folgte, und der Arrière-Garde, Brigade Roden (Division Berger) des 8. österreichischen Corps — unter der persönlichen Leitung des F.-M.-Lt. Benedek, commandirenden Generals des 8. Corps — ein ziemlich blutiges Gefecht bei Melegnano**), sowie zwei ganz unbedeutende Arrière-Garden-

---

*) Am 11. war gleichzeitig auch noch Ancona und am 12. Bologna geräumt worden!

**) Am 7. erst hatte der Kaiser das 1. und 2. Corps unter dem Oberbefehl des Marschalls Baraguay zur Verfolgung des österreichischen rechten Flügels auf der Straße von Mailand gegen Lodi vorgeschoben. Das 2. Corps folgte der Straße von S. Donato auf dem linken, das 1. Corps auf dem rechten Ufer des Lambro. Letzteres stieß am 8. Juni Nachmittags auf die, 6 Bataillons starke,

Gefechte zwischen den Piemontesen und der Arrière-Garde der Division Urban, — die von Gallarate über Monza auf Brescia zurückging — bei Vaprio und Camonica an der Adda statt.

Am 20. wurde die ganze österreichische Armee, wie bereits erwähnt, über den Mincio geführt, und längs diesem Flusse unter den Schutz des bekannten Festungs-Vierecks aufgestellt. Bis zum 21. blieben die Vorposten noch auf dem rechten Ufer des Mincio stehen, wurden am 21. jedoch auch zurückgezogen, und nur noch die Uebergänge über den Fluß besetzt gehalten.

Außer der schönen Waffenthat bei Melegnano, deren Tragweite viel zu wenig beachtet worden ist! hatte die österreichische Armee aber auf ihrem Rückzuge über den Mincio keine Gelegenheit mehr, sich mit ihrem Gegner zu messen, da dieser nur sehr langsam und vorsichtig folgte, die Oesterreicher aber auch keine Gelegenheit aufsuchten, ihm den Weg zu verlegen — ein Verfahren, was von beiden Seiten unbegreiflich bleibt! —

Brigade Roden, welche das Städtchen Melegnano barrikadirt hatte. Die Division Bazaine vom 1. Corps (15 Bataillons) griff sofort um 1/2 6 Uhr den Ort mit 9 Bataillons, unterstützt von 12 Geschützen, an, stürzte — die Zuaven, ein ganzes Bataillon in Tirailleurs aufgelöst, voran — auf die österreichische Batterie am Eingange von Melegnano und drang, nachdem sie zweimal zurückgewiesen worden waren, mit den zurückgehenden Oesterreichern zugleich in den Ort, wo sich ein langes heftiges Gefecht in den Straßen entspann.

Da unterdessen die 2. Division des 1. Corps Ladmirault (18 Bataillons) der Division Bazaine gefolgt war, und 3 Bataillons im Trabe! um Melegnano südlich herumgeschickt, das 2. Corps aber bereits nördlich die Stadt umgangen und seine Batterie gegen die Straße von Melegnano auf Lodi aufgefahren hatten, so räumte die Brigade Roden um 9 Uhr Abends den Ort — nach einer heldenmüthigen Vertheidigung von 4 Stunden, durch welchen 5 Bataillons! zwei Armee-Corps aufgehalten hatten! und wurde bei Ca Bernardi von der Brigade Boer aufgenommen, mit welcher sie ungehindert den Rückzug auf Lodi fortsetzte. Die so ruhmwürdige Vertheidigung von Melegnano hatte aber nicht nur 2 französische Armee-Corps in ihrem Vordringen aufgehalten, sondern bewirkte auch ganz besonders das langsame und fast zu vorsichtige Vorrücken der ganzen französischen Armee! —

Napoleon, der den eiligen Rückzug seines Gegners und dessen Räumung der Lombardei ohne Schwertschlag! nicht begreifen konnte, fürchtete, nach dem Gefecht bei Melegnano!: »daß der ganze Rückzug nur eine Maske sei, um ihn in eine Falle zu locken!«*) — was auch von Seiten der Oesterreicher nicht nur sehr leicht zu ermöglichen gewesen wäre, sondern hätte geschehen sollen!

Bis auf den heutigen Tag bleibt es daher unerklärlich, aus welchen Gründen Gyulai mit seiner, noch immer gegen 130,000 Mann starken, wohlgeordneten Armee:

1. die mit so großen Kosten erbauten Festungen nicht vertheidigte? durch deren Einschließung der Feind nicht nur geschwächt, sondern auch aufgehalten werden mußte,
2. durch starke Arrière-Garden dem Feinde die Uebergänge über die Adda, den Oglio und die Chiese streitig zu machen, sogar ohne die Uebergänge über dieselben zu zerstören, noch den Feind durch kräftige offensive Rückstöße aufzuhalten nirgends bemüht war? dabei aber gleichzeitig:
3. durch ein Vorgehen gegen die rechte Flanke der, auf einer einzigen und überdies eingeengten Straße vorrückenden, französischen Armee diese anzugreifen nicht einmal versuchte? während eine derartige Operation den Franzosen nicht nur Aufenthalt, sondern auch bedeutende Nachtheile verursachen, ja sie leicht in die gefährliche Lage bringen konnte, von ihrer Rückzugslinie ab, gegen die Gebirge und die Schweiz gedrängt zu werden.**)

---

*) Bazancourt (C. d'I. II. p. 91) sagt:
Dans la pensée de l'Empereur, l'attaque et la prise de Melegnano avaient eu deux buts: — empêcher l'ennemi de conserver une position si près de Milan, précipiter encore son mouvement de retraite; et en second lieu de tromper sur la véritable direction, que devait prendre notre armée (?) —

**) S. Bazancourt (C. d'I. II. pag. 93):
Les Autrichiens viendront-ils nous attaquer dans notre marche de

4. Durch ein längeres Aufhalten der Franzosen in ihrem Vordringen gegen den Mincio hätte man dem 10. österreichischen Armee-Corps, welches den 24. Juni schon nahe an Verona heran war, so wie noch anderen anrückenden Verstärkungen Zeit geschafft, sich vor der Schlacht von Solferino mit der Armee zu vereinigen, wodurch letztere bei Solferino um 30,000 Mann und mehr! stärker gewesen sein würde!

Von Allem diesen geschah aber — nichts! obgleich Gyulai die hier vorstehend bezeichneten Operationen — mit Anlehnung seiner Flügel an die verschiedenen Flüsse und mit einem völlig gesicherten Rückzuge auf das Festungs-Viereck — ohne Gefahr wagen konnte und mußte! —

Wie gefährlich derartige Operationen für die Franzosen werden konnten, ergiebt sich von selbst, wenn man des Kaisers fehlerhaftes Vorgehen näher betrachtet.

Anstatt nämlich den Oesterreichern auf den südlichen Straßen längs dem Po vorzugehen, — der stets dem rechten Flügel der Armee eine sichere Anlehnung geboten und gegen größere Umgehungen gesichert hätte, — ließ der Kaiser, ohne auch nur ein Seiten-Corps längs dem Po marschiren zu lassen! — die Piemontesen auf der nördlichen, in der Nähe der Schweizer Grenze längs den Seen und den Abfällen der Alpen führenden, Straße von Mailand über Cassano, Palazzuolo und Brescia auf Lonato vorgehen, während er selbst mit seiner ganzen Armee auf einer einzigen Straße, in höchst coupirtem Terrain, und zwar auf der engen und schlechten Straße von Mailand über Gorgonzala, Tri-

---

flanc sur Brescia, sachant d'avance tous les obstacles, que nous aurons à surmonter, pendant un parcours dangereux et difficile?

Tomberont-ils inopinément sur nos colonnes alongées, que ne protégeront plus cette fois des grands cours d'eau, tel que le Pô ou la Sesia etc. — Chaque jour des points défensifs très importants étaient évacués, sans coup férir, par l'armée ennemie!

viglio und Brescia auf Castiglione delle Stiviere längs der Eisenbahn-Linie langsam vorrückte, resp. vorkroch!

Als der Kaiser Napoleon am 12. Gorgonzala erreichte, waren allerdings die Festungen am Po von den Oesterreichern bereits verlassen, die Furcht vor einer Falle ließ ihn jedoch Alles in dichten Massen so zusammenhalten, daß er auf den engen Straßen, — wo die Armee-Corps einander auf ganz nahe Distancen folgten, — nur in kleinen Etappen von 1 bis 1½ Meile! nur mühselig und langsam vorgehen konnte und daher auch — ohne einen Feind in der Nähe vor sich zu haben, incl. dreier Ruhetage (am 15. am Oglio, am 19. und 20. an der Mella) — 12 Tage!! darauf verwendete, um die Strecke von Mailand bis zur Chiese — 13 Meilen! — zurückzulegen*).

Welche günstigen Chancen einem unternehmenden Feinde dadurch geboten wurden, darf nicht erst noch näher erörtert werden, und verdankt der Kaiser es auch hier wieder nur seinem guten Stern und den Oesterreichern! daß er dem verdienten Schicksal: »auf diesem gefährlichen Marsche — von

---

*) Bazancourt C. d'I. II.:

pag. 101: En jetant un coup d'oeil sur la carte, il est facile de remarquer, que les corps d'armée ne marchent pas à une distance de plus d'une lieu et demie à deux lieues, les uns des autres. Or, deux batteries d'artillerie à elles seules tenant sur une route une longueur de plus d'un kilomètre! (d. s. 1700 Schritt) on jugera des difficultés, que rencontraient souvent un corps d'armée, pour occuper un point, qui devait être évacué à son arrivée par le corps, qui le précedait, lorsque lui-même devait céder le terrain à celui qui venait le remplacer. Il en coûtait, en effet, souvent plus pour parcourir ces courtes étapes, que s'il eût fallu franchir une distance de dix ou quinze lieues sur une route libre! —

und pag. 111: C'était, il ne faut pas se le dissimuler, une rude entreprise, hérissée d'écueils et de difficultés sans nombre, que de faire marcher ainsi, en face de l'ennemi! six corps d'armée concentrés dans un espace restreint et prêt à se réunir en un bloc formidable au premier signal.

seiner Rückzugslinie ab- und gegen die Schweizer Grenze gedrückt zu werden!« — so glücklich entging*).

Nach zwei Ruhetagen an der Mella und in Folge eines am 19. Juni Abends in Brescia abgehaltenen Kriegsrathes überschritten die Alliirten am 21. die Chiese, blieben aber am 22. und 23. in ihren Bivouacs stehen. Nur das 1. Corps rückte am 23. über die Chiese bis nach Esenta, nachdem am 22. die Garde von Castiglione nach Montechiaro, das 2. Corps von da nach Castiglione vorgerückt waren**).

Napoleons Hauptquartier war vom 21. bis 23. in Montechiaro.

In der Ueberzeugung, daß jetzt die Oesterreicher den Angriff auf das Festungs-Viereck abwarten würden, hatte der Kaiser Napoleon in Brescia, am 19. schon, beschlossen: »bis an den Mincio vorzurücken,« und wollte sich deshalb am 24. Juni in Besitz der Ebene von Medole und des nördlich derselben bis zum Garda-See gelegenen coupirten Hügellandes setzen. Er glaubte dasselbe um so mehr vom Feinde verlassen, als ein Recognoscirungs-Detachement von 40 Pferden (vom 1. Afrikanischen Chasseur-Regiment), welches General Niel, am 22. Morgens 1 Uhr, von Carpenedolo nach Goïto gesandt hatte, hinter Ceresana (1 Meile vor Goïto) erst

---

*) Die ganze alliirte Armee mußte sich in einem höchst coupirten Terrain bewegen und in langen schmalen Colonnen, mit allen ihren Truppen-Massen, vier Flüsse! überschreiten! —

**) Die alliirte Armee, jetzt noch über 150,000 Mann stark! stand:

	am 21. Juni	am 23. Juni
die Garde	in Castenedolo,	Castenedolo.
das 1. Corps	in Rho,	Esenta.
„ 2. „	in Montechiaro,	Castiglione.
„ 3. „	in Mezzane,	Mezzane.
„ 4. „	in Carpenedolo,	Carpenedolo.
die Piemontesen	bei Lonato,	von Lonato bis Rivoltella.

auf nur schwache Vorposten des Feindes gestoßen war, welche sich vor den Franzosen zurückgezogen hatten*).

Obgleich der Kaiser am 23. Abends noch Meldungen erhalten hatte: »daß starke österreichische Colonnen bei Solferino und auf dem rechten Ufer des Mincio sich gezeigt hätten!« — (?) so befahl er dennoch den Vormarsch der Armee zum 24. Juni**), indem er jene Colonnen »nur für Recognoscirungen hielt — wie sie bei den Oesterreichern sehr beliebt seien!« — und daher auch weiter nicht darauf achtete!***).

---

*) Ebenso nachläßig, wie der Vorposten-Dienst überhaupt betrieben wurde, ebenso fahrläßig scheint auch dieses Streif-Detachement verfahren zu sein, da es sich mit dem bloßen Zurückgehen der österreichischen Vorposten begnügte, anstatt dieselben so weit zu verfolgen, bis man sich von der Anwesenheit des Feindes und dessen Stärke genügend überzeugt hatte.

Beiläufig erwähnt, machte dieses Detachement übrigens in 12 Stunden 20 Lieues, d. h. 12 deutsche Meilen! was für die Ausdauer der Afrikanischen Pferde spricht!

**) Der Befehl lautete: »Es marschiren:

»die sardinische Armee von Lonato nach Pozzolengo,«

»das 1. Corps, welches mit der sardinischen Armee Verbindung hält[1]), — von Esenta über Astore nach Solferino,«

»das 2. Corps — mit dem 1sten Verbindung haltend — von Castiglione nach Cavriana,«

»das 4. Corps — mit den seit dem 20. Juni demselben zugetheilten Cavallerie-Divisionen — Desvaux vom 1. und Partouneaux vom 3. Corps — von Carpenedolo nach Guidizzolo,«

»das 3. Corps — mit dem 4. Corps Verbindung haltend — (was aber nicht geschah!) — von Mezzane über Acqua Fredda nach Medole,«

»das Haupt-Quartier mit dem Garde-Corps von Montechiaro nach Castiglione,«

»die Colonnen müssen vermeiden sich zu kreuzen,« (?!)

»die Truppen brechen, der Hitze wegen, am 24. früh 2 Uhr auf und marschiren mit allen Vorsichtsmaßregeln,«

»die Bagagen folgen den Corps[2]).«

---

1) Die Verbindung wurde weder gehalten, noch gesucht.

2) Also auch hier wieder derselbe Fehler des Mitschleppens der Bagagen 2c., wie bei Magenta.

***) S. Bazancourt, C. d'I. II, p. 125 (Bulletin impérial): Comme

Der Kaiser erwartete demnach keineswegs am 24. eine Schlacht! So sehr er dieselbe auch suchte, so hoffte er sie doch erst jenseit des Mincio zu finden, und sollte daher die Armee, — **in 5 Colonnen getrennt!** — in einer Breite von 3 Meilen! — von Rivoltella bis Acqua Fredda! — wenn auch mit allen Vorsichts-Maßregeln, doch nur einen Reise-Marsch in der Nähe des Feindes machen! —

Noch weniger als die Franzosen waren aber die Oesterreicher am 24. Morgens darauf vorbereitet, auf den Feind zu stoßen oder gar demselben eine Schlacht zu liefern! —

Nachdem die österreichische Armee am 20. Juni über den Mincio zurückgegangen war, wurde dieselbe auf dem linken Ufer dieses Flusses von Peschiera bis Mantua aufgestellt und hier — da bereits das 11. Armee-Corps (F.-M.-Lt. Weigl), nächst mehreren Verstärkungen aus dem Innern bei Verona eingetroffen waren — möglichst vollzählig gemacht, so wie mit allem Nöthigen an Munition 2c. versehen und aufs Neue formirt.

Am 17. noch legte jedoch F.-Z.-M. Gyulai, nach einer langen geheimen Unterredung mit dem Kaiser Franz Joseph, das Commando der 2. Armee nieder, und wurde dasselbe dem General der Cavallerie Grafen Schlick — einem tüchtigen, erfahrenen General vom vortrefflichsten Ruf — übertragen.

Am 18. aber übernahm der Kaiser **Franz Joseph** das Ober-Commando der ganzen Armee, welche jetzt in eine erste und eine zweite Haupt-Armee getheilt wurde, von denen die

---

les Autrichiens ont l'habitude de multiplier leurs reconnaissances, Sa Majesté ne vit dans ces démonstrations qu'un exemple de plus du soin, qu'ils mettent à s'éclairer et à se garder.

erste vom F.-Z.-M. Grafen Wimpffen, die zweite vom General der Cavallerie Grafen Schlick befehligt wurde*).

Mit dieser neu formirten, tüchtigen Armee beschloß der Kaiser Franz Joseph, — dessen Operations-Kanzlei der gediegene F.-Z.-M. Heß und unter diesem der F.-M.-Lt. Raming vorstand, — auf's Neue die Offensive zu ergreifen, den Feind aufzusuchen und demselben den Uebergang über die Chiese zu verwehren!?

Anstatt den Feind an der Klinge zu behalten, hatte man jedoch die Fühlung an demselben so ganz verloren, daß man am 21. Juni, wo die Armee eine neue Aufstellung längs dem Mincio von Peschiera bis Mantua er-

---

*) Die erste Armee unter F.-Z.-M. Graf Wimpffen, welche den linken Flügel bildete, bestand aus:

dem 2. Corps (F.-M.-Lt. Fürst Lichtenstein)	19,000	Mann,
„ 3. „ (F.-M.-Lt. Fürst Schwarzenberg)	22,600	„
„ 9. „ (F.-M.-Lt. Graf Schaffgotsche)	21,000	„
„ 11. „ (F.-M.-Lt. v. Weigl)	23,000	„
der Cavallerie-Division (F.-M.-Lt. v. Zedtwitz)	2,400	„
in Summa	88,000	Mann.

Die zweite Armee unter dem General der Cavallerie Grafen Schlick, welche den rechten Flügel bildete, bestand aus:

dem 1. Corps (F.-M.-Lt. Graf Clam-Gallas)	19,000	Mann,
„ 5. „ (F.-M.-Lt. Graf Stadion)	26,000	„
„ 7. „ (F.-M.-Lt. Baron Zobel)	17,600	„
„ 8. „ (F.-M.-Lt. Benedek) mit der Brigade Reichlin (vom 6. Corps)	28,000	„
„ Cavallerie-Division (F.-M.-Lt. Graf Mensdorf)	2,400	„
in Summa	93,000	Mann,
und mit	5,000	Mann Artillerie und

Genie-Truppen; in Summa Summarum 186,000 Mann,

von denen jedoch bei Solferino — nach Abzug des 2. Corps, welches mit einer Division in Mantua stehen blieb, mit der anderen aber zur Schlacht bei Solferino nicht herankam, — nur 165,000 Mann an letzterer Theil genommen haben.

hielt*), nicht ahnte, daß die Alliirten an diesem Tage die Chiese bereits überschritten hatten. Am 23. begann die Offensive mit dem Uebergange der Armee über den Mincio**).

---

*) Am 21. Juni stand die österreichische Armee:

Rechter Flügel (II. Armee).

Haupt-Quartier		Custozza.
8. Corps,	östlich	Peschiera.
5. „	östlich	Salionze.
1. „		Quaderni.
7. „		S. Zenone.
Reserve-Cavallerie Reserve-Artillerie	}	Rosigafero.

Linker Flügel (I. Armee).

Haupt-Quartier		Mantua.
3. Corps		Pozzolo.
9. „		Goito, hinter beiden:
11. „		Roverbella.
2. „	in und um	Mantua.
Reserve-Cavallerie		Grezzano.
Reserve-Artillerie		Mozzecane.

Das Haupt-Quartier des Kaisers in Villafranca!!!

**) Die II. Armee (der rechte Flügel):

Das 8. Corps über Salionze bis	Pozzolengo,
(die Brigade Reichlin über Peschiera bis	Ponti),
(die Vorposten wurden gegen Rivoltella und Castel Venzago vorgeschoben),	
das 5. Corps über Valeggio bis	Solferino,
(die Vorposten bis	le Grole),
das 1. Corps über Valeggio bis	Cavriana,
(als Reserve des 5. Corps),	
das 7. Corps über Ferri bis	Foresto,
die Reserve-Cavallerie die Reserve-Artillerie } über Ferri bis	Tezze,
das Haupt-Quartier nach	Volta.

Die I. Armee (der linke Flügel):

das 3. Corps über Ferri bis	Guidizzolo,
das 9. Corps über Goito bis	Ceresole,
(die Avant-Garde (2 Bataillons u. die Cavallerie-Brigade Laningen) bis	Medole),
das 11. Corps über Goito bis	Castel Grimaldo.

(Von der Cavallerie-Brigade Vopaterni (16 Escadrons) wurden 8 Escadrons Husaren (Wür-

Sämmtliche Truppen erreichten ihre resp. Bivouacs, ohne auf den Feind gestoßen zu sein. An eine Schlacht am folgenden Tage dachte man aber um so weniger, als ein Streif-Detachement (2 Escadrons Ulanen) gegen Castiglione und Desenzano vorgeschickt worden und nicht auf den Feind gestoßen war*).

Für den 24. erhielt daher die Armee den Befehl: »Gegen 9 Uhr Morgens, nach dem Abkochen, den Vormarsch, und zwar die Erste Armee von Guidizzolo über Medole auf Carpenedolo, die Zweite von Solferino-Pozzolengo auf Castiglione und Lonato fortzusetzen,« so daß man mit der Armee — in zwei große Colonnen getrennt! — in einer Breite von $2^1/_2$ Meile Front! — (von Pozzolengo bis Castel Gof-

temberg) von Goito auf Gazzoldo entsendet, um die Verbindung mit der Division Jellachich (2. Corps) zu sichern, die von Mantua gegen Assola vorging, so daß nur noch 8 Escadrons Husaren dieser Brigade bei der Reserve-Cavallerie-Division (Zedtwitz) verblieben und diese daher am 24. nur 20 Escadrons zählte).

Das Haupt-Quartier nach Cereta,

Das Haupt-Quartier des Kaisers kam nach Valeggio.

*) Obgleich dergleichen Detachements selbstredend stets so weit vorgehen müssen: »bis sie den Feind finden!« so kann doch das quäst. Streif-Detachement unmöglich weit genug vorgegangen sein, da es sonst schon vor Castiglione ($\frac{3}{4}$ Ml. vor Solferino) den Feind gefunden haben würde. Ebenso wenig scheinen auch — weder von den Vorposten bei Medole (1 Ml. von Castiglione), noch von denen bei le Grole ($\frac{1}{2}$ Ml. von Castiglione) am 23. Juni — die erforderlichen Recognoscirungs-Patrouillen gemacht, dieselben wenigstens nicht so weit vorgeschickt worden zu sein, bis sie auf den Feind stießen, da sonst die Armee am 24. nicht schon vor dem Abkochen von den Franzosen hätte überrascht, resp. überfallen werden können?

Die französischen Vorposten des 1. Corps aber, meldeten zwar in der Nacht: »die Anwesenheit der Oesterreicher in Solferino,« scheinen jedoch von deren Vorposten bei le Grole auch nichts gewußt zu haben! — so daß man hier auf beiden Seiten bei den Vorposten dieselbe Nachlässigkeit, dieselben Unterlassungs-Sünden findet!

fredo) ebenfalls, wie die Alliirten, nur einen Reise-Marsch zu machen beabsichtigte.

Beide Gegner sollten demnach am 24. Juni — ohne jegliche Absicht! noch in der Idee! »eine Schlacht zu engagiren,« also auch ohne jegliche Vorbereitung oder Disposition zu derselben, — in fünf, resp. zwei getrennten, auf ½ bis ¾ Meilen weit auseinander gehaltenen, Colonnen! — auf einander losmarschiren, und thaten dies auch so harmlos, daß die hieraus erfolgende Schlacht bei Solferino, noch mehr als die bei Magenta, durchaus als »ein zufälliges Rencontre« bezeichnet werden muß! von welchem beide Theile vollständig überrascht wurden*).

Das Terrain, auf welchem beide Heere den 24. sich bewegten und resp. fochten, wird im Norden von der Eisenbahn von Lonato nach Peschiera, im Süden von der Linie Cereta — Castel Goffredo, im Osten von der Linie Cereta — Pozzolengo bis zu der genannten Eisenbahn, im Westen von der Linie Lonato — Castiglione — Castel Goffredo begrenzt und umfaßt circa 4, das engere Schlachtfeld — bei einer Längen-Ausdehnung von 2¼ Meile und einer Tiefe von 1 Meile — circa 2¼ Quadratmeile**).

Der größere, nordöstliche Theil des engeren Schlachtfeldes ist ein sehr durchschnittenes, von mehreren, von Osten gegen Westen parallel streichenden, niedrigen Höhenzügen (mit sehr schmalem Rücken) gebildetes Hügelland; — der südliche Theil jenseit der, längs dem Fuß der Höhen ziehenden, Chaussee

---

*) Die Ueberraschung hatte für die Oesterreicher aber noch den besonderen Nachtheil, daß dieselben am 24. vor dem Abkochen, also mit leerem Magen! in das Gefecht gehen mußten, wogegen die Franzosen trotz ihres frühen Aufbruches um 2 Uhr Morgens! ihrer lobenswerthen Einrichtung zu Folge, wenigstens bereits Café und Brod genossen hatten!

**) Die hier vorstehend und weiterhin angegebenen Entfernungen sind der, vom K. K. österreichischen Generalstabe herausgegebenen Special-Karte, der Lombardei entnommen.

von Castiglione über Cassiano nach Volta ist völlige Ebene, in welcher eine große freie Haide zwischen Medole und Guidizzolo sich besonders für den Gebrauch großer Cavallerie-Massen eignet. Außer dieser freien Haide ist aber die Ebene sowohl, als das Hügelland ganz ebenso angebaut und durchschnitten, wie die Gegend bei Magenta und die ganze Lombardei.

Besonders zerrissen und schwierig ist das Hügelland um den, auf 400' hohem Kegel gebauten, Flecken Solferino, und sind die Wege durch das ganze Hügelland größtentheils sehr beschwerlich.

Die Schlacht bei Solferino

begann am 24. Juni des Morgens zwischen 5 und 7 Uhr und zwar auf vier verschiedenen Punkten fast zu gleicher Zeit, und wurde auch in den vier verschiedenen parallelen Richtungen — in welchen die Colonnen der alliirten Armee vorrückten — bis gegen Mittag fortgeführt, so daß die Schlacht, ihrer Entwickelung nach, sich in zwei Haupt-Abschnitte zerlegen läßt, und zwar:

1. in die Einleitung, d. h. in die einleitenden vier Einzeln-Gefechte, von 5 Uhr Morgens bis gegen Mittag, und
2. in die eigentliche Schlacht, welche bald nach Mittag beginnt, zu der Zeit, zu welcher die verschiedenen Einzeln-Gefechte sich mehr in ein Ganzes einander anhingen.

Der Uebersicht wegen lassen sich demnach die verschiedenen Begebenheiten des Tages auch am besten nach den vier verschiedenen, neben einander liegenden Fächern des Kampfplatzes darstellen, und soll dies hier in möglichster Kürze versucht werden*).

---

*) Die Relation der Schlacht wird demnach eingetheilt werden in:

A. Die einleitenden Einzeln-Gefechte

1. des 1. französischen Corps (Baraguay d'Hilliers) gegen das 5. österreichische Corps (Stadion),

A. Die Einleitung der Schlacht oder die einleitenden Gefechte zu derselben.

1. Das 1. französische gegen das 5. österreichische Corps.

Am 24. Juni um 2 Uhr Morgens brach Marschall Baraguay mit dem 1. Corps von Esenta auf und marschirte mit der Division Ladmirault und 4 Geschützen auf der sehr schlechten Straße über Astore auf Solferino, während um 3 Uhr die Division Forey, gefolgt von der Reserve-Artillerie — hinter dieser die Division Bazaine — nördlich Castiglione auf der, von da auf Cassiano führenden, Chaussee vorgingen.

Nach 5 Uhr stieß die Division Forey bei Valscura auf die österreichischen Vorposten — der Brigade Bils — die sich sehr bald auf le Grole zurückzogen, worauf dieser Ort sofort von Forey's Avant-Garde angegriffen und auch bald genommen wurde.

Während dessen hatte Forey bei Valscura seine Division entwickelt und sich mit der, bei Barche di Castiglione gleichfalls entwickelten, Division Ladmirault in Verbindung gesetzt, die Division Bazaine bildete die Reserve.

In dieser Formation rückte das 1. Corps gegen 8 Uhr vor und stieß mit der Division Ladmirault auf zwei österreichische Brigaden (Bils und Puchner), circa 10,000 Mann stark.

---

2. des 2. französischen Corps (Mac Mahon) gegen das 1. österreichische Corps (Clam-Gallas),

3. des 4. französischen Corps (Niel) gegen den österreichischen linken Flügel oder die Erste Armee (3., 9. u. 11. Corps),

4. der piemontesischen Armee gegen das 8. österreichische Corps (Benedek).

B. Die eigentliche Schlacht,

in deren Entwicklung die resp. Colonnen sich so aneinander hängen, daß auch die vorstehende Eintheilung in der Relation der eigentlichen Schlacht noch beibehalten werden kann.

Durch heftiges Gewehr- und Geschützfeuer zum Zurückgehen auf Astore gezwungen, wurde Ladmirault hart gedrängt und durch Forey's Division, welche jedoch nur langsam vordringen konnte, erst nach einiger Zeit wieder degagirt.

Gegen 10 Uhr, nachdem Forey endlich den Monte Fenile genommen hatte, ging er bis gegen die Rocca von Solferino*) vor, wurde hier aber zurückgewiesen, während Ladmirault nur bis in die Nähe von S. Martino vorgedrungen war, indem die Oesterreicher die Brigaden Bils und Puchner noch durch zwei andere — Gaal und Koller (10,000 Mann) — verstärkt hatten, so daß um 11 Uhr hier circa 20,000 Oesterreicher dem 1. französischen Corps (26,000 Mann) gegenüberstanden.

Während dieses Gefechts traf der Kaiser Napoleon, welcher um ½7 Uhr schon von Castiglione das Vorrücken der Garde-Infanterie zum 1. Corps befohlen und um ¼10 Uhr Mac Mahon bei Ca Morino gesprochen hatte, bei Forey ein, orientirte sich, vom Monte Fenile aus, und glaubte bei Solferino den entscheidenden Punkt erkannt zu haben, worauf er gegen Mittag die Leitung der Schlacht selbst übernahm.**)

---

*) Die Rocca — eine steile, kegelförmige Höhe in Solferino selbst — ist der höchste Punkt der Gegend, von welchem sich mehrere Höhenzüge in verschiedenen Richtungen verbreiten. Auf der Rocca befindet sich ein Thurm, von welchem man die ganze Gegend weithin übersehen kann, und der deshalb — La Spia d'Italia »die Späherin Italiens« — genannt wird.

**) Der Kaiser, welcher in Montechiaro um 6 Uhr vom 1. und 2. Corps die Meldung erhalten hatte: »daß dieselben auf den Feind gestoßen seien«, fuhr bald nach 6 Uhr bis Castiglione. Vor seiner Abfahrt aber sandte er dem Marschall Canrobert den Brief eines Notablen aus Assola, nach welchem »die Oesterreicher mit bedeutenden Kräften aus Mantua gegen die Chiese vorrückten!« mit der Bemerkung: »der Marschall möge auf seiner Hut sein!«

Von einem Thurme in Castiglione übersah der Kaiser das Terrain bis Solferino und Medole und faßte hier den Entschluß: »das Centrum der Oesterreicher bei Solferino zu durchbrechen!« — Was seinem großen Onkel öfter gelungen war, hätte ihm aber, bei gehöriger Disposition von

Das Gefecht, welches hier zum Stehen gekommen war, beschränkte sich bis gegen Mittag größtentheils nur noch auf eine Kanonade und Tirailleur-Feuer.

---

2. Das 2. französische Corps,

welches um 3 Uhr von Castiglione aufgebrochen und in einer einzigen langen Colonne auf der Chaussee nach Guidizzolo vorgegangen war, stieß um 5 Uhr mit seiner Avant-Garde bei Ca Morino auf die Vorposten des 1. österreichischen Corps und eröffnete mit diesem ein Tirailleur-Gefecht, welches bis 8 Uhr nur schwach genährt wurde, da Mac Mahon erst Nachricht vom 4. Corps abwartete, welches rechts von ihm auf Guidizzolo vorgehen sollte; doch eröffnete seine Batterie ihr Feuer auf 3,700 Schritt! gegen den Feind mit guter Wirkung.

Da die Oesterreicher indessen, von Cassiano her, sich immer mehr verstärkten, so griff Mac Mahon um 8 Uhr endlich Ca Morino ernstlich an, nahm es nach einer Stunde und entwickelte gegen ½10 Uhr sein Corps östlich dieses Ortes, — quer über die Straße nach Guidizzolo, — wobei er in der Tirailleur-Linie gegen die, bereits bis auf 2,000 Schritt vorgerückten, starken österreichischen Colonnen, eine Batterie

---

Seiten der Oesterreicher, leicht sehr schlecht bekommen können! — wie weiterhin dargethan werden wird.

Bevor der Kaiser um 7 Uhr in Castiglione zu Pferde stieg, sandte er noch die Befehle an die Garde-Infanterie: »sofort zum 1. Corps, sowie an die Garde-Cavallerie: »ebenfalls sofort, ebenso zum 2. Corps abzurücken!« und begab sich hierauf zu letzterem, wo er nach 9 Uhr eintraf, nachdem von demselben Ca Morino bereits genommen war. Von hier sandte der Kaiser jetzt aber dem Marschall Canrobert den Befehl: »nach Maßgabe der Ankunft seiner Truppen das 4. Corps (Niel) sofort schleunigst zu unterstützen!«

Diesen Befehl erhielt Canrobert um ½10 Uhr bei Medole, gleichzeitig mit dem schon erwähnten Briefe und Rath aus Montechiaro, und hat in letzterem die Rechtfertigung für sein spätes Erscheinen bei Medole finden zu können geglaubt!? — Von Ca Morino ritt der Kaiser zum 1. Corps, bei welchem er, wie oben erwähnt, zwischen 10 und 11 Uhr eintraf.

von 24 Geschützen auffuhr, welche den Feind bis in seine Reserven! mit großem Erfolge beschoß und denselben dadurch in seinem Vorrücken aufhielt.

Mac Mahon — dessen rechter Flügel völlig in der Luft stand! — der linke lehnte sich an die, die Ebene von Medole nördlich begränzenden, Höhen — ließ jetzt zur Deckung dieses Flügels den General Niel um Cavallerie bitten, worauf dieser ihm auch sofort die beiden Cavallerie-Divisionen Desvaux und Partounneaux (32 Escadrons) um 10 Uhr von Medole zusandte, die sich en échelons hinter Mac Mahon's rechtem Flügel so aufstellten, daß sie die Lücke zwischen dem 2. Corps und dem 4. (Niel) auszufüllen suchten, während ihre Batterien die feindliche Infanterie und Artillerie en écharpe nahmen und denselben bedeutenden Schaden zufügten, worauf einzelne Cavallerie-Regimenter auch sofort und nicht ohne Erfolg auf die österreichische Infanterie attakirten.

Bevor noch die Cavallerie-Divisionen bei Mac Mahon eintrafen, war, wie schon erwähnt, der Kaiser Napoleon beim 2. Corps angekommen und hatte Mac Mahon mitgetheilt: »wie er befohlen habe, daß die Garde-Cavallerie eiligst zum 2. Corps stoßen, Canrobert mit dem 3. Corps aber zu Niel's Unterstützung heranrücken solle.« Nachdem hierauf der Kaiser Mac Mahon noch angewiesen hatte: »sich im Vorgehen links an das 1. Corps heranzuziehen,« ritt er zum 1. Corps.

Hätte die österreichische Cavallerie-Division Mensdorf — anstatt 2 Meilen rückwärts bei Tezze unweit Golto!! — die Nacht über — wie die französische Cavallerie — in der Nähe der, für sie so vortheilhaften, practicablen, freien Ebene von Medole gestanden! so dürfte dem 2. Corps Mac Mahon's der Aufmarsch bei Ca Morino wohl nicht nur bedeutend erschwert, sondern leicht gänzlich verwehrt worden sein! —

F.-M.-Lt. Mensdorf, welcher bald nach Beginn des Gefechtes den Befehl zum Vorgehen erhalten hatte, war zwar auch sofort vorgetrabt, langte jedoch erst um ½11 Uhr — und zwar nur mit 2 Regimentern — beim 1. Corps an. Da die ihm überlegene französische Cavallerie aber bereits auf Mac Mahon's rechtem Flügel angekommen war, so wandte sich Mensdorf sofort gegen den linken Flügel Mac Mahon's, welcher hier 6 Chasseur-Escadrons der Cavallerie seines Corps aufgestellt hatte. Die österreichische Cavallerie hieb zwar mit Erfolg auf die französische Infanterie ein, wurde aber durch die quäst. 6 Chasseur-Escadrons zurückgewiesen, und zog sich Mensdorf bald hierauf mit der ganzen Cavallerie-Division — welche unterdessen nach und nach angelangt war, — des heftigen Artilleriefeuers wegen, gänzlich zurück.

Nach diesen verschiedenen Cavallerie-Angriffen — wenn auch nicht in Folge derselben — war aber das 1. österreichische Corps fast gleichzeitig mit der Reserve-Cavallerie — vielleicht etwas voreilig! — auf Cassiano zurückgegangen, was um so weniger nöthig gewesen wäre, wenn man das in Reserve stehende 7. Corps von Foresto (1¼ Meile östlich Cassiano) zeitig genug in die Gefechtslinie herangezogen hätte, anstatt es schon bei Cavriana stehen zu lassen.

Welche großen Resultate! würden aber die Oesterreicher hier auf ihrem linken Flügel erlangt haben, wenn man um 5 Uhr Morgens — als man den Anmarsch der Franzosen in vier, weit von einander getrennten Colonnen! auf vier verschiedenen Wegen! — erfuhr und denselben völlig übersehen konnte! sofort: nicht nur die Reserve-Cavallerie von Mensdorf und Zedtwitz (5,000 Mann), die Reserve-Artillerie von Volta, so wie die ganze Erste Armee, bestehend aus dem 3., 9. und 11. Corps (in Summa 74,000 Mann) zum 1sten Corps (19,000 Mann) eiligst herangezogen hätte, und mit dieser Masse von über 93,000 Mann!, in dem, für dieselben so günstigen, Terrain bei Medole über das 2. und resp. 4. Corps der Franzosen (in Summa 46,000 Mann)!

hergefallen wäre?*) — Es geschah dies leider aber nicht! vielmehr ging Clam-Gallas, anstatt durch die vorzuholende Reserve unterstützt zu werden, mit dem 1. Corps auf diese zurück!!! — sapienti sat! —

Da Mac Mahon nach 11 Uhr endlich die Nachricht von Niel erhielt: »daß derselbe mit dem 4. Corps von Medole auf Guidizzolo vorgehe,« — zu welchem Ende Niel die beiden Cavallerie-Divisionen jetzt wieder auf seinen linken Flügel an sich herangezogen hatte — so bereitete er sich gegen ½12 Uhr — als er die Garde-Cavallerie von Barcaccio her bereits anrücken sah — zum Angriff auf Cassiano vor.

---

3. Gegen den linken Flügel der Oesterreicher — (die I. Armee) — war das 4. französische Corps (Niel)

um 3 Uhr von Carpenedolo aufgebrochen, und war — auf eine einzige Straße beschränkt! — mit der Division Luzy an der Tête, welcher die Division Vinoy, dieser die Reserve-Artillerie und die Division du Failly folgten — über Feniletto auf Medole vorgegangen, während die Cavallerie-Divisionen Desvaux und Partounneaux über Castiglione, die Chaussee auf Guidizzolo eingeschlagen hatten.

---

*) Nach den bereits mehrfach erwähnten Mittheilungen der österreichischen militairischen Zeitschrift (I. Jahrg. 2. Heft 1860 pag. 184 u. f.) soll beim Beginn der Schlacht österreichischerseits sogar die Disposition gegeben worden sein(?):

»das Centrum (5., 1. und 2. Corps) solle die Stellungen bei Solferino und event. bei Cavriana behaupten, während der linke Flügel, die Erste Armee (3., 9. und 11. Corps und die Reserve-Cavallerie) zunächst auf der Straße von Guidizzolo »gegen die empfindlichste Stelle des Gegners« offensiv vordringen, unterdessen aber der rechte Flügel (das 8. Corps) die rechte Flanke decken und den Feind gegen den Garda-See drängen sollte!«

Ist diese sehr richtige Disposition wirklich gleich am Morgen, beim Beginn der Schlacht, gegeben worden (?), so kann man nur um so mehr bedauern, daß dieselbe nicht mit aller Energie durchgeführt wurde, da sie zum Siege führen mußte! —

Um 10 Uhr wußten die Generale jedoch noch nicht, »was sie zu thun hätten!«

Um 5 Uhr stieß Niel's Avant-Garde bei S. Vigilio auf die Oesterreichischen Vorposten des F.-M.-L. Zedtwitz, welcher mit 10 Compagnien und 6 Escadrons seiner Cavallerie-Division Medole besetzt, 14 Escadrons unter General Lauingen aber hinter dem Orte aufgestellt hatte.

Da Zedtwitz's Vorposten sich auf Medole zurückzogen, so wurde dieser Ort sofort von der Division Luzy, — nachdem dieselbe sich entwickelt hatte, — angegriffen, jedoch erst um 7 Uhr genommen, worauf die Oesterreicher sich zurückzogen.

F.-M.-L. Zedtwitz, der mit seinen 6 Escadrons jetzt zu seiner Cavallerie-Division, unter (einstweiligem) Befehl des General Lauingen stoßen wollte, fand dieselbe jedoch nicht mehr hinter Medole,? indem Lauingen schon längst! — gleich nachdem die ersten Flintenkugeln seine Escadrons erreicht hatten? mit der Cavallerie auf Goito abmarschirt war! Zedtwitz ritt daher, nachdem er Lauingen lange vergeblich gesucht hatte! demselben endlich persönlich (?) nach, holte ihn jedoch erst bei Goito!! ein, da Lauingen bis dahin! im Trabe, zurückgegangen war*)!! —

Welche bedeutenden Nachtheile für die Oesterreicher für diesen Tag aus dem Nichtvorhandensein der quäst. Cavallerie gerade auf ihrem linken Flügel! — wo das Terrain deren

---

*) Daß F.-M.-Lt. Zedtwitz persönlich! dem General Lauingen nachsetzte, war ein großer Fehler. Er that es jedoch, — wie man erzählt — weil er von Launingen überzeugt war, daß sein persönliches Einwirken nothwendig sein würde, um denselben wieder vorzubringen! Als Zedtwitz ihn endlich erreicht hatte, konnte die Cavallerie aber doch erst nach mehreren Stunden wieder vorgeführt werden, da Pferde und Leute seit 30 Stunden nichts genossen hatten!!! — weil am 23. und selbst in der Nacht zum 24. das Colonnen-Magazin, welches der Cavallerie folgen sollte, nicht angekommen, für die Leute aber auch am 24. Morgens in Grezzano noch kein Brod vorhanden war?! — Die Brigade mußte daher bei Goito erst ruhen und abfüttern und kam — nachdem F.-Z.-M. Wimpffen, auf Zedtwitz's Meldung, Letzteren um 3 Uhr befehlen ließ: »die Cavallerie sofort wieder vorzuführen!« — erst am Ende der Schlacht, gegen Abend, westlich Ceresara an.

Verwendung speciell begünstigte! — erwachsen mußten, wird aus dem Gange der Begebenheiten von selbst zu Tage treten!

Der erste Vortheil hiervon für die Franzosen war gleich der, daß, durch die Abwesenheit der Cavallerie, Niel ungehindert über die Ebene mit der Division Luzy und zwar mit 3 Bataillons auf der Straße von Ceresara, mit 7 Bataillons (Brigade Douay) auf Robecco vorgehen konnte, welches ebenso wie Baïte, Ca nova und Quagliara von Truppen des, mit dem Gros zwischen diesem Dorfe und der Straße von Guidizzolo nach Castiglione stehenden, 3. Oesterreichischen Corps, besetzt war, die auch sofort von Niels Geschützen (auf 3,000 Schritt!) heftig beschossen wurden.

Nach 9 Uhr etwa — zu der Zeit, als Mac Mahon nach der Einnahme von Ca Morino sein Corps entwickelte, — ließ Niel die Division Vinoy — welche um 8 Uhr Medole passirt hatte — als Echelon links von Luzy in die Linie rücken, wobei die Division — ihren linken Flügel refüsirend, — sich gegen das 2. Corps zurückbog, während zur Deckung dieses linken Flügels, links neben demselben, die Reserve-Artillerie mit 42 Geschützen!! auffuhr, hinter welcher die beiden Cavallerie-Divisionen aufmarschirten, die jedoch bald darauf — wie schon erwähnt — auf Mac Mahon's rechten Flügel entsendet wurden.

Durch das sehr wirksame Feuer dieser großen Batterie wurde sehr bald ein Angriff, welchen das 3. Oesterreichische Corps, von Quagliara her, gegen Vinoy's linken Flügel machte*), zurückgewiesen.

*) Nach den erwähnten Mittheilungen (der Oest. Mil. Zeitschrift) soll auf die um 1/4 10 Uhr (?) eingegangene Nachricht: »daß der Feind in bedeutender Stärke gegen Solferino anrücke« und als um 3/4 10 Uhr die Massen des Feindes (auf der Straße von Guidizzolo) sichtbar wurden, um 10 Uhr der Ersten Armee der erste Befehl zur Offensive gegeben, (?) diese aber durch den feindlichen Widerstand und die Besorgniß für die linke Flanke (!) aufgegeben worden sein!

Die Oesterreichische Artillerie hatte wenig Wirkung, da sie — anstatt in großen Batterien zusammengezogen zu werden — in zu geringer Anzahl und nur eparpillirt auftrat, während die Infanterie mit großer Zähigkeit sich meistentheils nur auf ein Feuer-Gefecht in der Stellung, sowie auf kleine partielle Offensivstöße beschränkte! — Während eine kräftige Offensive gegen den rechten Flügel der Division Luzy, welcher bei Robecco in der Luft stand*)! von größtem Erfolge und vom 9. Corps, — welches hinter dem Dorfe stand und das 11. Corps nahe hinter sich hatte, — sehr leicht auszuführen gewesen wäre, erfolgten hier nur sehr partielle Angriffe der Oesterreicher mit kleinen Abtheilungen, welche aber doch die Division Luzy sehr bedrängten und Niel's Lage um so bedenklicher machten, als Canrobert (3. Corps) an welchen Niel schon seit 7 Uhr Morgens! einen Adjutanten nach dem andern abgeschickt hatte, um 1/4 10 Uhr erst mit der Tête von 6 Bataillons (Brigade Janin) bei Medole anlangte, während der Rest des Corps noch in einer Colonne von 1½ Meile Ausdehnung! sich heranzog**).

Diese Besorgniß war jedoch wohl nicht gerechtfertigt, da zu jener Zeit Canrobert mit dem 3. Corps noch so weit vom Schlachtfelde entfernt war, daß eine kräftig durchgeführte Offensive bereits zur Entscheidung geführt haben konnte, ehe Canrobert heran zu kommen vermochte! — »Durch das Ausbleiben der Division Jellachich (von Mantua her) und durch das Verschwinden der Cavallerie unter General Lauingen soll die Offensive der Ersten Armee gelähmt und zum Stillstehen gebracht worden sein (?), was jedoch nicht gut möglich sein dürfte! —

*) Dem 4. Corps (Niel) von 25,000 Mann standen bei Robecco
das 3. Oesterreichische Corps mit 22,600 Mann
„ 9. „ „ „ 21,000 „
„ 11. „ „ „ 23,000 „
die Reserve-Cavallerie . . . . 2400 „
in Summa also an 70,000 Mann gegenüber, so daß Niel. — bei nur einiger Energie und Umsicht von Seiten der Gegner, — hätte erdrückt werden müssen!

**) Canrobert war um 2½ Uhr Morgens von Mezzane über die Chiese vorgegangen. Der Division Renault (an der Tête) folgten: die Division

Ungeachtet Niel's und Luzy's dringender Bitten begnügte sich Canrobert, welcher die vom Kaiser (aus Montechiaro um 6 Uhr schon!) abgeschickte Nachricht: »daß 25,000!! Oesterreicher von Mantua her im Anmarsch seien?« — jetzt eben erst erhalten hatte! — damit: den General Janin mit 6 Bataillons und 2 Geschützen, circa ¼ Meile von Medole, gegen Robecco zu, aufzustellen, worauf Niel jedoch sofort die Division Luzy um so mehr gegen Robecco hinzog, als die Oesterreicher jetzt unbegreiflicher Weise vom rechten Flügel Niel's abließen und neue Angriffe gegen dessen linken Flügel versuchten! — ? —

Mit großer Zähigkeit widerstand indessen Niel den Oesterreichern durch stete Gegen-Angriffe und hielt trotz seiner Minderzahl das Gefecht gegen den überlegenen Gegner doch bis gegen Mittag hin, ohne Terrain zu verlieren.

---

4. Auf dem linken Flügel der Alliirten

sollten die Piemontesen mit 4 Divisionen (40,000 Mann!) mit Tages-Anbruch von Lonato und Rivoltella gegen den

---

Trochu, die Reserve-Artillerie und die Division Bourbaki, Alles auf einer Straße marschirend! — Die Tête (Brigade Janin) erreichte von Bisano aus, erst um 7 Uhr Castel Goffredo! (¾ Meilen) und traf erst um ¼ 10 Uhr, mit dem Marschall Canrobert selbst, bei Medole (½ Meile von Castel Goffredo!) ein. Canrobert beschränkte sich auf die schwache Unterstützung Luzy's, weil er so eben in Medole erst die, vom Kaiser an ihn um 6 Uhr aus Montechiaro abgeschickte, Nachricht von dem Anmarsche der Oesterreicher aus Mantua, erhalten hatte. Da er hier aber gleichzeitig auch den, vom Kaiser um 9 Uhr! von Ca Morino an ihn abgesandten Befehl »schleunigst Niel zu unterstützen!« erhielt, so war sein Zaudern um so weniger zu rechtfertigen, als die Tête seines Corps bereits auf dem Schlachtfelde angelangt war und eine starke Cavallerie-Patrouille genügt hätte, um ihn nach zwei Stunden zu überzeugen, daß von Mantua her Nichts zu fürchten sei! was Canrobert übrigens von selbst, schon um 7 Uhr Morgens erfahren konnte, wenn er, wie es sich gehörte, vor dem Abmarsch von Mezzane ein Streif-Detachement nur von 1 Escadron, in der Richtung auf Asola und Mantua, 1—2 Meilen weit, in seiner rechten Flanke vorgeschickt hätte, mit dem Befehl: »von Viertel- zu Viertel-Stunde an ihn zu melden«! —

rechten Flügel der Oesterreicher — das 8. Corps unter Benedek (28,000 Mann) — vorgehen.

Anstatt aber geschlossen mit ihrer Uebermacht anzugreifen, rückten die drei Divisionen — Durando auf dem rechten Flügel, Cucchiari in der Mitte, Mollard auf dem linken Flügel, — die 4., Fanti, blieb bei Lonato in der Reserve stehen — um 5 Uhr Morgens von Lonato und Desenzano auf drei verschiedenen Straßen, — in weiten Abständen von einander entfernt, — gegen Pozzolengo und Peschiera vor, um den Feind erst zu recognosciren!? — Die Divisionen, — die zu diesem Zwecke viel zu stark! zum wirksamen Gefecht aber viel zu schwach! waren, — rückten jedoch nicht zugleich aus und blieben auch in sich nicht beisammen, sondern wurden überall nur brigadenweise vorgeschoben und so an den Feind gebracht.

Um ½8 Uhr stieß die Grenadier-Brigade der Division Durando bei Madonna della Scoperta auf den linken Flügel des 8. und den rechten Flügel des 5. Oesterreichischen Corps. Das Gefecht engagirte sich sofort — um so mehr, als der Kaiser Napoleon der Piemontesischen Armee wiederholentlich den Befehl schickte: »sich an das 1. Corps (Baraguay d'Hilliers) heranzuziehen!«

Als Durando jedoch um 9 Uhr erst! diesen Befehl erhielt, ließ er seine zweite Brigade (Savoien) erst aus dem Lager von Lonata heranholen; als er für seine Person aber um 10 Uhr bei der 1. Brigade eintraf, wurde diese bereits von einer Stellung zur andern zurückgedrängt und konnte von der — erst um 12 Uhr! anlangenden — 2. Brigade nur noch aufgenommen werden, um mit dieser zusammen auf Castel Venzago zurückzugehen, indem die Oesterreicher möglichst nachdrängten, gegen Mittag jedoch nachließen und das Gefecht nur noch schwach unterhielten.

Auf gleiche Weise wurde eine Brigade der Division Cucchiari, welche bei Ponticelli auf Benedek's Vorposten gestoßen und vereinzelt zum Gefecht gekommen war, auf Succole zurückgeworfen.

Benedek, der von Hause aus stets offensiv! verfuhr, hatte den dritten Theil seines Corps der Division Durando nachgeschickt, während er selbst mit dem Rest sich auf den Höhen von S. Doncino und S. Martino festgesetzt hatte*).

Hier wurde er um 9 Uhr von einer Brigade (Cuneo) der Division Mollard angegriffen, die ebenfalls abgewiesen wurde, als nach 11 Uhr Cucchiari mit seinem Gros — 15½ Bataillons und 20 Geschützen — zur Unterstützung Mollards gegen S. Martino anrückte.

Der Kampf entbrannte jetzt hier ziemlich heftig, und obgleich die Piemontesen durch die Oesterreichische Artillerie bedeutende Verluste erlitten, so erlangten sie doch gegen Mittag einige Vortheile, zu deren Festhalten es ihnen aber an Unterstützung fehlte, da die Reserve-Division (Fanti) erst um 11 Uhr! den Befehl erhalten hatte: »aus dem Lager bei Lonato (über 1½ Meile von S. Martino) aufzubrechen«! so daß schon, — bevor die Brigade Aosta (der Division Fanti) auf dem Kampfplatz erscheinen konnte — Benedek bereits den linken Flügel der Piemontesen zurückgeworfen hatte**).

So hatten denn die schlechten Dispositionen Victor Emanuel's und seines Chefs des Stabes de la Marmora — die als Marsch-Dispositionen sogar! der Kritik nicht Stich halten dürften! — auf allen Punkten nur zum Unheil der

---

*) Nicht zu verwechseln mit S. Martino, welches nahe bei Solferino liegt.

**) General Fanti selbst war mit der andern Brigade zur Unterstützung Durando's auf Castel Venzago marschirt.

Piemontesen geführt und dieselben im völligen Durcheinander zum Rückzug genöthigt.

Gegen Mittag, als der Kaiser Napoleon selbst die Leitung der Schlacht übernahm, stand dieselbe so, daß

ad 1) das 1. französische Corps mit großer Anstrengung bereits $3^1/_2$ Stunde gegen Solferino vergeblich vorzubringen suchte,

ad 2) hatte Mac Mahon Ca Morino genommen und ging — auf des Kaisers Befehl: »sich links an das 1. Corps heranzuziehen!« — gegen Cassiano vor,

ad 3) kämpfte Niel mit großer Anstrengung gegen die, fast um das Dreifache!! ihm überlegenen Streitkräfte des linken Flügels der Oesterreicher, während Canrobert mit dem 3. Corps, zwischen Medole und Aqua Fredda, unthätig stehen blieb, weil er angeblich erst Nachrichten über die Diversion von Mantua her erwartete*)?

ad 4) hatte Benedek die Piemontesen auf allen Punkten eine halbe Meile weit zurückgeworfen.

Der Kaiser Napoleon, welcher die Entscheidung bei Solferino suchte und dieselbe daher mit Entschiedenheit und Zä-

---

*) Von Mantua war am 24. Morgens die Division Jellachich (vom 2. Corps) p. p. 10,000 Mann, gegen Assola an der Chiese vorgeschickt worden. Auf die Nachricht: »daß feindliche Streitkräfte vom untern Oglio gegen Mantua anrückten! — (die Division Autemarre des 5. Corps Prinz Napoleon), welche bei Piubena stand! — war Jellachich dieser entgegen gegangen! — Bei Marcaria am Oglio ($2^1/_2$ Meile südlich Castel Goffredo) blieb er jedoch bis gegen Abend stehen und ging dann nach Mantua zurück. Jellachich nahm auf diese Weise an der Schlacht bei Solferino direct keinen Theil, hat aber doch jedenfalls mittelbar vortheilhaft für die Oesterreichische Armee eingewirkt, indem Canrobert sich durch sein Erscheinen bei Marcaria nur zu lange festhalten ließ! und hat Jellachich dadurch mehr bewirkt, als wenn er auf dem Schlachtfelde selbst eingetroffen und thätig in die Schlacht eingegriffen hätte. Der Vorwand: »daß durch sein Ausbleiben die Offensive der Ersten Armee gelähmt worden sei!« ? ist durchaus nicht stichhaltig.

higkeit hier zu erreichen bemüht war, hatte, wie schon erwähnt, bereits um 6½ Morgens den Garden Befehl zum eiligen Vorrücken zugeschickt. Diesem Befehl zufolge trafen die Garde-Infanterie und Artillerie um 9 Uhr bereits in Castiglione ein, rückten von da, über le Grole, auf Solferino und stellten sich etwas nach 11 Uhr als Reserve hinter das 1. Corps auf*).

Da auch das 2. Corps, auf des Kaisers Befehl, sich links, und die Piemontesen rechts an das 1. Corps heranziehen sollten, so sprach dadurch der Kaiser sehr klar die Absicht aus: »seine Kräfte gegen das Centrum zu concentriren, um hier, — nach des Onkels Weise! — durchzubrechen und dadurch die Schlacht zu entscheiden!« —

Mit großer Energie setzte er es auch durch! und kann man seine Ausdauer hierbei nur loben!

Bei etwas besserer Vertheilung und gehöriger Benutzung der Kräfte, bei etwas mehr umsichtiger und energischer Ober-Leitung auf Seiten der Oesterreicher — welche Letztere man leider! am 24. Juni ebenso, wie am 4. bei Magenta durchaus vermißte! — hätte aber — wie ebenfalls schon erwähnt, — dieses wohl nicht ganz richtig angelegte Kraftstück! den Kaiser gar leicht in eine üble Lage bringen können, wenn die Oesterreicher, anstatt mit achtungswerther Bravour und Hingebung nur stehenden Fußes! ihre Stellungen zu behaupten, mehr dem Princip der Offensive!! gehuldigt und um 11 Uhr — selbst um Mittag noch! — mit dem 7., 3., 9. und 11. Corps und der Reserve-Cavallerie von Mensdorf (in

---

*) Die Garde-Voltigeur-Division deployirte hier in Linie; 600 Schritt hinter derselben stellte sich die Garde-Grenadier-Division — mit Bataillons in Colonnen nach der Mitte — auf, und bildete das Garde-Corps auf diese Weise die erste Reserve, welche — mit Ausnahme des 1. Corps — bis dahin bei keinem der fechtenden Corps formirt worden war, indem überall die Truppen wohl in zwei Treffen, aber ohne Reserve gefochten hatten! —

Summa über 86,000 Mann!) auf dem freien Terrain zwischen Guidizzolo und Medole über das 4. Corps (Niel) hergefallen wären und dieses, so wie das, noch im Marsch jenseits Medole befindliche, 3. Corps aufgerollt hätten;! während das 5. und 1. Corps den Hauptstoß des Kaisers aufhielten, der — nach Benedek's erster Abfertigung der Piemontesen nach 1 Uhr — durch einen Angriff mit dem größten Theil des 8. Corps gegen des Kaisers linke Flanke nicht nur aufgehalten, sondern wahrscheinlich mit schlechtem Erfolge geendet haben würde, wenn die 1. Armee — nach Abfertigung des französischen rechten Flügels — sich auf die rechte, Benedek aber auf die linke Flanke des Kaisers geworfen hätten!

Von Alle dem geschah aber leider Nichts! so daß der Entschluß des Kaisers, welcher die weite Ausdehnung der Aufstellung seines Gegners und dessen Unthätigkeit wohl erkannte, durch Letzteren selbst gerechtfertigt wurde! —

Gegen Mittag, wo nach des Kaisers Befehle — welche jedoch von Victor Emanuel ebenso wie von Canrobert nur sehr mangelhaft ausgeführt wurden! — das 1. 2. und Garde-Corps der französischen Armee (p. p. über 60,000 Mann) in dem Hügellande zwischen Cassiano und Solferino (auf eine Ausdehnung von p. p. 4000 Schritt) concentrirt, dem ziemlich getrennt fechtenden 5. 1. u. 7. Oesterreichischen Corps (56,000 Mann) — gegenüberstanden, die Einzeln-Gefechte im Centrum also zusammenfielen, begann erst

B. Die eigentliche Schlacht.

Nach 12 Uhr befahl der Kaiser, vom Monte Fenile aus, dem 1. Corps: »mit der Division Forey gegen die Rocca von Solferino — mit der Division Ladmirault gegen San Martino kräftig vorzugehen!« — Die Division Bazaine blieb in der Reserve.

Forey's Angriff prallte jedoch ab, und auch Ladmirault mußte, nachdem er S. Martino genommen, durch das Heranrücken der Oesterreichischen Division Sternberg — 10,000 Mann — gedrängt, sich wieder zurückziehen. Die Angriffe wurden partiell wiederholt, drangen jedoch nicht durch, so daß das Gefecht eine Zeit lang zum Stehen kam.

Obgleich die Angriffe der Franzosen mißglückten, so zog sich doch nach einiger Zeit das 5. Oesterreichische Corps, — indem es mit 5 Bataillons nur noch die Rocca, den Kirchhof und das Castell von Solferino besetzt behielt, — um 1 Uhr in eine sogenannte »Aufnahmestellung«!! auf die Höhen nördlich von Solferino zurück, während das 7. Corps noch immer in der Aufnahmestellung! bei Cavriana stand und nach und nach nur einzelne Abtheilungen zur Verstärkung des 5. Corps vorschickte. Auch das 1. Oesterreichische Corps, dessen Reserve jetzt erst von Cavriana herankam! zog sich, auf Mac Mahon's erneuerten Angriff, fechtend auf letzteren Ort zurück, und zwar in einem ziemlichen Durcheinander sämmtlicher Truppenmassen der Corps, Divisionen, Brigaden, Regimenter und Bataillons! wie dies auch beim 5. und 7. Corps der Fall gewesen sein soll! —

Der Kaiser Napoleon ließ hierauf den Angriff auf Solferino wiederholen, indem er jetzt die Reserve des 1. Corps (Division Bazaine), auf den linken Flügel der Division Ladmirault, die Garde-Voltigeur-Brigade Manèque auf den rechten Flügel der weichenden Division Forey heranzog. Alle Anstrengungen jedoch scheiterten an der heldenmüthigen Vertheidigung der obengenannten Punkte, welche durch Offensiv-Stöße einzelner Abtheilungen des 5. und 7. Corps unterstützt wurde, bis endlich alle zur Hand befindlichen französischen Geschütze gegen dieselben zusammengezogen wurden und eine Batterie, bis auf 200 Schritt an den Kirchhof herangehend, in dessen Mauer Bresche legte, so daß endlich, nach 2 Uhr, Solferino mit großen Verlusten der Franzosen von allen Seiten erstürmt wurde, die heldenmüthige Besatzung des Kirchhofes aber sich ehrenvoll durchschlug.

Nach ½3 Uhr zog sich hierauf das 5. Corps auf Contrada Mescolaro und auf Pozzolengo — also in excentrischer Richtung! — zurück, seinen Rückzug zeitweise durch offensive Rückschläge deckend.

Nach der Einnahme von Solferino ließ der Kaiser Napoleon die Garde-Voltigeur-Brigade Manèque und später auch noch die 1. Grenadier-Brigade, zur Unterstützung Mac Mahon's, über den Monte Sacco gegen Cavriana vorrücken und begab sich für seine Person zum 2. Corps, welches — gleichzeitig mit dem Angriff auf Solferino — seiner Seits gegen ½1 Uhr auf Cassiano vorgegangen war, nachdem die Garde-Cavallerie — mit ihren drei Brigaden in drei échelons vom linken Flügel vorgehend, — in der Ebene von Medole sich an den rechten Flügel des 2. Corps so angeschlossen hatte, daß sie die Lücke bis zu der, auf Niel's linken Flügel befindlichen, Cavallerie füllte. Mit einer Links-Schwenkung ging die Division Lamotterouge des 2. Corps, in zwei Treffen, — welcher als échelon die Division Decaen folgte — auf Cassiano los — wiederum die Turco's (3 Bataillons) voran!; welche unterstützt von 3 Bataillons (45. Regiments), das Dorf ohne große Anstrengung nahmen und hierauf den von Solferino gegen Cavriana streichenden, Höhenzug — Monte Fontana*) — zu ersteigen versuchten. Da die Oesterreicher mit Theilen des 1. und 7. Corps diese Höhen aber noch stark besetzt hatten, so wurden letztere erst nach hartem Kampfe, und zwar erst gegen ½3 Uhr — ziemlich gleichzeitig mit der Einnahme von Solferino — genommen.

---

*) Auf dem Roccolo, einer Bergspitze der Monte Fontana, östlich bei Cavriana, befand sich der Kaiser Franz Joseph während der Schlacht.

Der Kaiser befahl jetzt, nachdem das Oesterreichische Centrum schon ziemlich desorganisirt war, die Verfolgung, indem er die Division Ladmirault mit der 2. Garde-Voltigeur-Brigade zur Besetzung von Solferino sowie gleichzeitig als Reserve zurückließ und das Garde-, 1. und 2. Armee-Corps zusammen in der Richtung auf Cavriana vorgehen ließ.

In erster Linie des 2. Corps ging die Division Lamotterouge — in zwei Treffen — auf den Höhen der Monte Fontana, rechts derselben als échelon die Division Decaen, in der Ebene und auf derem rechten Flügel eine Brigade der Garde-Cavallerie, deren beide andere Brigaden — der ersten in échelons vom linken Flügel folgend — sich an die Cavallerie-Divisionen von Niel lehnten. Hinter dem 2. Corps folgten die beiden Divisionen des 1. Corps — Forey hinter Lamotterouge, Bazaine hinter Decaen, beide rechts überflügelnd.

Links rückwärts des linken Flügels der Division Lamotterouge folgte die Garde-Voltigeur-Brigade Manèque, welcher die Garde-Grenadier-Division als Reserve folgte.

Auf den Monte Fontana concentrirten sich jetzt die, von Solferino zurückgehenden, Truppen des 7. Corps mit Theilen des 1. und leisteten hier hartnäckigen Widerstand, während in der Ebene von Theilen des 1. Corps und der Cavallerie sogar noch einzelne, jedoch nur schwache, Offensiv-Bewegungen gegen Mac Mahons rechten Flügel versucht wurden, die aber nicht reüssirten. Die Division Lamotterouge, unterstützt durch die Voltigeure, Grenadiere und Zuaven der Garde, sowie durch mehrere Geschütze der Garde-Artillerie, — welche die Grenadiere mit den Händen mühsam die steilen Abhänge des Monte Fontana hinaufgeschafft hatten! — drang ungeachtet der häufigen, leider nur partiellen offensiven Rückschläge der Oesterreicher, die jedoch nur schwach waren, auf dem Kamm des Höhenzuges vor, wobei abermals die Turco's — diese enfants perdus und terribles!? — nicht selten von einer Höhe zur andern trabend! — stets in erster Linie fochten*).

In der Ebene bei Malpetti suchte die Brigade Brunner vom 1. Oesterreichischen Corps, die Division Decaen aufzuhalten, wurde aber auf Cavriana zurückgedrängt, während die Cavallerie von Mensdorf vor der überlegenen Garde-Cavallerie zurückgehen mußte. Selbst 6 Oesterreichische Batterien, welche bis dahin noch unthätig bei Volta gestanden hatten, jetzt aber endlich zur Ablösung der ganz erschöpften Artillerie herangezogen wurden, sahen in Kurzem sich genöthigt, wieder abzufahren.

Die Division des Prinzen Alexander von Hessen (10 Bataillons) des 7. Corps, welche in der sogenannten Aufnahmestellung!! bei Cavriana noch bis ½4 Uhr ganz unthätig gestanden hatte! — während früher! ein rechtzeitiges Heranziehen derselben von großer Wirkung hätte sein können!! — würde durch eine kräftige Offensive gegen die, im Siegesrausch oft unbesonnen vortaumelnden, Gegner auch jetzt sicherlich noch einen guten Erfolg gehabt haben! Der Prinz, der auch wirklich die Absicht offensiv vorzugehen gehabt haben soll! wurde jedoch an deren Ausführung durch die vorerwähnten Ereignisse auf den Monte Fontana sowohl, als in der Ebene, verhindert, um so mehr, als gegen 4 Uhr vom Kaiser Franz Joseph der Befehl: »zum allgemeinen Rückzuge!« erfolgte, in Folge dessen Cavriana geräumt

---

*) S. Bazancourt (C. d.'I. II. pag 213, 214) erzählt bei dieser Gelegenheit, als der Oberst Laure und sein Oberst-Lieutenant (vom Regiment der tirailleurs algériens (Turco's)) fielen:

»En les voyant tomber devant eux, pour ne plus se relever, »les turcos, ces noirs fils de l'Afrique, ont poussé, comme feraient »des bêtes fauves, des rugissements; trempant leurs mains dans le »sang des chefs, qui tant de fois les avaient ménés aux combats, »ils ont juré de venger leur mort et se sont élancés sur l'ennemi »en bonds furieux.« —

und bald nach 4 Uhr von den Turcos und Garde-Voltigeurs ohne große Anstrengung besetzt wurde. —

Während dieser Vorgänge im Centrum hatte General Niel mit dem 4. Corps (25,000 Mann) dem überlegenen Gegner (70,000 Mann) gegenüber, durch energische, unaufhörlich wiederholte Angriffe, so wie durch das Erscheinen seiner Cavallerie in der Ebene von Medole, — welche den Oesterreichern um so mehr imponirte, als sie, seit Lauingens Verschwinden, derselben keine Cavallerie entgegen zu stellen hatten, — sich nicht nur gehalten, sondern — unter dem Schutze einer großen Batterie von 28 Geschützen — sogar Vortheile erkämpft und nach 12 Uhr die Meierei Ca nova genommen.

Die Oesterreicher dagegen hatten — anstatt einen energischen Gebrauch von ihrer bedeutenden Ueberlegenheit an Truppen zu machen — durch Niel's fortwährende Offensive gleichsam noch mehr als sonst! an eine passive Defensive gebannt — ohne allgemeine Offensive, fast nur stehenden Fußes gefochten*) und ihre Truppen — dieselben nur regimenter- oder brigadeweise heranführend — vereinzelt so verschwendet und geopfert, daß, nachdem bereits alle Truppen der drei verschiedenen, hier fechtenden Corps ziemlich durcheinander gerathen waren! nur noch eine Reserve von 4 Bataillons (Brigade Sebottendorf vom 11. Corps) bei Castel Grimaldo — (3/4 Meilen süd-östlich Robecco) — intact war! —

Bald nach der Einnahme von Ca nova, gegen 1 Uhr, hatte die Division Luzy auch Robecco genommen und die

*) Auf den meisten Punkten, namentlich aber in der Ebene von Medole beschränkte sich das Gefechtsfeld der österreichischen Truppen größtentheils nur auf einen Raum von pp. 1000 Schritt Tiefe, in welchem der Kampf durch partielle Offensiven einzelner Bataillons, Regimenter, höchstens Brigaden hin und her wogte. Nirgends fanden hier Angriffe mit vereinten Divisionen statt, und fehlte daher überall den, momentan durch die Tapferkeit der Truppen erreichten, Erfolgen der kräftige Nachdruck, der allein zu siegreicher Entscheidung führen konnte.

Division du Failly Balte angegriffen, während die Division Vinoy, — unter dem Schutz der Cavallerie-Divisionen und der großen Batterie, welche jetzt 42 Geschützel zählte — mit einer Rechtsschwenkung über Ca nova vorgegangen, durch eine — jedoch nicht nachhaltige — Offensive das 3. österreichische Corps zurückgeworfen worden war*).

Der Kampf wogte jetzt mit großer Erbitterung besonders um Ca nova — welches die Franzosen indessen besetzt behielten — sowie um Robecco und Balte, welche Orte von beiden Seiten mehreremal genommen und verloren wurden, bis die Division Luzy das Dorf mit Hülfe der Division Renault (vom 3. Corps), welche um 3 Uhr endlich zu Luzy gestoßen war, behauptete.

Niel war sogar mit seiner letzten Reserve von 6 Bataillons! über Ca nova und Balte bis gegen Guidizzolo vorgedrungen, hier jedoch zurückgewiesen worden, da um 3 Uhr endlich der Kaiser Franz Joseph — dessen Anwesenheit in der Schlacht jetzt zum erstenmale sich fühlbar machte!**) — der

---

*) Nach den quäst. Mittheilungen der öster. Milit. Zeitschrift soll (?) um ½1 Uhr der ersten Armee der zweite Befehl zugeschickt worden sein: »Mit allen Kräften einen Offensiv-Stoß in der Richtung auf Castiglione auszuführen, um die Truppen bei Solferino durch einen Gegen-Angriff in der Ebene zu degagiren.« Der Versuch hierzu scheint jedoch nicht kräftig genug gemacht worden zu sein.

**) Der General Vetter, Kommandant des Kaiserlichen Hauptquartiers, war mit dem Stabe des Kaisers um 6 Uhr Morgens aus Valeggio nach Cavriana geritten, wo derselbe um 7 Uhr eintraf und um ½9 Uhr den Befehl erhielt: »zum Kaiser nach Volta zu kommen.« Um 8 Uhr hatte sich der Kaiser mit F.-Z.-M. Heß von Valeggio nach Volta begeben und war von da, nach 9 Uhr, da sein Stab noch nicht angelangt war, allein mit Heß und einem kleinen Gefolge nach dem Roccolo, einem Berge bei Cavriana, geritten, wo der Stab, der ihn nicht mehr in Volta traf, um 10 Uhr erst bei ihm anlangte.

Der Kaiser war also zur rechten Zeit auf dem rechten Fleck, wo für ihn die Entscheidung lag. Doch ist bis jetzt nirgends eine Einwirkung seiner Seits dargethan: »bis 3 Uhr Nachmittags, wo er die Offensive der ersten Armee befahl,« die, um 11 Uhr befohlen! bei der Tüchtigkeit der Truppen und deren Ueberlegenheit an Zahl der Combattanten, unfehlbar den Sieg verschafft haben würde! —

ersten Armee den Befehl ertheilt hatte: »die Offensive kräftig zu ergreifen!« *) — Leider kam dieser Befehl, welcher um Mittag oder früher noch sicher! aber auch um 1 Uhr doch noch, den Oesterreichern den Sieg verschafft haben würde! — jetzt, wo das österreichische Centrum bereits gesprengt war, Niel aber sich in Ca nova und Robecco festgesetzt und von Canrobert endlich! einige Verstärkungen erhalten hatte, hauptsächlich aber die Truppen des österreichischen linken Flügels schon sehr durcheinander gewürfelt waren — viel zu **spät!!** —

Demungeachtet gingen die Truppen der ersten Armee sofort zur Offensive über, indem sie in großen Colonnen — das 3. Corps gegen Ca nova, das 9. gegen Robecco, das 11. getheilt, beiden ersteren folgend — muthig vordrangen und Niel von Guidizzolo bis auf Ca nova, Baite und Robecco zurückwarfen.

Hier wandte sich jedoch das Gefecht zum Nachtheil der Oesterreicher, indem Niel's Divisionen — obgleich dieselben bereits seit 7 Stunden! im heftigen Gefecht standen — von den Cavallerie-Divisionen und einer Brigade von 10 Bataillons des 3. französischen Corps**), — welche gegen 4 Uhr von Robecco auf Guidizzolo anrückten, — verstärkt, auf's Neue zum kräftigen Angriff übergingen, bei welchem die Cavallerie-Division Desvaux mit einzelnen Regimentern — nur einmal mit einer Brigade — Attacken machte***). Bald darauf,

---

*) Dies scheint der Befehl zu sein, welcher — nach der Oesterreich. Milit. Zeitschrift — bereits um ½1 Uhr der ersten Armee gegeben worden sein soll. (?)

**) Marschall Canrobert hatte um 8 Uhr die Division Bourbaki und die 2. Brigade der Division Trochu zwischen Medole und Castel Goffredo stehen lassen und den General Trochu mit seiner 1. Brigade über Medole zu Niel geschickt. Um ½5 Uhr — nach dem Gewitter — ließ er auch Bourbaki heranholen, der jedoch erst um 7 Uhr bei Robecco eintraf, als bereits die Schlacht beendigt war.

***) Die Attacken der Cavallerie-Division Desvaux sind die einzigen in der

um ½5 Uhr, erhob sich ein furchtbarer, orkanartiger Gewittersturm, welcher auf allen Theilen des Schlachtfeldes dem Gefecht Stillstand gebot, und als derselbe — nach etwa einer halben Stunde — vorüber war, hatte die erste Armee bereits den Kampfplatz verlassen, da auch sie kurz vor dem Gewitter den Befehl zum allgemeinen Rückzug der Armee erhalten hatte.

Auf dem rechten Flügel der Oesterreicher hatte Benedek um Mittag bereits den Angriff der piemontesischen Division Cucchiari auf deren linkem Flügel zurückgeworfen. Aber auch der rechte Flügel derselben — unterstützt von der, eben auf dem Kampfplatz ankommenden, Brigade Pinerolo (der Division Mollard) prallte an einer großen Batterie von 30 Geschützen! gänzlich ab, welche Benedek auf den Höhen bei Corbu inferiore etablirt hatte*).

Bald nach 1 Uhr verließ daher die völlig zerrüttete Division Cucchiari das Schlachtfeld und ging auch gleich bis Rivoltella! (1¼ Meile) zurück. Ihr folgte bald auch die Division Mollard, welche bis Casa vecchia — da, wo die Eisenbahn die Strada Lugana schneidet — zurückging, wo um 4 Uhr erst! die Brigade Aosta (der Division Fanti) zu ihr stieß.

Benedek, der nun keinen Feind mehr vor sich sah, gönnte seinen ermüdeten Truppen einige Ruhe, demzufolge hier bei S. Martino für längere Zeit völlige Stille eintrat.

Um 3 Uhr hatte der König Victor Emanuel den Generalen Cucchiari und Mollard, die durch eine Brigade der Division Fanti verstärkt worden waren, den Befehl er-

---

ganzen Campagne, welche etwas näher beschrieben werden. (Siehe Bazancourt C. d.'I. II. pag. 259—267.)

*) In dem ganzen Feldzuge ist Oesterreichischer Seits nur von Benedek eine derartige große Batterie etablirt worden, während die Franzosen bei Magenta und Solferino deren stets mehrere hatten.

theilt: »den Angriff wieder aufzunehmen!« was denn auch gegen 4 Uhr, jedoch mit nur sehr geringem Erfolge, geschah.

Während der Zeit hatte Durando das Gefecht zwischen S. Carlo vecchio und Madonna della Scoperta fortgeführt, letzteren Ort jedoch erst besetzt, nachdem ihn die, denselben besetzt haltenden, Abtheilungen des 8. Corps – nach dem Rückzuge des 5. Corps von Solferino — geräumt hatten. Als um 4 Uhr General Fanti mit einer Brigade bei der Division Durando eintraf, nahm auch diese den Angriff etwas kräftiger auf, doch trennte auch hier, um ½5 Uhr, der Gewittersturm die Kämpfenden auf beiden Seiten längs der ganzen Linie der Piemontesen.

Obgleich Benedek während des Sturmes ebenfalls den Befehl zum Rückzug erhalten hatte, so schlug er doch, nach dem Gewitter, noch den Angriff Mollard's zurück und hielt auch den Angriff Cucchiari's bis 8 Uhr Abends auf, indem er von 7 Uhr an — wenn auch mit Widerstreben und mit schwerem Herzen! — seine Truppen doch allmählig aus ihren Stellungen zurückzog und um 8 Uhr endlich auch die Höhen von S. Martino räumte, indem hier die österreichische Brigade Waterfliet der Division Durando (unter der Leitung La Marmora's) — bei welcher Victor Emanuel in Person sich befand — nur langsam vorzurücken gestattete.

Bei Pozzolengo blieb Benedek aber noch bis 10 Uhr Abends stehen, ohne vom Feinde belästigt zu werden, indem die Piemontesischen Divisionen sich in ihre Bivouacs bei Rondotto, S. Martino und Ortaglia etablirten und sich daselbst ganz ruhig verhielten.

Da der Rückzug der Oesterreichischen Armee über den Mincio befohlen war, so wurde derselbe auch, nach dem Gewittersturm, auf allen Punkten ausgeführt, indem sämmtliche Truppen bis zu diesem Flusse zurückgingen.

Im Centrum hörte das Gefecht, welches nach dem Gewitter nur sehr schwach wieder aufgenommen worden war, um $1/2$7 Uhr bei Corte ($1/4$ Meile östlich Cavriana) gänzlich auf; doch behielten 3 Bataillons der Brigade Gablenz (vom 7. Corps) Corte bis 10 Uhr Abends besetzt und zogen dann erst über Volta, dem Corps bis zum Mincio nach, auf dessen rechtem Ufer die zweite Armee — mit dem Hauptquartier in Valeggio — die Nacht über verblieb.

Die Franzosen bezogen jedoch erst um 9 Uhr ihre Bivouacs, und zwar das 2. Corps bei Cavriana, mit der 1. Division auf den Höhen, mit der 2. in der Ebene, hinter dieser westlich die Garde-Cavallerie. Nördlich und westlich vom 2. Corps bivouakirte das 1. und hinter demselben westlich die Garde-Infanterie.

Auf dem linken Flügel der Oesterreicher hatte der Kampf schon mit dem Gewittersturm völlig aufgehört, und ging die erste Armee auf Goito zurück, gedeckt durch den kommandirenden General des 11. Corps F.-M.-Lt. Weigl, der, in Person, mit 3 Bataillons bis gegen 10 Uhr Abends Guidizzolo besetzt behielt und dann erst der Armee folgte, welche zum Theil auf dem rechten Ufer des Mincio — das Hauptquartier in Goito — die Nacht über verblieb.

Niel und Canrobert bivouakirten mit ihren Corps auf dem Schlachtfelde, da, wo sie beim Ende des Kampfes standen. Der Kaiser Napoleon blieb die Nacht in Cavriana.

Am 25. Morgens, nachdem die letzten Truppen der ersten Armee das rechte Ufer des Mincio verlassen hatten, wurde die Brücke bei Goito gesprengt. Die Franzosen besetzten Goito jedoch erst am 25. Nachmittags.

Am 25. und 26. blieb von der zweiten Armee das 1. Corps noch zwischen Valeggio und Volta stehen, — welches die Franzosen aber erst am 27. besetzten, — und wurden die letzten Truppen der zweiten Armee erst am 27. hinter den Mincio zurückgezogen. Das Hauptquartier der zweiten Armee war am 25. in Villafranca, am 27. in Verona.

Während 10 bis resp. 12 Stunden war ununterbrochen auf beiden Seiten mit bewunderungswürdiger Tapferkeit und Hingebung, mit Zähigkeit und Erbitterung gekämpft worden, so daß die Opfer auf beiden Seiten an Todten und Verwundeten sehr bedeutend, verhältnißmäßig aber die Verluste — an Offizieren namentlich — bei den Alliirten weit größer waren, als bei den Oesterreichern.

An dem Gefecht hatten effectiv Theil genommen:

Auf dem rechten Flügel der Oesterreicher:	28,000 Mann	gegen	40,000 Piemontesen,
im Centrum:	56,000 "	"	62,000 Franzosen,
auf dem linken Flügel der Oesterreicher:	70,000 "	"	41,000 Franzosen,
in Summa	154,000 M.*)	gegen	143,000 Alliirte,
und rechnet man hierzu noch die Division des Prinzen v. Hessen (7. C.) am Ende der Schlacht mit	11,000 Mann,		
in Summa	165,000 Oest.	gegen	143,000 Alliirte,

so daß nur noch vom 3. französischen Corps 15,000 Mann, — von der österreichischen Armee nur die Cavallerie des General Lauingen, circa 1,500 Mann, intact blieben.

*) Wenn die quäst. Mittheilungen der Oesterreich. Milit. Zeitschrift die Stärke der Oesterreicher bei Solferino nur mit 145,000 Mann, anstatt 154,000 Mann, angeben, so dürfte dies vielleicht nur auf einen Druckfehler beruhen.

Die Verluste betrugen:

1. österreichischer Seits:

an Todten	91 Offiziere,	2,260 Mann,
an Verwundeten (excl. 5 Generale)	485 „	10,164 „
an Vermißten	— „	9,200 „
in Summa	576 Offiziere,	21,624 Mann,

also nahe an 22,000 Mann;

2. auf Seite der Alliirten:

an Todten (excl. 1 General)	285 Offiziere,	2,963 Mann,
an Verwundeten (excl. 6 Generale)	870 „	16,245 „
an Vermißten	— „	1,258 „
in Summa	1,155 Offiziere,	20,466 Mann*),

also nahe an 22,000 Mann.

Mit der Schlacht bei Solferino, welcher am 12. Juli schon der Präliminar-Frieden von Villafranca folgte, war der Krieg beendet! —

Aus der vorstehenden, möglichst gedrängten Darstellung der Schlacht dürfte aber wohl zur Genüge hervorgehen: daß hier, wie bei Magenta, die Franzosen nicht „der tactischen Ueberlegenheit ihrer Kampfweise allein,“ noch der Ueberlegenheit ihrer Feuer-Waffen, auch nicht der genialen oberen Leitung der Schlacht, noch dem überlegenen Muthe oder der größeren Tapferkeit und Ausdauer der Truppen, sondern abermals vor Allem den Fehlern und Unterlassungs-

*) Die Angaben der Franzosen sind nur sehr summarisch, so daß man wohl annehmen möchte, daß ihre Verluste noch bedeutender gewesen sein dürften, als sie dieselben angeben.

Sünden ihres Gegners! den großen Sieg verdankten, welcher bei Solferino allerdings noch bedeutender und einflußreicher war, als der bei Magenta! —.

Die Fehler, welche in der Schlacht bei Solferino auf beiden Seiten zu Tage traten, sind bereits in der vorstehenden kurzen Relation derselben näher bezeichnet worden, und darf daher hier nur noch im Allgemeinen, summarisch dasjenige erwähnt werden, was als charakteristisch und besonders einflußreich auf die Entscheidung eingewirkt hat.

Beide Theile suchten die Schlacht, gingen daher Beide, in offensiver Absicht, einander entgegen, und doch versäumten Beide! die allergewöhnlichsten Vorsichtsmaßregeln: »um das vorliegende Terrain gründlich aufzuklären und sich die nothwendige Gewißheit über die Verhältnisse des Gegners zu verschaffen!« —

Unverantwortlich fahrlässig wurde bei Beiden! der Vorposten-Dienst betrieben! —

Beide Armeen wußten sich einander nahe, und Beide trafen dennoch für den 24. nur die Dispositionen zu einem gewöhnlichen Reise-Marsch, zu welchem überdies noch die Oesterreicher so spät ausrücken sollten, daß die Truppen noch nicht einmal abgekocht hatten, als sie am 24. Morgens — durch Zufall! nicht mit Absicht! — von den Alliirten überfallen wurden.*) Beide Armeen hatten von der bedeutenden Hitze des Tages und dem Mangel an Wasser gleich viel zu leiden! Wenn die Truppen auf beiden Seiten auch den Nachtheil gemein hatten, daß sie, als das Gefecht begann, bereits seit 12

*) Der so weit hinaus verschobene Ausbruch hatte für die Oesterreicher allerdings den sehr großen Nachtheil, daß die Truppen mit leerem Magen in das Gefecht gehen mußten, doch wurde ihnen dadurch auf der andern Seite auch der große Vortheil, daß die Armee, als das Gefecht begann, doch noch nicht mit der Ersten Armee auf Carpenedolo, mit der Zweiten auf Lonato in Marsch gesetzt, also noch nicht in divergirender Richtung weit auseinander gegangen war! —

resp. 18 Stunden nicht gegessen hatten, und 12 resp. 14 Stunden — ohne Nahrung zu sich zu nehmen — fechten mußten, so hatten die Franzosen hierbei doch den großen Vortheil voraus, daß sie, sehr weise! in der Nacht um 1 Uhr, vor dem Ausmarsch, wenigstens Kaffee und Brod genossen hatten, was von hoher Bedeutung war! —

Betrachtet man die Vorgänge am 24. Juni auf beiden Seiten aber noch näher, so ergeben sich aus der Relation der Schlacht — so weit dieselbe, nach dem vorhandenen Material, mit der möglichsten Unparteilichkeit, zusammengestellt werden konnte — wohl ziemlich deutlich folgende Resultate:

A. Auf Seite der Alliirten,

welche, ungeachtet einer durchaus unrichtigen Operations-Linie, doch ungehindert und glücklich bis über die Chiese kamen! war:

1. die Art des Vorgehens am 24. Juni gegen den Mincio nicht richtig disponirt,
2. die Dispositionen zu den einleitenden Gefechten des 1. und 2. Corps waren ebenfalls eher fehlerhaft, als lobenswerth!
3. demnächst begannen die resp. Corps den Kampf, ohne Verbindung unter einander zu haben, und führten denselben auch 3 Stunden lang! ohne diese Verbindung fort!
4. die Entscheidung im Hügellande zu suchen war um so mehr ein Fehler, als dieselbe mit 3—4 Armee-Corps in der Ebene leichter und sicherer zu erreichen gewesen wäre,
5. der Kaiser wurde von den Piemontesen*) ebenso wenig, als vom Marschall Canrobert, in der Ausführung seiner Pläne

*) Das Verfahren der Piemontesen richtet sich von selbst! und darf daher hier nicht erst noch näher beleuchtet werden.

unterstützt, da Beide seinen Befehlen nicht nachkamen! — erstere aus Mangel an Fähigkeit der Führer, letzterer aus Saumseligkeit und unnöthigem Zaudern!*) —

6. Der Plan des Kaisers: »bei Solferino das Centrum des Gegners zu durchbrechen!« — gelang durch des Letzteren Fehler! Hätte derselbe den Kaiser bei Solferino in die Luft stoßen lassen, während er selbst gegen Mittag eine kräftige Offensive in der Ebene von Medole durchführte, wie er es konnte und mußte! — so würde das Rezept des großen Onkels wahrscheinlich schlechten Erfolg gehabt haben.**)

7. Von den günstigsten Folgen für die Alliirten war es aber, daß der Oberbefehl nicht nur in einer einzigen Hand — und zwar in der Hand eines Souverains! — lag, der nicht nur mit großer Schnelligkeit sofort einen festen Plan und Entschluß zu dessen Ausführung faßte, sondern diesen auch mit festem Willen, Energie und Zähigkeit durchführte, und der den einmal eingeschlagenen Weg — wenngleich derselbe wohl nicht immer der richtige war! — doch mit Ausdauer und Anwendung aller Kräfte consequent verfolgte, und so zum Siege gelangte, weil sein Gegner — den er ganz richtig erkannt hatte — nicht ebenso wie er, zu handeln verstand? wenigstens es unterließ! —

---

*) Canrobert hat, sowohl in Italien, als in der Krimm bewiesen, daß er kein »premier violon« ist! Der Verlust seines Chef des Generalstabes (Oberst Senneville) bei Magenta — welcher 6 Jahre lang ihm zur Seite gestanden hatte!! — scheint bei Solferino aber noch besonders nachgewirkt zu haben?

**) Wenn der Kaiser aber in Italien sich weder als großer Stratege noch als Tactiker bewährt hat, so ist ihm deshalb kein Vorwurf zu machen, da ihm bisher Uebung in der Führung der Truppen sowohl, als Kriegs-Erfahrung nicht zur Seite standen, welche letztere aber bei Mollwitz auch dem großen Könige noch fehlte! — Von guten Rathgebern, wie der Marschall Vaillant und General Martimprey, unterstützt, hat er sich jedoch auf dem Schlachtfelde stets besonnen, überlegt, ruhig, kalt und fest gezeigt, und jederzeit als großer Menschenkenner seine Gegner sehr richtig zu beurtheilen und zu nehmen verstanden.

8. Zu dem glücklichen Resultat führte die Alliirten aber auch noch die, von Hause aus ergriffene und mit dem festen »Willen zu siegen!« durchgeführte, ununterbrochene Offensive, die nicht darnach fragte: »was der Gegner thue?« die aber dadurch auch besonders begünstigt wurde, daß dieser eben nicht das that, was er thun **sollte** und **konnte!** —

9. Demnächst unterstützten den Kaiser — mit Ausnahme Canrobert's und der Piemontesen — auch seine tüchtigen, energischen, kriegserfahrenen, commandirenden Corps-Generale, von denen Niel's bewundernswerthe Ausdauer und Zähigkeit Canrobert's Zaudern wieder gut machte! — indem die Corps-Generale des Kaisers Befehle nicht nur streng befolgten, sondern in den Gefechten selbst die Details leiteten, welche die tüchtigen — vielleicht weniger befähigten (?) — Unter-Generale pünktlich ausführten, indem dieselben weder an Niaiserien des Exercir-Platzes klebten,*) noch lange auf spezielle Befehle warteten! sondern wo es nöthig ward, ohne lange zu fragen, auf eigene Faust handelten! —

10. Der Gebrauch der Truppen im Detail war fast überall ein richtiger, wozu bei der Infanterie, die für das Terrain geeigneten kleinen Abtheilungen derselben, besonders die Hand boten, während bei der Artillerie das Princip sich aussprach: »die Kräfte derselben nicht durch Verzettelung zu schwächen, sondern im Gegentheil sie durch Vereinigung in große Batterien bedeutend zu erhöhen.«**)

---

*) Die französischen Generale handelten zwar nicht stricte nach Regeln des Exercir-Platzes, befolgten aber doch überall gewisse bestimmte Principien bei der Verwendung der Truppen, wie dies weiterhin dargethan werden wird.

**) Nach Privat-Mittheilungen sollen jedoch die Oesterreicher weit mehr Verluste durch das Gewehrfeuer als durch die Artillerie der Alliirten, namentlich der Franzosen erlitten haben.

Nur die Cavallerie wurde nicht so gebraucht, wie dies namentlich auf der, dieser Waffe so überaus günstigen, Ebene von Medole hätte geschehen können und müssen.

11. In allen Theilen der Gefechte zeigte sich aber auch das Streben nach gegenseitiger Unterstützung und nach gemeinschaftlichem, concentrischem Zusammenwirken.

12. Durch Gefechts-Routine, Beweglichkeit und Gewandtheit der Offiziere und Soldaten, so wie durch richtige Benutzung des Terrains und der resp. Momente, den Oesterreichern bedeutend überlegen, erlangte aber

13. die Selbstständigkeit der commandirenden Generale, die ohne Scheu vor Verantwortlichkeit und ohne auf Befehle zu warten, wenn diese auch nicht erfolgten, den Umständen gemäß, selbstthätig handelten, den Sieg.

14. Endlich erfochten die Franzosen den Sieg, ganz besonders noch durch »den festen Willen zu siegen!«, welcher jeden Einzelnen belebte, der von der Ueberzeugung seiner Unfehlbarkeit um so mehr getragen wurde, als nirgends ein Rückschlag unerwartet und plötzlich eintrat! oder wo etwa ein solcher eintrat, doch nur so unbedeutend war, daß das Selbstvertrauen der Soldaten und das Vertrauen zu den Führern dadurch nicht erschüttert wurde.*)

B. Auf Seite der Oesterreicher

dagegen, deren Hingebung bis zur Aufopferung, im stummen Gehorsam und beispielloser Tapferkeit, bewundernswerth zu nennen ist, lassen folgende Nachtheile sich nicht verkennen:

---

*) Von welchem nachtheiligen Einfluß sehr leicht ein solcher unerwartet und plötzlich eintretender Rückschlag in moralischer Hinsicht auf die Franzosen wirkt, ist früher schon erwähnt worden, und gehört es mit zu den Begünstigungen ihres Geschickes, daß die Oesterreicher einen solchen Rückschlag zu erzeugen nirgends versucht haben, wie sie es thun konnten und mußten! —

1. die Trennung der Streitkräfte in zwei, selbstständig neben einander auftretende Armeen war ein großer Fehler, der um so nachtheiliger einwirkte, als bei keiner dieser ihrer beiden Armeen ein kräftig leitender Ober-Befehl sich fühlbar gemacht hat.
2. Ebenso wenig wird aber die obere Leitung der ganzen Armee bemerkbar — bis 3 Uhr Nachmittags! wo endlich — leider aber 3 Stunden zu spät!! — der Ersten Armee der Befehl zuging: »eine kräftige Offensive zu ergreifen!«*)
3. Das getrennte Vorgehen auf drei, weit von einander entfernten Straßen, ohne engere Verbindung der verschiedenen Colonnen, war ein großer Fehler, ebenso
4. daß man für den 24. nur die Disposition für einen Reise-Marsch ausgegeben hatte und dabei, vor Antritt des Marsches, es verabsäumte,
5. sich durch möglichst weit ausgreifende Patrouillen am 23. sowohl, als in der Nacht zum 24., vor seiner ganzen Front gehörig aufzuklären, demzufolge aber
6. am 24. so überfallen wurde, daß die Truppen mit leerem Magen ins Gefecht gehen mußten.
7. Bei näherer Betrachtung der Operationen vermißt man:
   a. in den oberen Regionen, vom Beginn der Schlacht bis zu deren Ende —
      α. den klaren Ueberblick der Verhältnisse und der keineswegs günstigen Lage des Gegners! dem-

---

*) Gegen 10 Uhr Vormittag traf der Kaiser Franz Joseph mit F.-Z.-M. Heß, der sich jedoch jeder Einwirkung enthalten zu haben scheint! bei Cavriana ein. Seine Ankunft auf dem Schlachtfelde wird indessen bis gegen 3 Uhr nirgends bemerkbar, während Napoleon's Ankunft um 8 Uhr bei allen Theilen seiner Armee sich fühlbar machte. Aber auch F.-M.-Lt. Raming, des Kaisers 2ter General-Quartiermeister, der bis um 10 Uhr — wo die Kämpfe bei Solferino, sowie bei Ca Morino und Ca nova doch schon seit 2 Stunden sehr heftig engagirt waren!! — diese noch immer nur für Vorposten-Gefechte (!?) gehalten und nicht geglaubt haben soll (?), daß es zu einer Schlacht kommen würde (?!) — läßt seine Einwirkung nirgends durchfühlen.

nächst daher auch das richtige Erkennen der Fehler, welche derselbe sich zu Schulden kommen ließ, sowie das rechtzeitige und zweckmäßige Benutzen derselben,

β. das Vorhandensein einer leitenden General-Idee, sowie der erforderlichen allgemeinen sowohl, als der speziellen Gefechts-Dispositionen! — Ueberall nur partielle, untergeordnete Befehle! die sich nicht selten kreuzten! — die natürliche Folge des nachtheiligen Mangels einer bestimmten allgemeinen Disposition, in Folge dessen viele der höheren Führer — des allgemeinen Anhalts baar! — nicht selten, ohne vorherige gegenseitige Rücksprache, entweder gar nicht handelten oder doch nichts Entscheidendes unternahmen, jedenfalls nur nach den augenblicklichen Ansichten des Einzelnen verfuhren, was selbstredend, Durchkreuzen der Ideen und Zersplittern der Kräfte veranlassen mußte!

Bei dem Mangel einer festen, geordneten oberen Leitung wurde daher — aus Mangel bestimmter Dispositionen und Befehle von Oben — vielleicht zu wenig, oder event. auch zu viel (?) im Detail durch einander commandirt.*)

---

*) Außer dem Kaiser commandirten die beiden Commandirenden der 1. und 2. Armee, demnächst die Commandirenden der verschiedenen Corps, der Divisionen, Brigaden, Regimenter und Bataillons, demnächst aber vielleicht auch noch manche Dilettanten, wie z. B. bei Cavriana der ehrenwerthe F.-M. Graf Nugent, der jedoch nur Rath ertheilt haben soll (?) — Besonders nachtheilig wurde die mangelhafte Vertheilung der Commandos von da ab, wo die Truppen durcheinander gewürfelt waren, alles sich in die Details verlor und vielleicht Alles — aus zu großem Eifer und gutem Willen mit commandirte? — wie einst 1806 bei Auerstädt! — ?

Nach den quäst. Mittheilungen der öster. Militair-Zeitschrift »wurde eher zu »wenig als zu viel disponirt; einzelne Commandanten übten vielleicht zu viel »Nachsicht und Schonung, zu wenig Strenge, und dürfte ihnen zu wenig Hin-

b. Das Zusammenwirken und Ineinandergreifen der Operationen der beiden Armeen, sowie der resp. Corps, namentlich bei der Zweiten Armee, wo jedes resp. Corps ganz für eigene Rechnung gefochten zu haben scheint.

c. Die Aufstellung einer besonderen Armee-Reserve, deren richtige Verwendung noch um 3 Uhr eine günstige Entscheidung erzielen konnte!

d. Mit Ausnahme Benedek's wurden nirgends hervortretende Talente der höheren Führer bemerkbar! — Selbst die, auf demselben Kriegsschauplatz 18$^{48}/_{49}$ gesammelten Erfahrungen machten sich nirgends geltend, indem die Führer, bei großer Tapferkeit, sich nur im Festhalten ihrer Stellungen energisch bewiesen. Desto erquicklicher ist daher auch das Verfahren Benedek's, der klar, entschieden und energisch seinen richtig gefaßten Plan: »die Offensive!« consequent durchführte und dabei einen vortrefflichen Gebrauch von seinen Truppen, namentlich von der Artillerie machte. Bei allen übrigen Corps wiederholen sich fast durchgehends alle dieselben schon bei Magenta gemachten Fehler!

8. Nirgends sieht man die Benutzung der vorhandenen, oft überlegenen Streitkräfte zu kräftigen Offensiv-Stößen mit den Massen, namentlich kein kräftiges Drängen gegen die Flanken des Gegners, welche öfters in der Luft standen! Nirgends zeigt sich ein Umfassen derselben! Ueberall sieht man nur geringe Versuche partieller Offensiven mit unzulänglichen Kräften und ohne gehörigen Nachdruck.

———

»opfern (?) der Truppe zum Vorwurf gemacht werden können!« — Ob diese Ansicht die richtige sei, ist schwer zu ermitteln; jedenfalls aber hat man es am Hinopfern der Truppen nicht fehlen lassen! —

9. Anstatt dem Gegner das Gesetz zu dictiren, ließ man es sich von demselben vorschreiben, indem man fast überall, anstatt kräftig draufzugehen, stets abwartete: »was der Feind thue?« so daß man — dem unablässigen Offensiv-Verfahren des Feindes gegenüber — nur passiv mit um so größerem Nachtheil focht, als man auf dem Schlachtfelde — ebenso wie bei den Operationen im ersten Theil des Feldzuges! — in offensiver Absicht vorrückend, gleich von Hause aus in die Defensive verfiel und sich nur darauf capricionirte, die innehabenden Stellungen mehr stehenden Fußes, als durch kräftige Offensivstöße zu behaupten, indem man sich in Menschen raubende, lange Feuer-Gefechte einließ, ohne — wie die Franzosen — kräftigen Gebrauch vom Bajonet-Angriff mit größeren Massen zu machen.

10. Die Reserven waren bei den resp. Corps fast nirgends an den richtigen Plätzen aufgestellt, größtentheils zu weit zurück! und wurden weder rechtzeitig, noch richtig verwandt, wodurch wichtige Momente unbenutzt vorüber und verloren gingen, oder selbst momentan siegende Truppen-Abtheilungen — ohne die gehörige Unterstützung gelassen — den errungenen Vortheil sehr bald wieder aufgeben mußten! Alles wie bei Magenta! —

11. Ebenso wie dort vermißt man auch bei Solferino den richtigen Gebrauch der Truppen sowohl, wie der verschiedenen Waffen. Die Truppen wurden nicht zur rechten Zeit und nicht in kräftigen Massen auf den entscheidenden Punkten verwendet, sondern Brigaden- oder Regimenter-, oft selbst nur Bataillonsweise herangebracht und so verzettelt, einzeln geopfert!

Die im Gefecht thätigen Bataillons traten zwar fast überall in kleinen Divisions-Colonnen (à 2 Compagnien) auf, die in der Reserve der Brigaden zurückgehaltenen Bataillons dagegen blieben meistentheils in ihren schwerfälligen Bataillons-Massen, die in dem coupirten Terrain sich nur langsam und mit Mühe bewegen konnten, während sie den Wirkungen des Gewehrfeuers und der feindlichen Artillerie um so mehr Nahrung verschafften, als letztere vielfach in größere Batterien vereinigt auftrat.

Die Artillerie wurde fast überall nur eparpillirt oder zu wenig verwendet und konnte nicht aus so großer Entfernung wirken, als die französische.*)

Die zahlreiche, treffliche Cavallerie war nicht zur rechten Zeit bei Medole zur Stelle, wo sie Großes hätte leisten können! und wurde später hier auch nicht zweckmäßig verwendet.

Ueberall treten aber hier in scharfen Gegensätzen auf österreichischer Seite: Ungelenkigkeit und Schwerfälligkeit der Findigkeit und Gewandtheit — das stabile Princip der Beweglichkeit — die Schule dem Leben — die Theorie der Praxis des Gegners nur zum Nachtheil der ersteren entgegen.

---

*) Die österreichischen Sechspfünder langten den französischen, namentlich den gezogenen, Geschützen und auch dem 12pfdgen canon-obusier gegenüber, nicht aus und mußten daher, um gehörig zu wirken, meist auf Kartätsch-Schußweite herangebracht werden, wo die Bedienung selbstredend, durch die gezogenen Gewehre der Franzosen zu viel Verluste erlitt und deshalb nicht selten, zu ihrer Schonung von den Generalen lieber ganz zurück, ganz aus dem Gefecht, geschickt wurden. Ein großer Theil der Positions-Batterien — namentlich die ganze Haupt-Reserve der Artillerie — 20 Batterien — soll gar nicht in das Gefecht gezogen worden sein, so daß man behaupten will: »daß von den 102 Batterien der Armee (d. s. 816 Geschütze) nur 45 (d. s. 360 Geschütze) bei Solferino im Feuer gewesen, dagegen 57 Batterien (d. s. 456 Geschütze) völlig intact geblieben sein sollen! —

Man erzählt sogar, daß durch ein Mißverständniß ein Galopin des Haupt-Quartiers, welcher abgeschickt worden sei: »die Haupt-Artillerie-Reserve heranzuholen!« den Befehl zum »Heranrücken der Haupt-Munitions Reserve »überbracht habe?« so daß die Ankunft der Masse von Munitions-Wagen im Gefecht, eine große Verlegenheit erzeugt habe! — Möglich! aber doch fast zu unwahrscheinlich!!

Das Urtheil über die Kriegführung auf beiden Seiten, welches der Geschichte verfallen ist, wird der vorurtheilsfreie, sachverständige Leser nach Vorstehendem am besten sich selbst bilden und daraus erkennen: »welche Ursachen besonders den Verlust der Campagne für die Oesterreicher veranlaßt haben,« denn

»**Facta loquuntur!**«

und dürfte hiermit die erste der, in Vorhergehendem aufgeworfenen, Fragen wohl zur Genüge beantwortet sein.

II. Die tactischen Verhältnisse,

welche auf beiden Seiten sich geltend gemacht haben, ergeben sich aus der hier folgenden Beantwortung der Frage (Siehe S. 75):

Welche taktischen Formen und welche taktischen Grundsätze sind von den Franzosen in den verschiedenen Gefechten und Schlachten angewendet worden?

Ein wesentliches Element für die richtige Beurtheilung jedes Gefechts bleiben jederzeit die tactischen Formen, in denen die resp. Truppen den Kampf durchgefochten haben. Leider vermißt man aber im Allgemeinen — selbst in den besten und detaillirtesten Relationen von Schlachten und Gefechten — nicht selten die Schilderung resp. Angabe der bezüglichen tactischen Formen, in denen die Truppen auf beiden Seiten aufgetreten sind, so gänzlich, daß in dieser wichtigen Beziehung oft eine sonst tadellose, vielleicht sogar vortreffliche Beschreibung eines Feldzuges wenig oder auch wohl gar nichts Lehrreiches darbietet. Dem Zweck der hier vorliegenden Blätter entsprechend, ist daher dem beregten wichtigen Gegenstande hier um so mehr Aufmerksamkeit zugewendet worden, als durch die möglichst genaue Ermittelung der tactischen Formen, welche von den einander feindlich gegenüber gestandenen Truppen in Italien angewendet worden sind, sich erst die, von den Franzosen daselbst angewendete »Kampfweise« ergiebt und beurtheilen läßt.

Leider kann jedoch die Beantwortung dieser wichtigen Frage in Bezug auf die, von den Oesterreichern angewendete, Kampfweise ꝛc. nicht so umfassend, als es wünschenswerth sein dürfte, hier erledigt werden, da in den vorhandenen — an und für sich nicht sehr reichhaltigen, sowie auch unter sehr verschiedenen Ansichten und Einflüssen erschienenen — Materialien, in Betreff der österreichischen Armee sich nur sehr wenig Detail über deren resp. Formationen der Truppen und deren Kampfweise angegeben findet, in dieser Beziehung aber auch auf anderem Wege nur wenig zu erfahren möglich gewesen ist. Alles, was jedoch hierüber, und zwar nur in Betreff der Infanterie, ermittelt werden konnte, wird hier nachstehend ebenso gewissenhaft mitgetheilt werden, als die etwas specieller ermittelten Notizen und Data über die, von den Franzosen angewendeten tactischen Formationen der Truppen und deren Kampfweise.

Um die näheren Erörterungen über die Kampfweise der Franzosen später im Zusammenhange mittheilen zu können, möge daher hier gleich das Wenige folgen, was über die Kampfweise der österreichischen Infanterie zu ermitteln möglich war.

Die österreichische Infanterie rangirte in 3 Gliedern, das Bataillon bestand aus 6 Compagnien. — (Bei 25 Jäger-Bataillons bisher aus 4 Compagnien. Nach dem Kriege 1859 wurden jedoch sämmtliche 40 Jäger-Bataillons der Armee auch zu 6 Compagnien formirt.)

Zwei Compagnien bilden stets eine Division, unter Befehl des ältesten der resp. beiden Hauptleute.

Jede Compagnie wird in 4 Züge, resp. 8 Halb-Züge getheilt.

Den Vorschriften über das Tiraillement gemäß, kann — bei der Linien-Infanterie sowohl als bei den Jägern und Grenzern — jede Compagnie im Ganzen, zu ganzen, oder auch zu halben Zügen zum Tirailliren verwendet werden.

Die Schützen-Kette wird gebildet aus Rotten à 3 Mann (wie diese in den 3 Gliedern hintereinander stehen), und treten diese 3 Mann in der Gefechtslinie — mit 3—5 Schritt Intervalle — neben einander*).

150 Schritt hinter der Kette bildet ein halber oder ein ganzer Zug die Unterstützung derselben.

Hinter letzterer — mit 150—200 Schritt Abstand — stehen die Reserven (je aus 1 Zuge, einer halben oder einer ganzen Compagnie), und hinter diesen der Rest der Division oder des Bataillons.

Die Ablösung der Schützen-Kette im Gefecht erfolgt: — nicht, wie kürzlich in einem Aufsatze über den Krieg in Italien 1859**) gesagt wurde: »stets durch Zurückgehen auf die ablösende Abtheilung, so daß dadurch reglementsmäßig Terrain aufgegeben würde!« — sondern:

a) im Stehen durch Einrücken der ablösenden Abtheilung in die Gefechts-Linie, — und zwar geschieht die Ablösung zuerst auf dem rechten, dann auf dem linken Flügel, und zuletzt in der Mitte der Feuer-Linie;

b) im Zurückgehen durch eine, hinter der Feuer-Linie ausgeschwärmte Abtheilung, durch welche die Abzulösenden durch- und zurückgehen.

Nach dem sehr zweckmäßigen Manövrir-Reglement werden die Infanterie-Brigaden zu 4 Linien- und 1 leichten

---

*) Die Jäger werfen in Stellungen, — wenn Zeit und Terrain es gestatten, — sehr zweckmäßig zu ihrer Deckung sofort sog. »Jäger-Gräben« auf und nehmen deshalb stets in solchen Fällen die Schanzzeugträger mit in die Schützen-Kette vor.

**) In der Berliner Revue 1860, 22. Band, 1. Heft, S. 34.

(Jäger- oder Gränzer-) Bataillon und 1 Batterie (6 Pfder) formirt.

Die Bataillons können zwar — je nach den Umständen und dem Terrain — einzeln verwendet werden; als Norm für die Gefechtsformation einer Brigade steht aber fest:

1. Ein bis zwei oder drei Bataillons — in Divisions-Colonne*) (à 2 Compagnien), auf Deployir-Distance auseinander gezogen — bilden das erste Treffen, und entwickelt jede Division vor ihrer Front eine Schützen-Kette ½ bis 1 bis 2 Züge, auch wohl eine Compagnie stark. — Auch kann vor dem Bataillon eine ganze Division in Schützen aufgelöst werden, oder vor der Brigade das leichte Bataillon die Deckung derselben durch Schützenkette mit Unterstützung und Reserve übernehmen.
2. Jede Schützenkette erhält ihre resp. Unterstützung und Reserve von ihrer zugehörigen Division, deren Rest nicht selten die Reserve bildet.
3. Der Rest der Brigade — resp. 4 bis 3 bis 2 Bataillons — in Bataillons-Massen dicht aufgeschlossen, bildet das 2. Treffen.
4. Hinter diesem steht die Batterie, wenn dieselbe nicht vor dem 1. Treffen oder auf dessen Flügeln zum Gefecht vorgezogen ist.

Durch die Zerlegung des Bataillons in 3 Divisions-Colonnen wird dasselbe selbstredend sehr beweglich, und würde demnach das Manövrir-Reglement 1859 in Italien um so mehr völlig genügt haben, als vor Beginn des Feldzuges noch näher bestimmt worden war, daß im Gefecht:

1. jedes Bataillon im Feuer stets nur in Divisions-

*) In der Divisions-Colonne stehen die beiden Compagnien, jede in 4 Züge dicht aufgeschlossen, hart neben einander.

Colonnen — auf Deployir-Distance auseinander gezogen — mit vorgeschobenen Schützen-Ketten auftreten sollte.

2. Von den 5 Bataillons der Brigade sollten 3 oder 4 in erster Linie neben einander stehen, und zwar sollten hier

3. die drei Divisionen eines Bataillons, entweder alle drei in einem Treffen, oder zwei im ersten Treffen, das dritte hinter der Intervalle der beiden anderen, mit 150 Schritt Abstand, als zweites Treffen aufgestellt werden.

4. Der Rest der Brigade — 1 oder 2 Bataillons, jedes in sich in geschlossener Bataillons-Colonne — sollte weiter rückwärts, möglichst gedeckt, die Reserve bilden.

Durch die, den Oesterreichern ungewohnte, Formation und Kampfweise der französischen Infanterie vielleicht hier und da überrascht, und der Gefechts-Routine ermangelnd, hat man jedoch die vorgeschriebene, gute, feste Form leider! nicht festgehalten, sondern ist fast überall von der, dem Terrain des italienischen Kriegsschauplatzes völlig entsprechenden, sehr zweckmäßigen Formation abgewichen, und hat — nicht immer richtig, vielleicht auch nicht einmal immer planmäßig? — die Bataillons nur zu oft, außer aller reglementsmäßigen Form der Brigade — dem Terrain nach, oder den Angriffs-Bewegungen des Gegners nachgebend (?) — hier und dort hin verwendet, resp. verzettelt! und aus der Hand gegeben. Auch in den Bataillons selbst ist nicht immer der Zusammenhang erhalten und dadurch sehr natürlich das Ganze aus der Hand verloren worden. Nur die Divisionen (à 2 Compagnien) in sich sind, dem Reglement gemäß, fast immer beisammen geblieben, während dagegen die nicht effectiv in der Feuer-Linie befindlichen Bataillons sich nicht immer in Divisions-Colonne auseinander gezogen, sondern nur zu oft zu ihrem Nachtheil in geschlossene Bataillons-Massen aufgestellt haben sollen.

Nur von wenigen Brigaden — wie z. B. der Brigade Raming bei Magenta — konnte ermittelt werden, daß dieselben nicht nur bei ihrem Erscheinen auf dem Schlachtfelde, sondern auch beim Beginn des Gefechtes, streng den Vorschriften des Manövrir-Reglements gemäß, und, wie auf dem Exercir-Platze, geordnet vorgegangen sind.

Daß im Laufe des Gefechtes, und namentlich in einem so coupirten Terrain wie in Italien, die Formation einer Brigade nicht durchgehends wie auf dem Exercir-Platze beibehalten werden kann, versteht sich von selbst; doch sollen die meisten Brigaden diese Formation gleich von Hause aus verlassen haben, wodurch allerdings dem Ganzen, durch das Versehen der Führer, die nicht abzuläugnenden Nachtheile zum Schaden des Ganzen wohl mit erwachsen sein dürften? —

Was hiergegen die Franzosen betrifft, so ergiebt sich, bei näherer Beleuchtung des Krieges in Italien, wie bereits erwähnt wurde: daß weder tiefe, strategische Combinationen, noch wohl überdachte Calcüls bei Einleitung und Führung sowohl der Operationen, als der Gefechte, denselben den Sieg verschafft haben, sondern daß die Franzosen letzteren — nächst den, in erster Linie der Ursachen stehenden Fehlern und Unterlassungs-Sünden ihrer Gegner! — in specie dem überall hervortretenden Bestreben nach kräftigem Zusammenhalten und concentrischem Zusammenwirken der Streitkräfte, demnächst aber dem, durch den »Willen zu siegen« und den Glauben an die eigene Unfehlbarkeit getragenen »élan der Truppen« verdanken, sowie dem bewundernswerthen, — wenn auch nicht selten unverständigen — Muth und der Todesverachtung, mit welcher jeder Einzelne — vom General bis zum Tambour hinab — für den Ruhm der Nation und den eigenen! das Leben einsetzte, demnächst aber auch dem tapferen Beispiele der Führer vom Unteroffizier bis zum General hinauf!

Einen nicht unbedeutenden Antheil am Siege hat indessen aber ganz unverkennbar jedenfalls doch auch »die Kampfweise der Franzosen« gehabt, welche von der der Oesterreicher durchaus verschieden war.

So richtig auch Napoleon's I. Ausspruch ist: »daß man seine Gegner stets mit etwas Neuem überraschen, daher auch seine Taktik wenigstens alle 10 Jahre ändern müsse!« so ist die, von den Franzosen in Italien angewandte, Taktik aber doch keinesweges etwas ganz Neues!

Als neu kann man nur das Auftreten der bunten Zuaven! und der schwarzen Turco's! sowie die Anwendung des Dauerlaufes, der gezogenen Geschütze und Gewehre bezeichnen, welche letzteren jedoch die Oesterreicher ebenfalls schon und sogar in weit größerer Anzahl führten.

»Le soldat français marche toujours en avant!« ist aber ebenfalls kein neues, sondern ein, seit alten Zeiten schon, von den Franzosen aufgestelltes, auf den Charakter der Nation basirtes, Princip! —

In Italien — bei Magenta und Solferino — haben die Franzosen zum ersten Mal seit 1815! wieder in batailles rangées gefochten! in beiden Schlachten aber gesiegt und dabei ihre, ihnen eigene, Kampfweise angewendet.

Diese Kampfweise, welche auf die Tactik Napoleon's I., in specie aber auf die Bugeaud'schen Gefechts-Principien, basirt ist — (denen Beiden die Grundsätze des großen Friedrich zur Grundlage dienten) — und die auf das Wesen und den Charakter der Franzosen berechnet ist, — könnte daher! — da sie — ihrer Ansicht nach! — sich so glänzend bewährt hat, — aller Wahrscheinlichkeit nach! von den Franzosen wohl auch fernerhin angewendet werden? und dürfte es demnach nicht nur interessant, sondern sogar nothwendig sein, dieselbe möglichst genau kennen zu lernen, um darnach auch die

Mittel erwägen zu können, welche gegen diese Tactik mit Erfolg anzuwenden sein dürften*).

Die wesentlichsten Principien dieser quäst. Kampfweise sind nun für die Infanterie:

1. »wo möglich jederzeit nur offensiv zu verfahren,«
2. »mit Verachtung des Feuer-Gefechtes so bald und so schnell als möglich — im Trabe! — zum Bajonetkampf überzugehen**).«

Hierauf gründet sich denn auch wahrscheinlich! die jetzt ziemlich allgemein verbreitete Ansicht: »als seien die Franzosen in Italien überall — unter Beseitigung aller Formen! — stets nur mit dem Bajonet stürmisch auf die Oesterreicher losgerannt und hätten diese auch jederzeit sofort ohne Weiteres über- resp. niedergerannt!?« —

---

*) Möglicherweise könnten die Franzosen in Deutschland z. B. — wo sie, auf völlig anderem Terrain als in Italien, mit Truppen kämpfen würden, welche nach anderen Principien und in anderer Kampfweise als die Oesterreicher verfahren dürften? — vielleicht eine andere Tactik befolgen, als die in Italien angewendete? Möglich aber auch, daß sie — durch die guten Erfolge dieser Tactik stolz und sicher gemacht — letztere auch fernerhin anwenden werden? In jedem Falle ist es daher vortheilhaft, die in Italien angewandte Kampfweise möglichst genau kennen zu lernen. Hätte man vor 1805 und 1806/7 in den betreffenden deutschen Armeen die damalige Kampfweise der Franzosen und die Kriegführung Napoleon's I., — anstatt sie hochmüthig und mit strafbarer Selbstüberschätzung zu übersehen! — nicht nur gehörig beachtet und studirt, sondern auch nach derselben die eigene Tactik und Kriegführung rechtzeitig modificirt, so würde man wahrscheinlich 1805 u. 1806/7 nicht so traurige Resultate erlebt haben!!

**) Der Kaiser sagt daher auch in seiner Proclamation an die Armee, d. d. Genua, 12. Mai 1859: »Les armes de précision ne sont dangereuses que de loin. Elles n'empêcheront pas la baionette d'être, comme autrefois, l'arme terrible de l'infanterie française.« — ? —

NB. 1813/15 ist den Franzosen das preußische Bajonet öfter, wenn nicht furchtbarer! doch unangenehmer geworden, als das französische den Preußen! und auch in Italien ist ihnen das österreichische Bajonet, namentlich das Hau-Bajonet der Jäger, höchst unangenehm gewesen. Auch haben ihnen die österreichischen Grenadiere oft sehr scharf zugesetzt, indem dieselben im Handgemenge gewöhnlich mit der linken Hand mit dem Kolben, mit der rechten mit dem gezogenen Säbel kräftig drein schlugen.

Daß dem aber nicht so war, ist ziemlich genau aus den Relationen des Feldzuges zu ersehen, indem sich aus denselben ergiebt:

1. daß die Franzosen zwar in der Regel — jedoch nicht immer! — auf ihre Gegner mit Heftigkeit losgetrabt sind, diese aber fast nie im ersten Anlauf besiegt haben! vielmehr sehr oft und zwar, in der Regel sogar, mit dem ersten Anlauf abprallten, ja daß sie, ungeachtet aller Heftigkeit ihrer Angriffe, nicht selten mehrere Male nach einander mit blutigen Köpfen abgewiesen wurden, so daß sie in jedem Gefecht fast eben so oft zurückgewichen als vorgegangen sind.

2. daß sie zwar öfter, ohne zu feuern, im Trabe, dem Feinde auf den Leib gestürzt sind; von diesem aber zurückgewiesen, doch auch gewöhnlich ein Feuer-Gefecht, und zwar nicht selten von längerer Dauer, wenn auch in der Regel mit eingelegten, obligaten, aber auch öfter wiederholten Bajonet-Angriffen! — bei Magenta sowohl, als bei Solferino, und wenn auch nicht immer stehenden Fußes — doch jedenfalls mehrere Stunden lang! zu unterhalten sich gezwungen gesehen haben*)!

---

*) Das stehende Gefecht, welches Ruhe, Kaltblütigkeit und Besonnenheit erfordert — Eigenschaften, welche den Franzosen fehlen! — ist deshalb auch dem Character des unruhigen, ungeduldigen Franzosen, der stets der Bewegung bedarf und immer vorwärts drängt! so durchaus zuwider, daß er es nicht lange auszuhalten vermag und lieber — selbst den ungünstigsten Chancen einer Bajonet-Attake entgegengeht.

Die mehrstündigen Feuer-Gefechte in Italien bestanden daher auch, von französischer Seite, stets aus einem fortwährenden »Vorgehen« — »Abgewiesen werden« und »aufs Neue wieder vorgehen!« u. s. f. —

Der Feldzug in Italien bestätigt übrigens aufs Neue den alten Grundsatz: »sich nicht stehenden Fußes angreifen zu lassen, sondern stets dem Angriff mit der Offensive entgegen zu gehen!« wobei es sich von selbst versteht, daß man eine gute Deckung festhält, und in diesem Falle zur Offensive nur so viel Kräfte verwendet, als eben nöthig sind, um den Feind durch einen

Hiernach aber einer Seits die französische Kampfweise geringschätzen zu wollen, würde eben so fehlerhaft sein, als dieselbe andrer Seits zu überschätzen, und wird man wohl am leichtesten zur richtigen Würdigung derselben gelangen; wenn man die hier nachstehend näher angegebenen Formationen*) in denen die Franzosen in Italien gefochten, sowie die Art und Weise, wie sie sich in den resp. Gefechten benommen haben — soweit solches sich hat ermitteln lassen — in nähere Betrachtung zieht.

A. Die Infanterie.

Die Franzosen halten sich allerdings im Gefecht nicht penibel, weder an die steifen Formen noch an die Gewohnheiten des Exerzir-Platzes! — der bei ihnen, wie schon erwähnt, auch nicht viel sagen will! — Sie wenden das dort Erlernte wohl nach Bedürfniß an — vielleicht sogar, ohne sich dessen Ursprungs klar zu erinnern? — handeln jedoch, den Eingebungen des Augenblicks folgend, mehr aus militairischem Instinct, und zwar nicht selten mit richtigem Takt. Sie befolgen aber dabei doch stets gewisse Regeln und Grundsätze und sind keineswegs gleichgültig gegen die Form, wenn sie dies vielleicht auch nicht zugestehen: denn ganz formlos treten sie weder im Frieden noch im Kriege auf! Sie haben sogar für sehr Vieles bestimmte Formen! nur fehlt es denselben in der Ausführung an der, in anderen Armeen üblichen Schärfe und Präcision, indem diese von den Franzosen --

---

kräftigen Gegenstoß zu überraschen, ihm zu imponiren, zum Halten, zum Stutzen zu bringen und dann — je nach dem Resultate dieses Effectes — seine weiteren Maßregeln zu nehmen.

*) Die bezüglichen Formationen werden nachstehend, nach der Reihenfolge der verschiedenen Gefechte und Schlachten, speciell angegeben und diejenigen derselben, welche den vorstehend (S. 59 u. f.) mitgetheilten Bugeaud'schen Grundsätzen entsprechen — am Schlusse des resp. Referats mit — B — bezeichnet werden.

sehr mit Unrecht! wie dies auch Bugeaud rügte! — zu wenig geschätzt werden. So haben sie z. B. sehr bestimmte Formen für Colonnen- und Tirailleur-Formationen, Echelon-Aufstellungen und Echelon-Angriffe, Front-Entwickelungen und Aufstellung der Reserven, welche sämmtlich im Gefecht festgehalten — selbstredend aber, wie es sich gehört! — je nach den Umständen und dem Terrain auch modificirt werden.

Ein Irrthum ist es daher auch, wenn man glaubt: die Infanterie habe für das Gefecht gar keine Normal-Stellung. Dieselbe ist allerdings vorhanden, scheint aber erst in neuerer Zeit entstanden zu sein, und zwar ist diese Vorschrift folgende:

1) die Division*) steht mit der ersten Brigade (7 Bataillons) — die Bataillons (in Colonnen mit halber Distance) — mit ganzer Distance zum Deployiren aus einander gezogen, in einem Treffen; die Front jedes Bataillons durch eine (resp. schwächere oder stärkere) Schützen-Linie gedeckt. 300 Schritt hinter der Ersten Brigade steht die Zweite, in gleicher Formation — als zweites Treffen — in der Regel hinter einem der resp. Flügel der Ersten Brigade als échelon. — Die Bataillons (in Colonnen mit halber Distance) nur mit halber Distance zum Deployiren, neben einander**).

2) Die Tiralleurs eröffnen das Gefecht.

3) Im günstigen Augenblick geht hierauf die Division zum Bajonet-Angriff vor.

---

*) Eine französische Division besteht in der Regel aus: 1 Chasseur-Bataillon und 4 Infanterie-Regimentern à 3 Bataillons, d. h. 13 Bataillons in 2 Brigaden, von denen die 1. aus 1 Chasseur-Bataillon und 2 Infanterie-Regimenteen, d. h. 7 Bataillons. die 2. aus 2 Infanterie-Regimentern, d. h. 6 Bataillons, bestehen.

**) Ueber die verschiedenen Arten der Colonnen-Formation ist bereits bei Mittheilung der Bugeaud'schen Grundsätze das Nähere erörtert worden. Wie dieselben in Italien angewendet wurden, ergiebt sich aus den hier folgenden Notizen über die, in den verschiedenen Gefechten in Italien stattgehabten, Formationen.

4) Die Tiralleurs ziehen sich dann zurück bis in die Intervallen der Bataillons, ohne ihr Feuer zu unterbrechen, und gehen mit der Division wieder vor, welche im gemäßigten Sturmschritt avancirt*).

5) Dreißig Schritt von der feindlichen Front giebt die Division »Feuer!« und stürzt dann mit dem Bajonet auf den Feind.

6) Wartet die Division den Angriff feindlicher Infanterie ab, so läßt sie diese bis auf 20 Schritt heran, giebt »Feuer!« und stürzt mit dem Bajonet dem überraschten und erschütterten Feind entgegen.

7) Feindliche Cavallerie läßt sie bis auf 40 Schritt (?) herankommen, giebt dann »Feuer!« und fällt das Gewehr.

8) Unter allen Verhältnissen muß stets auf die größte Ruhe und Stillschweigen gehalten werden.« —

Dieser Vorschrift entsprechend, haben denn auch die französischen Divisionen in der Regel — sowohl bei Magenta als bei Solferino — die Gefechte begonnen.

In allen Gefechten findet man ziemlich genaue Beachtung mehrerer der vorstehend (S. 59—70) mitgetheilten, dort mit — J — bezeichneten Bugeaud'schen Grundsätze, namentlich in Hinsicht der Tiralleur- und Colonnen-Formationen, sowie der Aufstellung der Truppen in échelons.

Sämmtliche Gefechte in Italien wurden durch dichte Tiralleur-Schwärme — die mit lautem Geschrei im Trabe lebhaft vorrückten — eröffnet und genährt, sowie auch die Verfolgung des geworfenen Feindes stets durch dichte Tirailleur-Schwärme geschah. — B. —**)

---

*) Der Angriff der Division geschieht also reglementsmäßig nicht im Trabe! —

**) Hiernach wurde also das Tiralleur-Gefecht in Italien nicht bloß als ein Nothbehelf (?) betrachtet! —

Dabei gingen die Offiziere, — fast alle kriegs- und gefechtserfahrene Männer von gesetzten Jahren, — ihren Soldaten, von denen jeder siegen wollte! — mit entrain voraus und bemüheten sich stets — wenn auch die Form verloren gegangen war! — doch alles möglichst zusammen zu halten, so daß das stete Zusammendrängen die Form ersetzte.

Zu diesen Tirailleur-Schwärmen vor der Front und resp. in den Flanken — wurden sehr verschiedentlich per Bataillon eine Compagnie, am häufigsten aber zwei, zuweilen auch wohl vier bis fünf Compagnien, mitunter sogar das ganze Bataillon verwendet.

Der aufgelösten Tirailleur-Linie folgte stets der Rest des Bataillons in Colonne — die Züge mit halber Distance — auf sehr geringe Abstände von oft kaum 100 Schritt. — B. —

Die Formation der Tirailleur-Linien geschah aber, wie sich hieraus ergiebt, keineswegs in der Art, wie das (S. 55 u. f.) mitgetheilte, französische Reglement denselben vorschreibt. Namentlich folgten die Soutiens in der Regel, nicht, wie vorgeschrieben ist, hinter den Schützen-Linien, sondern befanden sich — da das nahe Bataillon ihre Stelle vertrat, — in der Regel als dichte Klumpen auf beiden Flügeln der Schützenkette, und entwickelten sich — sobald die Oesterreicher der, in der Mitte absichtlich zurückweichenden Schützenkette unvorsichtig folgten! — gegen die Flanken des Gegners, um dieselben zu beschießen oder mit dem Bajonet anzugreifen, während das Bataillon mit dem Bajonet der Mitte der österreichischen Colonne auf den Leib ging.

Sobald eine französische Bataillons-Colonne (in Divisionen) von den Oesterreichern mit dem Bajonet angegriffen wurde, pflegte dieselbe in der Regel gegen diesen Angriff das sogenannte Chaussee- oder Defilee-Feuer anzuwenden, d. h. die Têten-Division gab eine Salve und setzte sich hierauf —

Compagnie- (péloton) weise mit rechts und links um abfallend — im Trabe an die Queue des Bataillons, worauf die zweite Division das Gleiche that; nach der Salve der letzten Division aber ging das ganze Bataillon sofort mit Geschrei und Heftigkeit zum Bajonet-Angriff über*).

In entscheidenden Momenten legte die Infanterie öfters den Tornister ab; doch nahmen die Leute hierauf — sehr zweckmäßig — aus demselben alle Patronen, sowie etwas Brod oder Zwieback heraus, und steckten die Patronen in die Taschen oder packten sie in ein Tuch, welches sie an dem Leibriemen anhingen.

Specielle Beispiele von Fällen, wo diese Grundsätze in den Gefechten in Italien zur Anwendung kamen, sind aber folgende:

1) **bei Montebello** — (am 20. Mai) formirte sich die Brigade Beuret — die Bataillons in Divisions-Colonne mit halber Distance — en échiquier, ging aber sehr bald — 2 Compagnien per Bataillon in dichten Tirailleur-Schwärmen von der Front, alle 6 Bataillons in einer Linie — mit échelons vom rechten Flügel — sich an die dominirenden Berge anlehnend — vor, und suchte die linke Flanke des Feindes zu umfassen. — B —

Eine besondere Reserve wurde nicht formirt, da die Bataillons erst nach und nach auf dem Kampfplatz an-

*) Im Hand-Gemenge sollen die Franzosen auch häufig Gebrauch von dem Kolben gemacht, die Chasseurs und Zuaven aber neben dem Kolben auch noch das Hau-Bajonet (Sabre-Yatagan) gebraucht, und zwar mit der linken Hand mit dem Kolben dem Gegner nach der Brust gestoßen, mit der rechten Hand mit dem Yatagan dem Stoße nachgehauen, also in ähnlicher Art, wie die österreichischen Grenadiere drein geschlagen haben.

langten, sofort aber auch zum Angriff verwendet wurden*).

NB. Die Reserve kam erst — (per Eisenbahn!) — nach beendigtem Gefecht an, und dienten während demselben die échelons des zurückgehaltenen linken Flügels als Reserven.

Durch ununterbrochenes Draufgehen mit dem Bajonet und den élan der Truppen wog hier die bedeutende Minderzahl der Franzosen die, um das Dreifache überlegene Mehrzahl des Gegners auf.

2) **bei Palestro** (am 31. Mai) wurde das 3. Zuaven-Regiment (vom 3. Corps) zur Unterstützung der Piemontesen detachirt und ging zuerst — nachdem es die Tornister abgelegt hatte — durch einen 4 Fuß tiefen schlammigen Graben. Jenseit desselben formirten alle 3 Bataillons »Divisions-Colonnen mit halber Distance«, lösten ein jedes vier Compagnien in Tirailleurs auf, denen die Colonnen à 2 Compagnien auf 120 Schritt folgten, und gingen hierauf mit échelons von beiden Flügeln, das dritte Bataillon als Reserve — mit 150 Schritt Treffen-Abstand hinter der Mitte der Intervalle der beiden andern — B — 1500 Schritt weit im Trabe vor, bis in die österreichische Batterie, der sie 5 Geschütze nahmen.

3) **bei Robechetto** (am 3. Juni) formirte die Division Lamotterouge — zum Angriff auf Robechetto, welches von den Oesterreichern jedoch eben erst mit einem halben Zuge Jäger besetzt wurde! — ihre Avant-Garde aus 3 Bataillons Turcos, welche hier zum ersten Male ins Feuer kamen.

---

*) Die Bataillons gingen — nachdem sie die Tornister abgelegt hatten — 4 Bataillons von Voghera bis Genestrello, 1/4 Meile, und 2 Bataillons von Voghera bis zur Fossagazza 1 Meile im Trabe vor.

Die Bataillons in Divisions-Colonne mit halber Distance lösten von jedem derselben 2 Compagnien in Tirailleur-Schwärme auf, denen der Rest — 4 Compagnien — auf 120 Schritt folgte, und gingen — wie die Zuaven bei Palestro, — zwei Bataillons mit échelons von beiden Flügeln — B — voran, links und rechts um Robechetto herum, während das dritte Bataillon als échelon — mit 150 Schritt Abstand — auf das Dorf selbst losstürzte.

Das Zweite Regiment der Brigade, dessen Bataillons sich in gleicher Art wie die Turcos formirten, folgte — (die Bataillons auf halbe Deployir-Distance neben einander) — mit 300 Schritt Abstand vom Reserve-échelon der Turcos, während das Dritte Regiment*) in gleicher Formation — dem zweiten wiederum als échelon, auf 300 Schritt, hinter dessen linkem Flügel folgte.

Die Zweite Brigade in gleicher Formation, wie die erste, folgte derselben als échelon auf 300 Schritt hinter deren linkem Flügel. — B. —

Sämmtlichen Truppen wurde der Kirchthurm von Robechetto als Directions-Punkt gegeben.

Die Turcos warfen die Tornister ab und gingen, mit ihren Tirailleurs, ohne zu feuern, 1200 Schritt im Trabe! vor, bis in das Dorf, nahmen dasselbe mit Leichtigkeit, da es — wie schon erwähnt — eben erst von den Oesterreichern besetzt werden sollte! und hielten es besetzt, während die, ihnen als Reserve folgenden Regimenter der Brigade, über das Dorf hinaus, den sich

---

*) Die 1. Brigade der Division Lamotterouge bestand ausnahmsweise aus 3 Regimentern (9 Bataillons).

zurückziehenden Feind verfolgten und zwar zunächst mit dichten Tirailleur-Schwärmen. — B. —

4) **bei Magenta** (am 4. Juni):

a. Auf dem rechten Flügel (unter dem Befehl des Kaisers) fochten am Morgen die Grenadiere und Zuaven der Garde in Bataillons-Colonnen nach der Mitte (Colonne double sur le centre) formirt, deren jede 2 Compagnien, zur Deckung der Front und Flanken, in Tirailleurs auflösten, und zwar gingen die 3 Bataillons Garde-Zuaven zuerst neben einander, — auf Deployir-Distance aus einander gezogen, — vor, gefolgt als Reserve, Anfangs von 3, später von 6 Bataillons Garde-Grenadiere. — B. —

Am Nachmittag, zum Angriff auf Ponte nuovo di Magenta, formirten sämmtliche Bataillone der Garde Zug-Colonnen mit halber Distance, und gingen das Zuaven- und das 1. Grenadier-Regiment neben einander vor, jedes Regiment in sich — die Bataillons auf Deployir-Distance auseinander gezogen — mit échelons von beiden Flügeln; das dritte Bataillon, mit 150 Schritt Abstand, als échelon hinter der Mitte folgend. Jedes Bataillon wiederum mit 2 Compagnien als Tirailleurs vor der Front. Das 3. Grenadier-Regiment folgte als Reserve. — B. —

Das Garde-Zuaven-, sowie das 1. Grenadier-Regiment deployirten in Linie und machten eine Zeit lang Gliederfeuer. — B. —

Als sie jedoch zurückweichen mußten, eilte das 3. Grenadier-Regiment aus der Reserve zu ihrer Aufnahme im Trabe heran.

Welche Formationen im späteren Verlauf des Gefechts hier noch angewendet wurden, war nicht zu ermitteln; doch scheinen die Garden — welche Ponte nuovo di

Magenta sechs Mal nahmen und wieder verloren, — hierbei öfter nur in Abtheilungen zu 2 bis 3 Compagnien vereinigt gewesen, zuletzt aber sehr durcheinander gekommen zu sein.

Die 1. Brigade (Picard von der Division Renault des 3. Corps), welche Nachmittags zur Unterstützung der Garden hier zum Gefecht herangeholt worden war, hatte, — nach Ablegen der Tornister, — den Weg von Trecate bis Ponte nuovo di Magenta — $1^3/_4$ Meilen — größtentheils im Trabe zurückgelegt, kam Bataillonsweise! an und ging, jedes Bataillon, so wie es ankam! auch sofort und zwar: mit 2 Compagnien als Tirailleurs vor der Front — die Bataillons in Divisions-Colonnen dicht nachfolgend — ins Feuer. — B. —

Später kam auch noch die 2. Brigade (Janin von der Division Renault des 3. Corps) im Trabe von Trecate heran, und zwar ebenfalls Bataillonsweise, hier zum Gefecht.

b. Auf dem linken Flügel (unter dem Befehl von Mac Mahon). Als Vormittags hier das Gefecht begann, griff die Division Lamotterouge das Dorf Casate an, und zwar wiederum mit den 3 Bataillons Turcos! als Avantgarde in erster Linie! welche ein ganzes Bataillon in eine Tirailleur-Linie auflösten, hinter deren beiden Flügeln die beiden andern Bataillons — in Divisions-Colonnen mit halben Distancen — ein jedes 2 Compagnien als Tirailleurs vor der Front — mit 150 Schritt Abstand — folgten*).

*) Die Franzosen haben hiernach also stets auch den in zweiter Linie folgenden Bataillons Tirailleur-Linien vorausgehen lassen! —

Diesem Vortreffen folgte der übrige Theil der Division in derselben Formation, wie am 3. Juni bei Robechetto. — B. —

Das in Tirailleurs aufgelöste Bataillon Turcos stürzte— ohne zu feuern — im Trabe auf Casate los, während die beiden anderen Bataillons um das Dorf, auf beiden Seiten desselben herumgingen, worauf letzteres nach kurzem Widerstande vom Feinde geräumt wurde.

Jenseit Casate befahl Mac Mahon der bis dahin immer noch isolirt fechtenden Division Lamotterouge Halt zu machen und ließ zehn Battaillons — (in Divisions-Colonnen mit halber Distance — 2 Compagnien als Tirailleurs vor der Front) — in eine Linie, mit Deployir-Distancen neben einander rücken, während sich hinter jeden der beiden Flügel dieser langen Linie ein Bataillon als Reserve aufstellte. — B —

Von Casate, welches mit einem Bataillon Turcos besetzt blieb, trabten die beiden anderen Bataillons der Turcos — in Divisions-Colonnen, — jedes 2 Compagnien in Tirailleurs aufgelöst vor der Front — 3000 Schritt! bis Buffalora vor! —

Unterdessen wartete die Division Lamotterouge in ihrer Stellung die Ankunft der Divisionen Camou und Espinasse ab, nahm das Gewehr ab und ruhte. Die Turcos wurden jedoch bald darauf von dem Angriff auf Buffalora zurückgenommen, und das Gefecht überhaupt einstweilen nur noch durch mattes Artilleriefeuer unterhalten.

Nach einer Stunde traf Camou, — der mit der Garde-Voltigeur-Division von Turbigo 3/4 Meilen im Trabe! vorgeeilt war, — bei Lamotterouge ein und ließ die Division — als échelon, 300 Schritt rückwärts von Lamotterouge's linkem Flügel — mit 13 Bataillons — (in Colonnen nach der Mitte formirt) — mit Deployir-Distancen in einer Linie aufmarschiren!

Auf Camou's linkem Flügel suchten 2 Escadrons Chasseurs die Verbindung mit der noch zu erwartenden Division Espinasse auf.

Die Division Espinasse rückte von Turbigo auf der Nebenstraße über Buscate, Inveruno und Marcallo auf Magenta in folgender Ordnung vor:

Auf der Chaussee folgte als Avantgarde, hinter 2 Escadrons des 7. Regiments Chasseurs à cheval, das 11. Chasseur-Bataillon, Front und Flanken durch Tirailleurs gedeckt; hinter diesem 2 Geschütze.

Hierauf folgten: die 1. Infanterie-Brigade, auf jeder Seite der Chaussee mit einem Regiment, die 3 Bataillons jedes Regiments — in Zug-Colonnen mit halber Distance — in einer Linie, auf Deployir-Distancen auseinandergezogen. Vor jedem Bataillon 2 Compagnien als Tirailleurs.

Hinter der 1. Brigade auf der Chaussee 2 Batterien. Hinter diesen, links der Chaussee, die 2. Brigade (2 Regimenter der Fremden-Legion) in 2 Treffen, jedes Treffen zu einem Regiment von 3 Bataillons; rechts der Chaussee das 2. Zuaven-Regiment, 3 Bataillons in einem Treffen.

Sämmtliche Bataillons und Regimenter der Fremden-Legion und der Zuaven waren in derselben Formation, wie die 1. Brigade.

In dieser Formation rückte Espinasse ungehindert bis über Marcallo hinaus, welches er, obgleich es vom Feinde längst geräumt war, doch mit einer Brigade besetzen ließ, die sich sofort mit dem 11. Chasseur-Bataillon darin festsetzte und 3 Bataillons rechts neben dem Dorfe, zur Ueberwachung der Zugänge, aufstellte.

Den Angriff einer starken feindlichen Colonne auf Marcallo wiesen die letzteren 3 Bataillons durch einen Gegen-Angriff mit dem Bajonet zurück. Als sich dieselben hierauf wieder in ihre frühere Stellung auf das Dorf zurückzogen, stießen sie jedoch auf eine zweite feindliche Colonne. Der Oberst warf sofort sein Regiment in einen Hohlweg und deployirte hier, ließ den Feind bis auf 150 Schritt herankommen, gab eine Salve und ging dann sofort mit dem Bajonet auf den Gegner los, warf denselben und kehrte hierauf wieder in seine Stellung nach Marcallo zurück. — B. —

Die Brigade der Fremden-Legion in ihrer bisherigen Formation — rechts derselben das 2. Zuaven-Regiment, — ein ganzes Bataillon in Tirailleurs vor seiner Front — hatten sich unterdessen von Marcallo rechts auf die Division Lamotterouge zu, dirigirt.

Schon früher, bevor Espinasse aber sich Mesero (¼ Meile nördlich Marcallo) genähert hatte, war Lamotterouge mit den Turcos (in ihrer früheren Formation) abermals auf Buffalora vorgegangen und hatte den Ort von der Ostseite angegriffen und denselben — auf der Westseite unterstützt durch einen Angriff des 2. Garde-Grenadier-Regiments — sowie auch bald darauf die Meierei Cascine nuovo genommen.

Nach diesen Erfolgen stellte Mac Mahon das Gefecht wiederum ein. Die Division Lamotterouge nahm wieder wie früher 10 Bataillons mit Deployir-Distance neben einander in eine Linie! — mit einem (?) Bataillon als Reserve hinter jedem Flügel, — und machte eine Achtel-Schwenkung-Rechts.

Die Garde-Voltigeur-Division Camou setzte sich jetzt — mit 13 Bataillons in einem Treffen — links neben Lamotterouge, während auf Camou's linkem Flügel die Cavallerie-Brigade des Corps (8 Escadrons nebst 2 piemontesischen Escadrons) die Verbindung mit der Division Espinasse aufnahm, dessen Brigade der Fremden-Legion — wie bereits erwähnt — sich im Trabe von Marcallo her näherte.

Erst nachdem die Verbindung mit Espinasse hergestellt war, nahm Mac Mahon — nach 5 Uhr — das Gefecht wieder auf und ging nun — jetzt mit den 3 Infanterie-Divisionen: Lamotterouge, Espinasse und Camou — zum concentrischen Angriff auf Magenta vor.

Die Division Lamotterouge wurde gegen den linken, Espinasse gegen den rechten Flügel des Feindes dirigirt, wobei der Kirchthurm von Magenta allen drei Colonnen als Directions-Punkt bezeichnet wurde.

Sämmtliche Bataillons — in Divisions-Colonnen — folgten ihren dichten Tirailleur-Schwärmen, die im Trabe vorgingen, möglichst dicht auf.

Hinter der Intervalle zwischen beiden Divisionen folgte die Division Camou — 13 Bataillons (die Bataillons in Colonne nach der Mitte) mit Deployir-Distancen, in einer Linie — als Reserve, en échelon, — mit 300 Schritt Abstand vom linken Flügel der Division Lamotterouge, auf welchem Flügel die Turcos sich befanden. B. —*)

---

*) Welchen günstigen Erfolg, dieser lockeren Formation gegenüber! — trotz des energischen Vordringens der Franzosen! — die Oesterreicher erreicht haben würden, wenn sie eine starke, wohlgeordnete Reserve — zu der es ihnen an Truppen nicht fehlte! — östlich Magenta bereit gehalten, mit derselben aber zur rechten Zeit! eine kräftige Offensive gegen die linke Flanke und den Rücken der Division Espinasse und der Garde-Voltigeur-Division unternommen

Eine Batterie von 40 Geschützen! unterstützte den Angriff.

Das 2. Fremden-Regiment (Division Espinasse) drang im Trabe von der Ostseite zuerst in Magenta ein, während fast gleichzeitig von der Westseite die Division Vinoy (das 4. Corps), welche schon früher von Trecate bis Buffalora — $^{5}/_{4}$ Meilen — im Trabe! herangekommen war, — den Ort nahm.

5) **bei Melegnano** (am 8. Mai) griff das 1. Corps mit der Division Bazaine auf der Westseite der Stadt in folgender Weise an:

Die Brigade Gose, ebenfalls 9 Bataillons stark, — die sämmtlich in Divisions-Colonne formirt waren — legte die Tornister ab und zog, nachdem 12 Geschütze längere Zeit — gegen die Oesterreicher, welche die Ausgänge und Umfassung der Stadt besetzt hielten, — gehörig gewirkt hatten, das 1. Zuaven-Regiment vor, welches ein ganzes Bataillon in Tirailleurs auflöste und diesem mit den beiden andern Bataillons — jedes 2 Compagnien als Tirailleurs vor sich — folgte, während die 6 übrigen Bataillons der Brigade echelonirt als erste Reserve und hinter diesen, auf 500 Schritt Abstand, die 2. Brigade en échelon als Haupt-Reserven folgten. — B. —

Die Zuaven stürzten im Trabe, ohne zu feuern, auf die Barrikaden und die Batterie am Eingange der Stadt, wurden aber mehrere Male kräftig zurückgewiesen und endlich sogar gedrängt, durch einen heftigen Ausfall.*) Beim dritten Angriff erst drangen die

---

und diesen Angriff — gehörig disponirt, — mit Energie durchgeführt hätten! bedarf keiner weiteren Erörterung.

*) S. Bazancourt (C. d'I. II. pag. 60):
Lorsqu'ils sont près d'atteindre la barricade, le feu de l'artillerie

Zuaven — im pêle-mêle mit den letzten Abtheilungen der zurückgedrängten Oesterreicher — in die Stadt ein, wo sich ein fast drei Stunden dauernder hartnäckiger Straßenkampf entspann, welcher erst endigte, als das 2. Corps (Mac Mahon) die Stadt auf der Nordseite mit der Artillerie, die Division Ladmirault (vom 1. Corps) dieselbe auf der Südseite mit einem Infanterie-Regiment im Trabe umgangen hatten und dadurch den Rückzug der schwachen österreichischen Brigade Roden (vom 8. Corps) gefährdeten.

6) **bei Solferino** (am 24. Juni):

a. beim Anmarsch der französischen Armee gingen den verschiedenen Corps, Avant-Garden voraus, und zwar:

α) dem 1. Corps: 4 Compagnien Chasseurs, 1 Infanterie-Bataillon in Zug-Colonne,

β) dem 2. Corps: 4 Escadrons Chasseurs, 3 Züge Tirailleurs (in der Front und auf jeder Flanke Einer),

γ) dem 4. Corps: 2 Escadrons Chasseurs und 1 Bataillon chasseurs à pied in Zug-Colonne.

---

cesse tout-à-coup et les Autrichiens s'élancent eux-mêmes sur la route.

Le premier rang est composé tout entier d'officiers! pour initier leurs soldats à ces combats à la baïonette, qui les étonnent et sèment le désordre dans leurs rangs, tous ont pris le fusil! et ont voulu se jeter les premiers au-devant des Zouaves, entraînant leurs compagnies électrisées par ce noble exemple de courage. Le choc est terrible et sanglant . . .

Diese schöne Waffenthat der tapferen Oesterreicher durfte hier nicht unerwähnt bleiben; doch muß vorstehende Erzählung dahin berichtigt werden, daß bei dem Ausfall nicht das ganze erste Glied nur aus Offizieren bestand, sondern daß nur der den Ausfall einer Compagnie führende Hauptmann und dessen Ober-Lieutenant, mit dem Gewehr in der Hand, sich vor der Front der Leute befanden und diese durch ihr heldenmüthiges Beispiel mit sich fortrissen. Beim Zurückgehen sank leider der tapfere Hauptmann, von 3 Kugeln durch beide Arme und durch die Brust geschossen, zu Boden, wo er liegend noch einen Hieb in den Fuß erhielt. Seine braven Leute trugen ihn jedoch zurück, und da sein Leben erhalten wurde, so belohnte der Kaiser die seltene Heldenthat mit dem für Hauptleute selten erfolgenden Leopolds-Orden!

b. Zum Vorgehen gegen Barche de Castiglione wurde die Division Ladmirault (1. Corps) in drei Colonnen getheilt, — jede zu vier Bataillons in Divisions-Colonnen mit halber Distance, — nahe bei einander. Jeder Colonne gingen 2 Compagnien Chasseurs, in Tirailleurs aufgelöst, voraus. Die 1. und 2. Colonne gingen mit einander in gleicher Höhe vor; die 3te, welcher 4 Geschütze beigegeben waren, folgte als échelon hinter der Mitte der Intervalle der beiden ersten Colonnen. — B. —

c. Beim Angriff auf den Monte Fenile löste die 2. Brigade der Division Forey ein ganzes Bataillon in Tirailleurs auf, denen die übrigen 5 Bataillons (in Divisions-Colonnen) folgten.

d. Zum Angriff auf Medole theilte General Luzy seine Division (2. Corps) in drei Colonnen — die erste zu 6 Bataillons Linie, die zweite und dritte zu 4 Compagnien Chasseurs und 3 Bataillons Linie — die Bataillons in Divisions-Colonnen mit halber Distance — von denen die zweite Colonne gegen den Ort, die beiden anderen links und rechts um den Ort vorrückten. Jeder Colonne gingen dichte Tirailleur-Schwärme voraus. Der Angriff wurde durch 12 Geschütze unterstützt.

Nachdem Medole (nach 1½ stündigem Kampf) genommen war, folgte die Brigade Douay (6 Bataillons) — mit einem Bataillon in Tirailleurs aufgelöst vor der Front, — dem Feinde auf Robecco, — B. — 6 Bataillons behielten Medole besetzt.

An einer anderen Stelle löste ein Bataillon fünf Compagnien in Tirailleurs auf, denen nur eine — die Voltigeur-Compagnie — als Reserve folgte.

e. Zum Angriff auf Ca Morino ging das 2te Corps mit drei Brigaden en échelons vom rechten

Flügel vor, von denen das 1. échelon das Dorf angriff (und nahm), das 2. dasselbe auf der Nordseite umging, während das 3. als Reserve folgte.

f. Nachdem das 2. Corps Ca Morino mit dichten Tirailleur-Schwärmen — auf nahe Distance gefolgt von den Bataillons-Colonnen — genommen hatte, entwickelte Mac Mahon sein Corps östlich von Ca Morino, quer über die Chaussee auf Guidizzolo: links der Chaussee die Division Decaen mit der 1. Brigade, links dieser, als échelon rückwärts, die 2. Brigade; rechts der Chaussee die 1. Brigade der Division Lamotterouge, — die 2. Brigade derselben hielt Ca Morino besetzt.

Vor der Front der Infanterie war eine dichte Tirailleur-Linie entwickelt und in derselben eine Batterie von 24 Geschützen! etablirt.

Hinter dem rechten Flügel der Infanterie-Linie wurden 2, hinter dem linken 6 Escadrons Chasseurs, rechts rückwärts der Infanterie — als échelon aber die Cavallerie-Divisionen Desvaux und Partounneaux aufgestellt.

g. Rechts vom 2. Corps entwickelte sich das 4te Corps: auf dem rechten Flügel 1 Brigade der Division Luzy vor Robecco — links rückwärts derselben als échelon die 2. Brigade der Division Luzy, und ebenso links dieser Brigade als échelon die Division Vinoy. (Die Division du Failly war noch im Marsch). Links neben der Division Vinoy fuhr eine Batterie von 42 Geschützen! auf.

h. Als die Garde-Infanterie beim 1. Corps vor Solferino eintraf, marschirte dieselbe hinter der Division Forey auf, und zwar:

die Voltigeur-Division (13 Bataillons) in einer Linie (die Bataillons deployirten); 600 Schritt dahinter die Grenadier-Division ebenfalls in einer Linie. Die

Bataillons jedoch in Colonne — nach der Mitte — mit Deployir-Distance neben einander.*)

i. Beim Angriff auf Solferino selbst waren die Bataillons der Divisionen Forey und Ladmirault (1. Corps) in Divisions-Colonne mit halber Distance formirt. Jedes Bataillon hatte 2 Compagnien als Tirailleurs vor sich. Die Garde-Voltigeur-Brigade Manèque legte die Tornister ab und setzte sich auf den rechten Flügel der Division Forey. Nach der Einnahme des Ortes wurde derselbe mit einer Reserve von 25 Bataillons besetzt!

NB. Beim 1. Corps wurden die resp. einzelnen Angriffe in dem coupirten Terrain vor und bei Solferino meist alle im Trabe gemacht, und ebenso sind die Truppen — nach jedem abgeschlagenen Angriff! — wie Bugeaud es empfiehlt — auch stets im Trabe zurückgelaufen. — B. —

k. Beim Angriff auf Cassiano waren die Bataillons der Division Lamotterouge in Divisions-Colonne formirt, mit einer Compagnie als Tirailleurs vor sich.

Das Dorf wurde von einer Colonne angegriffen, indem wieder die Turcos an deren Spitze sich im Trabe auf den Ort stürzten, während zwei andere Colonnen denselben auf beiden Seiten umgingen.

Nachdem Cassiano genommen war, blieb dasselbe mit 6 Bataillons besetzt.

l. Als hinter Cassiano die Turcos beim Angriff einer Art von Redoute auf den Monte Fontana zurück-

---

*) Durch die Garde wurde die erste Reserve formirt. Bis gegen Mittag fochten sämmtliche Truppen der französischen Armee (ausgenommen die des 1. Corps) in 2 Treffen, aber ohne bestimmte Reserve, indem überall die zurückgebogenen échelons die Stellen der Reserve vertraten.

gewiesen wurden, gingen 2 Bataillons zu ihrer Unterstützung im Trabe vor.

m. Den Monte Fontana erstieg der General Lamotterouge mit 4 Bataillons — in Divisions-Colonne—vor jedem nur eine Compagnie als Tirailleurs.

n. Auf dem Rücken des Monte Fontana avancirte die Division Lamotterouge in zwei Treffen. Die Bataillons—in Divisions-Colonnen—hatten jedes nur eine Compagnie in Tirailleurs aufgelöst. Die Division nahm eine Anhöhe nach der andern und ging — da die Oesterreicher zurückgingen — im Trabe von Position zu Position vor.

o. Nachdem das 4. Corps die Meierei Casa nova genommen hatte, wurde diese mit 3 Bataillons besetzt, von denen eins in der Meierei, zwei Bataillons dahinter aufgestellt wurden.

p. Bei dem später noch längere Zeit um diese Meierei — (welche jedoch fortwährend in den Händen der Franzosen blieb) — sich drehenden Kampfe sind häufig ganze Bataillons als Tirailleurs verwendet worden, da der Anbau des Terrains nur selten den Gebrauch von Colonnen gestattete.

q. Die Division Renault und die Brigade Bataille (das 3. Corps), welche Canrobert zur Unterstützung des 4. Corps schickte, legten die Tornister ab und gingen, von Medole an, gegen 3,000 Schritt im Trabe! vor.

r. Die Brigade Bataille (von der Division Trochu des 3. Corps) — die Bataillons in Divisions-Colonnen dicht aufgeschlossen — mit je 2 Compagnien als Tirailleurs vor ihrer Front — formirte sich en échiquier und avancirte hierauf mit échelons, indem sie den linken Flügel refüsirte. — B. —

B. Der Kampf um Dörfer,

welcher überall fast in jedem Gefecht eine mehr oder weniger bedeutende Rolle zu spielen pflegt, ist auch hier, in allen Gefechten, von entschiedenem Einfluß gewesen.

Das Benehmen der Franzosen in diesen Kämpfen war aber ebenso achtungs- als besonders beachtenswerth, und können die Franzosen — sowohl im Angriff, als in der zähen Vertheidigung der Dörfer — den Deutschen um so mehr als Vorbilder dienen, als gerade dieser Theil der Kriegskunst von alten Zeiten her! stets die **partie faible** der Deutschen gewesen ist, indem dieselben hierbei sehr selten den Grundsatz berücksichtigen: »daß der Angriff sowohl, als die Vertheidigung »eines Ortes — wenn derselbe nicht ein Defilee ist, welches »in der Nähe nicht umgangen werden kann! — stets neben »demselben liegen!«

Die Wahrheit dieses Grundsatzes erkennen aber die Franzosen nicht nur an, sondern haben auch jederzeit danach gehandelt, wie dies auch jetzt wieder der Krieg in Italien, bei allen Gelegenheiten, bewiesen hat.*)

Beim Angriff auf einen Ort greifen die Franzosen denselben in der Regel mit zwei bis drei Colonnen an, von denen in der Regel die schwächste auf dem Ort selbst, eine oder zwei stärkere Colonnen event. auf einer oder auf beiden Seiten um den Ort herum, zu gehen versuchen.

Ist der Ort genommen, so wird **sofort** — noch im Gefecht selbst — der Besitz und das Festhalten desselben gesichert, und zwar:

---

*) Diese Beweise liefern die Kämpfe:

1. bei Montebello um Genestrello und Montebello,
2. bei Robechetto um diesen Ort selbst,
3. bei Magenta um Ponte nuovo di Magenta, Casate, Buffalora, Cascina nuova, Marcallo und Magenta,
4. bei Solferino um Ca Morino, Cassiano, Medole, Casa nova, Balte, Robecco und Solferino.

1. durch Besetzung desselben mit einer hierzu passenden Truppenzahl, sowie
2. durch sofortige Befestigung des Orts, indem die Häuser und Straßen barrikadirt, erstere aber sofort, nachdem sie genommen sind, auch noch crenelirt werden.

Die Truppen, welche den Ort genommen haben, behalten ihn auch besetzt und verfolgen niemals den Feind über denselben hinaus! — was leider anderwärts wohl nur zu oft zu geschehen pflegt! —

Zur Verfolgung des geworfenen Feindes verwenden die Franzosen die Colonnen, welche um den Ort herumdrangen, oder nehmen dazu ganz frische Truppen.

Zu der Vertheidigung eines Ortes verwenden sie möglichst wenig Truppen in diesem selbst, halten aber außerhalb desselben (hinter oder neben dem Orte) an passender Stelle starke Reserven zur offensiven Vertheidigung des Ortes bereit*).

C. Die Cavallerie

hat zwar in dem Kriege in Italien, des Terrains wegen, nur wenig Gelegenheit gehabt, in den Gefechten thätig zu sein, ist aber auch da, wo das Terrain zur Verwendung der Cavallerie förmlich aufforderte, d. i. in der Ebene von Medole, nur wenig, und auch da nicht so gebraucht worden, als es hätte geschehen können und sollen! woraus man fast zu dem Schlusse kommen möchte: daß die Franzosen, welche für den quäst. Kriegs-Schauplatz eine viel zu zahlreiche Cavallerie hatten, diese so recht zu gebrauchen entweder nicht gewagt oder nicht verstanden haben?

Die so empfehlenswerthe Vertheilung kleiner Cavallerie-Abtheilungen zu den Infanterie-Divisionen — die sogenannte

*) Die Beweise liefern die Besetzung von Marcallo in der Schlacht bei Magenta, und die von Casa nova in der Schlacht bei Solferino.

»Divisions-Cavallerie,« — war bei den Oesterreichern wenig fühlbar, noch weniger aber bei den Franzosen; wenigstens ist die Wirksamkeit der Divisions-Cavallerie, sowohl österreichischer als französischer Seits, bei Montebello, bei Magenta und bei Solferino nur in einigen wenigen Fällen zu ermitteln gewesen, wo die Tirailleurs durch einzelne Escadrons oder Züge von Cavallerie zum Halten, Sammeln 2c. gezwungen, auch zuweilen von letzteren niedergemacht worden sind*).

Attacken von einzelnen Cavallerie-Regimentern gegen Infanterie sind zwar auf beiden Seiten gemacht worden, auch ist von den Franzosen bei einer solchen Gelegenheit ein österreichisches Carré niedergeritten worden, aber nur wenige größere Attacken von Cavallerie gegen Cavallerie sind in der Schlacht bei Solferino vorgekommen, wie z. B.:

a) eine attaque en muraille der Cavallerie-Brigade Cassaignolles gegen eine Brigade der Cavallerie-Division Mensdorff,

b) eine Attacke von 6 Escadrons Chasseurs des 2. Corps gegen 2 Regimenter der Division Mensdorff,

c) gegen Ende der Schlacht einzelne Attacken österreichischer Cavallerie-Regimenter gegen den rechten Flügel des 2. Corps, welche meistentheils durch échelons der Garde-

---

*) Die brillanten Erfolge einzelner Escadrons des österreichischen Husaren-Regiments »König von Preußen,« als Divisions-Cavallerie in der Schlacht bei Magenta, sind bereits erwähnt worden. Aehnliche glänzende Erfolge erkämpften einzelne Escadrons dieses ausgezeichneten Regimentes aber auch bei Solferino, als Divisions-Cavallerie, von denen der bedeutendste von 2 Escadrons gegen das Ende der Schlacht noch gegen ein Regiment der Division du Failly, bei dem letzten Vorrücken derselben, erfochten wurde, und zwar hatten sich auf jeder Seite der Straße, auf welche eingeengt das französische Regiment vordrang, eine Escadron, durch Gebüsche und Wein-Guirlanden verdeckt, aufgestellt, ließen das 1. Bataillon des Regiments, welches unachtsam vorging ohne sie zu bemerken, an sich vorbeigehen und hieben dann plötzlich von beiden Seiten zugleich in das Regiment ein, welches überrascht und gehörig erschüttert, sofort sich schleunigst zurückzog. Leider fehlte auch hier wieder der nöthige Nachdruck, um diesen glänzenden Erfolg weiter auszubeuten.

Cavallerie geworfen wurden, und von denen die bedeutendste die war, welche die Cavallerie-Division Desvaux gegen ungarische Infanterie machte*).

Die drei großen Cavallerie-Divisionen der Franzosen haben im Ganzen nur bei Solferino dadurch eine einflußreiche Wirksamkeit geäußert, daß sie in der Ebene von Medole die, mitunter etwas weiten, Lücken zwischen dem 2. und 4. Corps füllten und den Oesterreichern durch ihre Stärke (56 Escadrons) imponirt zu haben scheinen.

D. Die Artillerie.

Von desto größerer Wirksamkeit und bedeutenderem Einfluß auf die Schlachten und Gefechte war die französische Artillerie, welche sich sowohl durch ihre Thätigkeit, Findigkeit, Gewandtheit und ihr Material, als durch den zweckmäßigen Gebrauch, welcher von ihr bei allen Gelegenheiten gemacht worden ist, überall hervorgethan und als der österreichischen überlegen bewiesen hat.

Das Material — der canon-obusier und das gezogene Geschütz — namentlich letzteres, soll sich bei allen Gelegenheiten, sowohl in Hinsicht der großen Tragweiten, als des sicheren Schusses, bewährt haben, und ist mit dem gezogenen Geschütz das Feuer in der Regel auf Entfernungen über 3,000 Schritt! — selbst auf 3,700 Schritt! — mit großer Wirksamkeit eröffnet, auf 2,000 Schritt aber damit noch feindliches Geschütz demontirt worden; auch haben nicht selten sogar die österreichischen Reserven — da, wo dieselben nicht zu entfernt standen!! — gleichzeitig mit dem fechtenden Treffen von den gezogenen Geschützen zu leiden gehabt!**)

*) C. Bazancourt (C. d'Italie en 1859, S. II., pag. 259—269).

**) Den meisten Schaden haben den Oesterreichern die Hohl-Geschosse der französischen Artillerie gethan, deren nachtheiligen Wirkungen die Truppen sich nur da-

Vor Allem hat aber die französische Artillerie — im Gegensatz der Verzettelung der Geschütze auf Seiten der Oesterreicher — dahin gestrebt: die Geschütze in mehr oder minder große Batterien zu vereinigen. Außerdem, daß man in der Regel, wo es anging, die beiden Batterien einer Division (12 Geschütze) zusammenhielt, wurden noch folgende große Batterien formirt:

1. bei Magenta

   a) beim Angriff auf Magenta, beim 2. Corps, eine Batterie von 30 Geschützen, welche bis auf 40 vermehrt wurden, und nach der Einnahme des Orts, jenseit desselben, ihr Feuer mit dem

   b) einer Batterie von 30 Geschützen der Garde kreuzte, so daß hier 70 Geschütze!! zusammenwirkten,

2. bei Solferino

   c) beim 2. Corps bei Ca Morino eine Batterie von 24 Geschützen, welche sogar in der Tirailleur-Linie stand*);

   d) beim 4. Corps bei Ca Nova und Quagliara eine Batterie von 42 Geschützen.

Auf österreichischer Seite dagegen ist nur in der Schlacht von Solferino, vom F.-M.-Lt. Benedek, eine so große Batterie — von 30 Geschützen — bei Corbu inferiore formirt, im Uebrigen aber die Artillerie größtentheils nur in einzelnen Batterien, ja oft nur zugweise oder auch wohl gar nicht gebraucht worden.

---

durch möglichst zu entziehen vermochten, daß sie vermieden, auf einer Stelle zu verweilen, und daher möglichst viel sich hin und her bewegten.

*) Oestlich Medole ging beim 4. Corps eine Batterie unter dem Schutz von 3 Compagnien Chasseurs, sogar 600 Schritt über die Feuerlinie der Batterien hinaus! gegen den Feind vor.

Die Grundsätze für das Gefecht,

welche die Franzosen in Italien practisch anwendeten und die daher — wenn auch im Allgemeinen nicht neu und größtentheils den Bugeaud'schen Lehren entlehnt — doch jedenfalls nicht nur zu beachten, sondern vielleicht sogar event. — theilweise wenigstens — anzunehmen sein dürften? sind hiernach — so weit dieselben zu ermitteln waren — im Allgemeinen besonders folgende:

1. sich niemals zuerst angreifen zu lassen, — B. —
2. wenn man aber angegriffen wird, das Gefecht niemals bloß passiv zu führen, nicht stehenden Fußes zu fechten, sondern sofort — jedenfalls noch im letzten Moment — dem Feinde offensiv entgegen zu gehen, — B. —
3. vor Allem daher jederzeit offensiv zu verfahren, da die Offensive bei der eigenen Truppe das moralische Element verstärkt und der eigenen Minderzahl sehr leicht das Uebergewicht über die Mehrzahl des Gegners verleiht, — B. —
4. die Offensiv-Bewegung stets gegen die Flanken oder den Rücken des Feindes, oder gegen Beide zugleich zu richten und demnach das Parallel-Gefecht zu vermeiden. Wenn man jedoch zu letzterem gezwungen wird, durch besondere, hinter den Flügeln hierzu bereit zu haltende, Abtheilungen oder durch die zurückgehaltenen échelons die Flanken des Feindes zu umfassen*),

*) Ob dieser Grundsatz in Italien überall durchgeführt werden konnte, ist ebenso wenig zu ermitteln gewesen, als: ob die Ausführung des Manövers: »daß die Tirailleurs den Feind — dadurch, daß die Mitte ihrer Linie sich zurückbiegt — nach sich zu locken und ihn dann mit den Flügeln der Linie in den Flanken zu umfassen suchen sollen?« sehr oft vorgekommen sei? — eine Falle, in die wohl nur ein unvorsichtiger Gegner gehen dürfte! da dem Aufmerksamen dieses

5. die eigenen Flanken durch Anlehnung zu sichern, außerdem aber dieselben stets durch kleine Abtheilungen (Züge — Compagnien — Bataillons — Escadrons), welche hinter den Flügeln folgen, zu decken,
6. so früh und so schnell als möglich zum Angriff überzugehen*), und zwar mit dichten Tirailleur-Schwärmen, ohne zu feuern, im Trabe auf den Feind zu stürzen und denselben mit dem Bajonet anzugreifen**);

Manöver gerade die beste Gelegenheit giebt, die zurückbleibenden Flügeln der feindlichen Tirailleur-Linie seiner Seits, durch seine Reserven, zu umfassen und aufzurollen.

*) Daß jeder Angriff nicht schnell genug gemacht werden kann, ist bekannt, — nicht früh genug? dürfte aber mitunter wohl leicht in »zu früh!« ausarten.

Der Grundsatz: »die feindliche Stellung vor dem eigentlichen Angriff durch partielle Angriffe zu betasten? um die Aufstellung ꝛc. des Gegners zu erforschen!« scheint in Italien nirgend beachtet worden zu sein. Auch ist es den Franzosen nirgend gelungen, »das Feuer-Gefecht sehr kurz zu machen und mit einem Bajonet-Angriff sich zu begnügen,« da sie, wie aus den resp. Gefechts-Relationen zu ersehen ist, zwar überall stets gleich mit dem Bajonet-Angriff begannen, sehr bald aber zu einem längeren — mitunter mehrstündigen Feuer-Gefecht — sich genöthigt gesehen haben.

**) In der Regel sind die französischen Tirailleur-Schwärme, schon aus der weiten Entfernung von 1000 bis 1500 Schritt vom Gegner, auf denselben losgestürzt!! — was ihnen leicht hätte nachtheilig werden können, wenn der Gegner ihnen stets kräftig entgegen gegangen wäre, anstatt den Angriff stets in der Stellung abzuwarten!

Die quäst. Entfernungen sind aber stets im Trabe zurückgelegt worden, nicht bloß »um schneller an den Feind zu kommen,« sondern auch »um sich eher den auf weiteren Entfernungen nachtheiligeren Wirkungen der gezogenen Waffen zu entziehen?« ganz abgesehen davon, daß im Kugelregen das Avanciren im belebenden, fortreißenden Trabe immer leichter ist, als im Schritt, zu welcher Gangart bei dieser Gelegenheit besonders viel Ruhe und Kaltblütigkeit erforderlich ist.

Die im Dauerlauf vortrefflich eingeübten Franzosen haben diese Gangart aber nicht nur beim Angriff, sondern auch sehr oft zum beschleunigten Anmarsch — sogar auf 1 bis $^{3}/_{4}$ Meilen lange Strecken! — sowie zu verschiedenen Bewegungen im Gefecht — namentlich beim Vorrücken der Reserve zur Unterstützung — angewendet.

7. Tirailleurs eröffnen das Gefecht, nähren dasselbe und verfolgen — in dichten Schwärmen — den geschlagenen Feind. - B.*) —
8. Der Angriff soll überraschend, sinnbetäubend und vehement sein. — B. —
9. Zum Angriff werden zuerst die Elite-Truppen — (die Zuaven- und Chasseur-Bataillons, sowie bei der Linie die Grenadier- und Voltigeur-Compagnien) — verwendet**).
10. Den Tirailleur-Schwärmen folgen die resp. Bataillons in Colonnen***) auf möglichst nahe Abstände, in der Regel auf 100—120 Schritt. — B. —
11. Für den Beginn des Gefechtes einer Division kann dieselbe die — (S. 198 mitgetheilte) — Normal-Stellung einnehmen, wenn Terrain und Verhältnisse nicht eine andere Aufstellung der Truppen gebieten†).

---

*) Die Bataillons haben hierzu, wie erwähnt, am häufigsten zwei Compagnien in Tirailleurs aufgelöst, — zuweilen 4 bis 5 Compagnien, sogar ganze Bataillons; — auch haben sie öfter im entscheidenden Augenblick die Tirailleur-Schwärme verdoppelt, wie Bugeaud es vorschreibt.

**) Der Angriff der Franzosen mit den Elite-Truppen hat allerdings mehr Chance für sich, als der mit ihren, oft nur sehr mittelmäßigen! compagnies du centre. Werden erstere aber gründlich geworfen, so reißen sie auch sehr leicht den schwächeren Rest mit sich fort! Mit dem Ruin der Eliten wird aber zugleich der beste Theil — la crême! — der Truppen vernichtet und die Abfertigung des Restes nur um so leichter gemacht! —

***) Mit Ausnahme der Garde-Bataillons, welche in der Regel in Colonnen nach der Mitte (colonne double sur le centre) formirt waren, focht die übrige Infanterie stets in Divisions-Colonnen, die Züge mit halber Distance.

†) Von der Normal-Stellung sind die Divisionen oft abgewichen, z. B. bei Magenta, wo die Division Lamotterouge 10 Bataillons, die Division Camou — und zwar diese als Reserve! — 13 Bataillons in ein Treffen gestellt hatten, mit welchem sie zwar in der Breite viel Terrain besetzten, bei jeglichem Mangel an Tiefe aber auch des inneren Haltes entbehrten! — Die auf den Exercir-Plätzen so beliebten Aufstellungen in fortificatorischen Figuren! — wie z. B. lange Linien, von carrés obliques unterbrochen — der Courtine mit

12. Aus der Normal-Stellung — wenn solche vor dem Beginn des Gefechtes formirt wird, was nicht immer geschehen ist! — gehen die resp. Truppen zum Angriff in échelons vor*). — B. —

13. Die zurückgehaltenen échelons sind die nächste Reserve der resp. Truppen-Abtheilung.

14. Werden noch besondere Reserven formirt, so werden diese rückwärts der zu unterstützenden Truppe, ebenfalls als échelon derselben, aufgestellt**). — B. —

15. Der Angriff auf Dörfer ꝛc. wird in 2—3 Colonnen gemacht, von denen die schwächere das Dorf selbst angreift, während gleichzeitig die anderen, stärkeren, das Dorf auf einer, event. auf beiden Seiten umgehen.

16. Ist das Dorf genommen, so wird:

a) der Feind durch die umgehenden oder durch frische Truppen verfolgt, niemals durch die Truppen, welche den Ort eroberten;

b) die erobernden Truppen bleiben stets in dem quäst. Orte zurück und setzen sich, schon während des

---

vorspringenden Bastionen entsprechend — welche auf den Exercir-Plätzen vielfach zu sehen sind! — scheinen in Italien nicht vorgekommen zu sein. Auch ist von der Anwendung »des Kreuzfeuers mit carrés obliques gegen Cavallerie« nur ein Fall (bei Solferino) zu constatiren gewesen.

*) In allen Gefechten haben die Truppen diesen Grundsatz befolgt und sind dabei stets mit Echelons — bei drei Bataillons von beiden Flügeln — bei mehr Bataillons von einem (dem linken oder rechten) Flügel vorgegangen.

**) Die Reserven werden nicht massirt, sondern die Bataillons werden, wie bei den fechtenden Truppen — mit ganzer oder halber Distance — zum Deployiren aufgestellt und wurden in Italien — als Gegensatz der außerhalb des Kugelbereichs und dabei in der Regel viel zu weit zurück aufgestellten Reserven der Oesterreicher — oft viel zu nahe! (innerhalb des Kugelbereiches) aufgestellt. Besondere Reserven als solche für Armee-Corps aber sind fast gar nicht oder nur für gewisse Momente bestimmt worden, wie z. B. bei Solferino.

Gefechts, in demselben fest, indem sie sofort Straßen und Häuser barricadiren und letztere creneliren rc.;

c) der eroberte Ort bleibt jederzeit stark besetzt, wenn auch das Gefecht schon weit über denselben vorgerückt ist;

d) zur Vertheidigung eines Ortes wird derselbe mit ¼ bis ⅓ der hierzu bestimmten Truppen besetzt; der Rest — ¾ bis ⅔ — der Truppen wird als Reserve — event. hinter oder neben dem Orte so aufgestellt, daß diese Reserve stets à portée ist, um etwaige Angriffe des Gegners durch offensives Vorgehen gegen denselben sofort zurückweisen zu können.

17. Bei dem concentrischen Zusammenwirken verschiedener Truppen-Abtheilungen zum Angriff eines bestimmten Punktes (Ortes) wird denselben, — anstatt langer, besonderer Instructionen, — nur ein gemeinschaftlicher, bestimmter Directions-Punkt (wie z. B. ein Kirchthurm oder dergl.) angewiesen, auf welchen jede der resp. Abtheilungen direct loszugehen hat*).

18. In entscheidenden Momenten, wo es auf Beschleunigung der Bewegung oder auf größere Kraft-Anstrengung ankommt, legt die Infanterie die Tornister ab, nimmt aber die Patronen, sowie etwas Brod aus denselben heraus und steckt dies alles zu sich.

Vorstehende Mittheilungen der, von den Franzosen in den Gefechten in Italien angewendeten, tactischen Formen und

*) Eine besondere Eigenschaft des findigen Franzosen ist seine Befähigung: in kurzen Andeutungen oder auch nur in einem Wink mit der Hand oder mit den Augen schnell die Absicht, den Willen des Vorgesetzten zu verstehen und diesem sofort Folge zu leisten, was sehr richtig durch: »savoir marcher au doigt! à l'oeil!« bezeichnet wird.

der für diese geltenden tactischen Grundsätze dürften vielleicht eine einigermaßen richtige Anschauung der gegenwärtigen Kampfweise der Franzosen gewähren und dürfte es nicht ohne Interesse sein, hier nachstehend — gewissermaßen als Recapitulation, sowie gleichzeitig als Bestätigung der hier vorstehend ausgesprochenen Ansichten »über die französische Armee und deren Kampfweise — die Ansichten mitzutheilen, welche, kürzlich erst, der Königlich Baierische General von Hartmann in einer sehr geschätzten, militairischen Zeitschrift*) dahin ausgesprochen hat:

»Die französischen Generale stehen in dem Rufe, im Gefecht die Truppen mit größter Entschlossenheit und der vollkommensten Rücksichtslosigkeit zu gebrauchen**).«

»Sie treten stets mit großen Massen an den wichtigsten Stellen auf, und ihr Streben geht stets dahin: dem Gegner das Gesetz des Krieges vorzuschreiben***).«

»Im Angriff suchen sie den Erfolg in der wirksamen Einleitung durch Geschützfeuer, in der Gewandtheit und Zähigkeit des Tirailleur-Gefechts, besonders in dem kräftigen und mit großer Raschheit geführten, Stoß der Massen, die sie mit Uebereinstimmung und stets concentrisch auf den Gegner zu werfen verstehen.«

»In der Vertheidigung — sofern sie diese nicht in der activen Form suchen! — trachten sie stets den Gegner in ein Kreuzfeuer zu bringen.«

»Die französische Infanterie hat im italienischen Kriege in der Regel die Bataillons in (auf halbe Distance

---

*) S. Oesterreichische militairische Zeitschrift I. Jahrgang, 2. Heft, 1860. »Die Grundzüge der Tactik der französischen Armee.«

**) Diese Rücksichtslosigkeit haben die französischen Generale zu allen Zeiten geübt und sich darin stets von den deutschen Generalen unterschieden, was jedoch den Letzteren nicht zum Vorwurf gereichen dürfte.

***) Dies ist ihnen in Italien 1859, sowohl in Betreff der Operationen, als auch der Schlachten und Gefechte vollständig gelungen.

aufgeschlossenen) Divisions-Colonnen verwendet, welchem eine starke Tirailleur-Linie, in der Regel von zwei Compagnien, voranging und den Gegner durch ihr Feuer erschütterte.«

»Da die Massen zusammenhielten, so zeichneten sich die Angriffe durch ihre Schnelligkeit und ungestüme Energie aus.«

»Ihre Tirailleure verstehen, durch ihre Schnelligkeit jeden Augenblick zur nachhaltigen Feuerwirkung sich näher zu concentriren und wieder zu zerstreuen, bei gewandter Terrainbenutzung oft spurlos zu verschwinden*) und wieder ein überraschendes und nahes Feuer auf einen Punkt zu eröffnen, wo, nach dem gewöhnlichen Maße berechnet, ihr Erscheinen für unmöglich galt. Es ist ein Kampf der Handstreiche, der Umgehungen, der Ueberraschungen und der kühnen Angriffe. In jeder Gefechtslage spricht sich Schlauheit, Verwegenheit und Selbst-Vertrauen, kurz der ächte Geist des zerstreuten Gefechts aus.«

»Errungene Vortheile werden durch die Einwirkung der Offiziere augenblicklich mit voller Kraft und rastlos verfolgt, und zwar nicht blos mit verstärkten Plänkler-Linien, sondern auch, wo es zur Entscheidung führen kann, mit dem Bajonet, in geschlossenen Massen.«

»Die Bewegungen finden gewöhnlich im Laufschritt statt, welcher, je nach den Umständen, bis zu 180 Schritt in der Minute gesteigert wird.«

»Der volle Lauf findet nur da Anwendung, wo zur Erreichung eines entscheidenden Punktes die Entwickelung der größten Geschwindigkeit unvermeidlich ist oder wo es sich um die Ueberraschung des Feindes durch plötzliches Erscheinen in einer ganz unerwarteten Richtung handelt.«

---

*) Durch Niederlegen.

»Ihre Bataillons besitzen die Fertigkeit, auf mehrere hundert Schritt fest geschlossen und geordnet dem Feinde in der schnellsten Gangart entgegen zu stürzen, ihre Salven in nächster Nähe, nach rascher Entwickelung, abzugeben und dann zum Bajonet-Angriff überzugehen.«

»Diese Taktik muß einen entscheidenden Druck auf jede Truppe üben, deren Bewaffnung es verhindert, die Schnelligkeit des Schießens in dem Maße zu steigern, als jene ihre Marsch-Geschwindigkeit mehren*).«

»Die leichten Bataillons (Chasseurs und Zuaven) bethätigen diese Bewegungsfähigkeit in einem noch höheren Grade, als die Linie. Das wichtige Gefechts-Element — die Ueberraschung — erhält dadurch eine große Steigerung, deren Wirksamkeit die französischen Führer mit vielem Geschick in den entscheidenden Momenten zu benutzen verstehen.«

»Durch die Ausbildung, Abhärtung, Schnelligkeit ihrer Infanterie hat sich demnach die französische Armee energische und ächt kriegerische Hülfsmittel für die Gefechtsentscheidung angeeignet.« —

Aus der Beantwortung der Frage:

»Welche Resultate ergeben sich im Allgemeinen aus der Darstellung des Feldzuges 1859 in Italien und aus der unparteiischen Beantwortung der vorstehend sub I und II hier aufgeworfenen Fragen?

ergeben sich aber endlich gleichzeitig auch

---

*) Die hier ausgesprochene, gewiß sehr richtige, Ansicht bekräftigt nur um so mehr die Ueberzeugung von der Wichtigkeit und Tüchtigkeit des preußischen Zündnadel-Gewehrs, welches ganz dazu geeignet ist: durch die Schnelligkeit des Feuers auf weite Entfernungen mit sicherer Treffähigkeit des Schusses den zuverlässigsten Erfolg gegen dergleichen Angriffe zu sichern.

III. Die Ursachen des Sieges der Franzosen in dem Feldzuge in Italien im Jahre 1859.

Der geistreiche Verfasser der bereits erwähnten: »Militairische Betrachtungen« ꝛc. — beginnt seine verdienstvolle Schrift mit den Worten:

»Der letzte Krieg in Italien hat die Unzulänglichkeit der österreichischen Armee in fast allen Richtungen gezeigt, außer in Bezug auf die Zahl, die sie auf dem Papier erreichte.«

»Die französische Armee hat sich zwar nicht tadellos, aber doch überlegen gezeigt; ihre Führung trug nicht das Gepräge fortreißender Genialität, und gerade deshalb giebt sie uns ein außerordentlich werthvolles Beispiel.«

»Hätte der alles bewältigende Geist eines Feldherrn von wirklicher erster Ordnung an ihrer Spitze gestanden, so hätte man sich mit dem Gedanken trösten mögen, daß gegen solche Kräfte gewöhnliche Menschenmittel vergebens streiten, und daß, wie nur die Hand des Allmächtigen es ist, welche derartige Feldherren schafft, sie allein auch im Stande ist, dieselben wieder niederzuwerfen. So muß aber der aufmerksame und in das Wesen der Operationen, in ihre politischen und wissenschaftlichen Grundlagen eindringende Forscher bekennen, daß auch »drüben« Keiner war, der oberhalb der Häupter der übrigen Sterblichen seinen Platz hatte und weil man die Ursachen des feindlichen Sieges nicht in einer übernatürlichen Kraft zu suchen hat, ist man gezwungen, sie in den eigenen Mängeln zu suchen, ist man gezwungen, anzuerkennen, daß — die Tapferkeit auf beiden Theilen vorläufig zu gleich angenommen — die französische Armee in wesentlichen und einflußreichen Dingen die bessere war. Nicht in Allem, — nein! das hat sich herausgestellt, aber in Vielem, das haben wir Alle mit empfinden müssen.« —

In welchen wesentlichen und einflußreichen Dingen aber die französische Armee die bessere war, wird aus der hier folgenden unparteiischen Zusammenstellung der, aus den hier vorstehenden Beantwortungen der beiden Hauptfragen sich ergebenden, Vergleichung der, durch die Thatsachen noch besonders zu Tage getretenen, Eigenthümlichkeiten der beiden Armeen und den Resultaten ihrer Leistungen am besten ersichtlich sein. —

Unzweifelhaft war die Kampfweise der Franzosen besser, als die der Oesterreicher. Doch haben Erstere derselben wie schon mehrfach bemerkt, nicht allein den Sieg zu verdanken gehabt, vielmehr dürften wohl ganz besonders folgende wesentliche und einflußreiche Dinge zur Erreichung desselben beigetragen haben:

Tapferkeit, Muth, Todes-Verachtung, Zähigkeit, Ausdauer und Disciplin der betheiligten Armeen müssen als auf beiden Seiten gleich gut und lobenswerth bezeichnet werden.

Dagegen treten auf beiden Seiten folgende verschiedene Elemente hervor, welche zur Erlangung des Sieges für die Franzosen besonders günstig gewirkt haben:

1. Bei den Soldaten der französischen Armee herrschte durchgehend — mit Ausnahme der Turcos — vollkommene Gleichheit der Nationalität, des Geistes, der Sitten, Gebräuche und Sprache, sowie der Interessen, Gefühle und Empfindungen, getragen von dem den Franzosen eigenen, National-Gefühl und National-Stolz.

Der bei weitem größte Theil der französischen Soldaten bestand aus älteren, länger gedienten Leuten, die, nach langjähriger Kriegs-Gewohnheit auch kriegslustig, demnächst aber kriegserfahren, an Fatiguen aller Art gewöhnt und darin abgehärtet, sowie dem Gegner an Gefechts-Kenntniß und Gefechts-Fertigkeit überlegen, an Körper und Geist gewandter, umsichtiger, findiger und schlauer waren.

Eitelkeit, Ehrgeiz, Dünkel, Selbstgefühl und Selbstvertrauen, das sentiment individuel und das sogenannte feu sacré! (der militärische Feuer-Eifer), sowie der, jeden Einzelnen belebende »Wille zu siegen,« getragen durch Keckheit, Selbstständigkeit im Handeln und die feste Ueberzeugung der Unfehlbarkeit, — welche zum Glück für die französische Armee durch keine unerwartete große Rückschläge — revers inattendus! — enttäuscht worden ist! — (die kleinen, überall vorgekommenen revers gelangten zu keinem entscheidenden Einfluß!) — die Aussicht auf Belohnung durch Avancement und Orden mit Pension!! — den wesentlichen Mobilen für die Armee!*) — die Erinnerungen an die Siege in Afrika und der Krimm — sowie der erste Sieg im ersten Gefecht! in Italien! — dies Alles erhöhte den schon hinlänglich vorhandenen élan und entrain der Soldaten! — steigerte deren moralische Kraft bis zur Ueberlegenheit über die physische des Gegners, trieb den Soldaten — der unter den Augen des Kaisers focht, welcher stets generös und zur Stelle gleich belohnte! — unaufhaltsam vorwärts, drängte zum Siege! und ließ die Franzosen tête baissée in das Feuer, und dem Feind mit dem Bajonet auf den Leib stürzen**).

---

*) Der Ehrgeiz wurde auch noch durch allerhand äußere Mittel besonders angeregt, wie z. B. »daß der Kaiser an den Adler jedes Regiments, welches eine Fahne eroberte, mit Feierlichkeit den Orden der Ehren-Legion befestigen ließ! —

**) Zur Charakteristik der Franzosen möge hier noch folgende Stelle aus den »Militairische Betrachtungen« 2c. pag. 15 Platz finden:

»Wer französische Infanterie — es ist Alles, wie wir sagen, leichte Infanterie — in ihrem Elemente gesehen, im zerstreuten Gefecht, in ihrem kecken Anstürmen auf den Feind, der ist hingerissen von den herrlichen militairischen Eigenschaften

Die Soldaten der österreichischen Armee bestanden hingegen aus acht verschiedenen, durch Race, Sprache, Sitten, Gebräuche und Interessen von einander getrennten Nationalitäten*), welche — nur durch Gewohnheit, durch den Fahnen-Eid, durch Pflichtgefühl, Kaiser-Treue, Gehorsam und strenge Disciplin zusammengehalten, — voller Hingebung und lobenswerthen aber nicht lebendigen Geistes, von Natur langsam, eher schwerfällig als beweglich, geistig ruhig, überlegt, aber ohne besonderen élan, ohne feu sacré, überall mehr mit

---

und glaubt, daß der Geist wirklich ganz ersetzen könne, was dem Körper fehlt. — Wer sie aber dann wieder gesehen hat, nach langen und schweren Anstrengungen, wie sie im »je n'en puis plus!« da liegen und, moralisch todt, Alles über sich ergehen lassen, der läßt denn doch der Körperkraft ihr Recht angedeihen und bleibt bei der Verwunderung stehen, daß es doch möglich sei, mit so unzureichendem Material so Großes zu leisten!

»Und wodurch ist es erreicht? Dadurch, müssen wir uns antworten, daß man ihre natürlichen Eigenschaften theils benutzt und ausbildet, theils unterstützt, daß man sie leisten läßt, was sie zu leisten vermögen, und nicht verlangt, was sie ruiniren würde. Man läßt sie ihrem Naturel angemessen fechten, man wirkt mit ihrer Findigkeit, ihrer leichten Auffassung; man muthet ihnen Anstrengungen zu, aber — man verpflegt sie dabei, man schont und pflegt ihren Körper, schützt sie durch Zelte und benutzt sie möglichst wenig als Packthiere.

»Der deutsche Soldat könnte mehr leisten, wenn ihm nicht so viel Unnützes oder Schädliches zugemuthet würde!« —

*) Das Zahlen-Verhältniß der Soldaten verschiedener Nationalität bei der österreichischen Armee in Italien 1859 stellte sich so, daß 4/60 (1/15) Italiener, 4/60 (1/15) Gränzer, 15/60 (1/4) Ungarn, 31/60 (1/2) Deutsche, Tiroler und Slaven waren.

Die Deutschen, Tiroler und Slaven (mit Ausnahme der Gränzer) schlugen sich durchgehends sehr tapfer und standen in dieser Beziehung den besten französischen Truppen durchaus nicht nach. Auch die Ungarn sollen sich tapfer geschlagen, aber hier und da nicht von besonders gutem Willen erwiesen und sich — nach den Mittheilungen der Franzosen — nächst den feigen und ganz unzuverlässigen Italienern und den Gränzern — am meisten dem Feinde ergeben haben, was jedoch österreichischer Seits sehr bestritten wird. Aber auch die sonst so tüchtigen Gränzer (slavischen Stammes) sollen sich nicht bewährt und vielfach nicht nur lau, sondern geradezu unzuverlässig und feige gezeigt haben. Die Italiener taugten gar nichts, und kann man nur den Mißgriff bedauern, daß man ihre längst zweifelhafte Treue in ihrem eigenen revolutionirten Vaterlande erst noch auf die Probe stellte.

dem Verlangen, als mit dem festen Willen zu siegen*), mit Ruhe, Kaltblütigkeit, gewissenhaft und pünktlich, aber doch nur mechanisch, dem Befehle folgten und gehorsam, still ergeben, sich tapfer und heldenmüthig schlugen, ja sich ohne Zaudern — vielleicht unnöthig! schlachten ließen, dabei aber auch ihr Leben jederzeit sehr theuer verkauften.

Der größte Theil derselben bestand aus jungen, kaum ein Jahr, selbst kürzere Zeit dienenden Leuten, also zum größten Theil aus Rekruten; fast alle waren ohne Kriegs-Erinnerungen, — denn nur wohl wenige Soldaten, höchstens einige Unteroffiziere hatten den Krieg von 18⁴⁸/₄₉ mitgemacht! also auch ohne alle Kriegsgewohnheit und Kriegserfahrung, unbekannt mit dem Gefecht, ohne alle Fertigkeit in demselben — vertheidigten sie nur den alten, angestammten historischen Kriegsruhm ihrer Fahnen, diesen aber auch mit aller Treue und achtungswerther Hingebung. — Nicht um Belohnungen willen! — zu denen für die Masse auch nur wenig Aussichten vorhanden waren! — begnügten sie sich mit dem Bewußtsein, treu ihrer Pflicht genügt und ihre Schuldigkeit gethan zu haben.

In Hinsicht der Wirkungen des moralischen Elementes waren daher die französischen Soldaten den österreichischen wohl jedenfalls überlegen. Der Franzose ficht nicht schulgerecht, er kämpft mehr — als Naturalist und aus Passion! — der Oesterreicher aus Pflichtgefühl und auf Befehl.

2. Die Offiziere der österreichischen Armee, tüchtig tapfer und ehrenwerth, voll Ehrgefühl und des vortrefflichsten Geistes, gingen zwar durchgehends sehr gut mit ihren Leuten

---

*) S. »Militairische Betrachtungen«: »Der deutsche Soldat ist nicht kriegerisch gesinnt, Ehrgeiz ist ihm fremd. Er ist ein vortreffliches Material wegen seiner Fügsamkeit und Ausdauer. Aber der Sieg will errungen sein! Man impfe daher dem Soldaten eigenen Willen, eigenen Trieb zum Siege, Verlangen nach Vorwärts ein!« —

um, sowie auch im Gefecht denselben stets mit dem trefflichsten Beispiel voran, wurden von denselben auch überall nicht blos aus Gehorsam, sondern vielfach auch aus Achtung, Anhänglichkeit und Ergebenheit freudig gefolgt, rissen jedoch ihre Leute weniger mit sich fort, da Letztere eben nicht so feurig und phantasiereich wie ihre Gegner waren. Bei aller Vortrefflichkeit des Verhältnisses zwischen Offizieren und Soldaten blieb aber der große Abstand zwischen beiden Ständen doch immer fühlbar. Dabei fehlte es dem größten Theil der Offiziere an Kriegs-Erfahrung, also auch an Kriegs- und Gefechts-Kenntniß und Gefechts-Gewohnheit, sowie an der erforderlichen Uebung in der Detail-Führung der Truppen im Gefecht! vor allen denen, welche eben erst von Civilbeamten! zu Offizieren ernannt worden waren. Die französischen Offiziere dagegen standen ihren Leuten schon durch die gleiche Abstammung und Geburt, sowie durch Sitten und Gewohnheiten näher und rissen im Gefecht — stets mit élan vorangehend — das feurige, immer nur vorwärts strebende Material nur um so leichter mit sich fort, als sie dabei durch Kriegs-Erfahrung, Gefechts-Kenntniß und Gewohnheit, sowie durch Uebung in der Detail-Führung auf das Günstigste unterstützt wurden und in dieser Beziehung den österreichischen Offizieren unverkennbar überlegen waren.

3. Die Generale der französischen Armee haben zwar keine besondere Talente entwickelt und im Allgemeinen sich nicht als Feldherren bewiesen, da sie sonst die Armee des Gegners ebenso hätten zertrümmern müssen, wie diesem, mehr als einmal, die Gelegenheit geboten war, die französische Armee zu zerschlagen! Sie waren aber in Kriegen und Gefechten alt geworden und verstanden es: »Letztere möglichst zu ihrem Vortheil zu führen«, so daß man sie in dieser Beziehung wenigstens als dem größten Theil der österreichischen Generale —

unter denen nur der F.-Z.-M. Benedek glänzend hervorragte! — überlegen betrachten darf.

4. Die Stäbe der Generale hatten französischer Seits nicht nur den Vorzug, daß hier, in Folge einer sehr zweckmäßigen Organisation, Generalstab und Adjutantur nur ein Corps bilden, sondern daß dasselbe auch jederzeit sehr zahlreich, fast mehr als auskömmlich, mit gut instruirten, in ihrem Dienst geübten und zum größten Theil kriegserfahrenen, gefechtskundigen Offizieren versehen und diese sehr zweckmäßig vertheilt waren, während österreichischer Seits Generalstab und Adjutantur nicht nur getrennt in zwei Corps neben einander bestanden, sondern beide — schon im Frieden, vielleicht aus Oeconomie*)? — zu gering an Stellen — auch beim Ausbruch des Krieges nicht genügend dotirt worden waren, da der augenblickliche Bedarf den Vorrath an, genügend für den betreffenden Dienst ausgebildeten, Offizieren aber bedeutend überstieg, so fehlte es den Stäben nicht nur an der, für den Dienst im Felde nothwendigen Anzahl von Offizieren, sondern die meisten derselben, namentlich die in der Eile neu Creïrten, besaßen auch nicht die für ihr Fach erforderlichen Kenntnisse, noch weniger aber Geschäfts-Routine im Felde; fast allen aber fehlte es an der gehörigen Kriegs-Erfahrung und Gefechts-Kenntniß, wie die Offiziere der französischen Stäbe solche besaßen, so daß Letztere ihnen daher ebenfalls als überlegen betrachtet werden dürften.

5. Die Streitkräfte waren, der Zahl nach, bis zum Rückzug der Oesterreicher über den Mincio auf Seiten der Alliirten, im zweiten Abschnitt des Krieges jedoch auf Seiten der Oesterreicher überlegen. Vergleicht man aber die

---

*) Derartige économies de bouts de chandelles strafen sich in der Regel sehr hart! —

Anzahl der Combattanten, welche in den verschiedenen Gefechten und Schlachten, am Kampfe selbst, Theil nahmen, so findet man die größere Kopfzahl nur in den Gefechten bei Palestro und Melegnano, bei Solferino nur auf dem linken Flügel der Alliirten auf Seiten der Letztern; bei Montebello, Magenta und Solferino dagegen auf Seiten der Oesterreicher; in der Schlacht bei Solferino waren dieselben nur im Centrum, nach Ankunft der französischen Garden, einander ziemlich gleich.

6. Die Ausbildung der Truppen war bei den Oesterreichern tactisch auf dem Exercir-Platze und bei den Manövern schulgerecht besser, — bei den Franzosen dagegen im Gefecht überlegen, wo dieselbe besonders durch das vortrefflich eingeübte Bajonet-Fechten und den Dauerlauf (Trab) bedeutend unterstützt wurden, in welchen Ausbildungs-Zweigen die Oesterreicher allerdings weniger geübt waren.

Besonders zeigte sich die französische Infanterie durch größere Beweglichkeit, Gewandtheit und Schnelligkeit in der Bewegung der österreichischen überlegen, wogegen die österreichischen Reiter jedenfalls dem einzelnen französischen überlegen waren.

7. Der Anzug und das Gepäck war bei den Franzosen bequemer und leichter, namentlich für das heiße Clima in Italien zweckmäßiger.

8. Die Verpflegung war bei den Franzosen bedeutend reichlicher, auch besser organisirt, als bei den Oesterreichern, die nicht selten bei den anstrengendsten Märschen Tage lang! keine Verpflegung erhielten und fast immer mit leerem Magen in das Gefecht gegangen sind. Namentlich hatten die Franzosen vor den Oesterreichern voraus: »daß sie des Morgens vor dem Ausrücken (selbst am 24. Juni, dem

Tage der Schlacht bei Solferino früh Morgens 1 Uhr) ein Litre Café erhielten« *)!

9. Die Formation der Truppen war bei den Oesterreichern, durch zu starres Festhalten an das Massige, bis zur Schwerfälligkeit, in Hinsicht der Organisation und Formirung der resp. Abtheilungen, an sich mangelhaft, und wurde für den quäst. Kriegs-Schauplatz ganz unzweckmäßig angewendet, was namentlich nicht wenig zu den resp. Verlusten an Gefangenen und Geschützen in den verschiedenen Gefechten beigetragen haben dürfte.

a. Die Infanterie der Franzosen war zweckmäßig, dem Terrain analog, in schwache Compagnien und kleine Bataillons formirt, wodurch nicht nur die Zahl der tactischen Einheiten vermehrt, sondern auch gleichzeitig die Beweglichkeit derselben, sowie die Detail-Führung ungemein erleichtert wurde, so daß die Franzosen in dieser Hinsicht, sowie durch ihr Tirailleur-System bedeutend überlegen waren, indem die Oesterreicher — im Widerspruch mit den Anforderungen des Terrains — zwar theilweis in kleineren beweglicheren Divisions-Colonnen, aber doch zu viel in starken schwerfälligen Bataillons-Massen fochten, welche den feindlichen Geschossen dankbare Zielobjecte darboten, demnächst aber auch die Detail-Führung, sowie die Beweglichkeit ungemein erschwerten. Die österreichischen Regimenter waren zu stark, indem sie aus 4 starken Bataillons unter einem Obersten bestanden, der jedoch im Commando kein Zwischen-Glied zwischen dem Brigade-

---

*) In der K. K. Oesterreichischen Armee ist jetzt — durch einen Ministerial-Erlaß vom 9. November 1860 — die Einführung des schwarzen Cafés ebenfalls anbefohlen, und zwar im Kriege als Bestandtheil der Etappen-Portion, im Frieden als Sanitäts-Zulage; und steht zu hoffen, daß diese weise Maßregel auch anderwärts! Nachahmung finden werde! —

Commandeur und dem Bataillons-Commandeur bildet, da er in der formirten Brigade völlig ausfällt.

In gleicher Weise waren auch die Brigaden der Oesterreicher — wie schon Seite 83 erwähnt ist — zu wenig gegliedert, und fehlte es, in Hinsicht der Commando-Stellen, an der gehörigen Anzahl von Zwischen-Gliedern, indem der Brigade-Commandeur direct die Bataillons leiten mußte.

b. Die Cavallerie war auf beiden Seiten viel zu zahlreich für den Kriegs-Schauplatz, doch waren, demselben entsprechend, die resp. Escadrons nur von angemessener Stärke. Auf beiden Seiten wurde die Cavallerie jedoch nur wenig gebraucht, und waren die wenigen Atacken, welche bei Solferino von beiden Seiten ausgeführt wurden, ohne weiteren Einfluß auf den Gang der Schlacht. Auf beiden Seiten fehlte es der Cavallerie auch an guter Führung, an wahren Reiter-Generalen!

Auf beiden Seiten aber hatte man auch versäumt, jeder Infanterie-Division 1—2 Escadrons zuzutheilen, welche überall — ganz besonders aber in Ober-Italien — gut zu verwenden gewesen wären, wo das Terrain so leicht Ueberraschungen durch Infanterie gestattet, gegen welche allein kleine Cavallerie-Abtheilungen — sogenannte Divisions-Cavallerie — helfen. Die Cavallerie, welche hier und da auf beiden Seiten einzelnen Divisionen zugetheilt worden war, hat bei Magenta und Solferino gegen die Tirailleurs sehr oft vortrefflich gewirkt, indem sie dieselben verjagte oder sie zwang, Colonnen zu formiren, was sie zum Halten nöthigte, dadurch aber am Vordringen hinderte, und gleichzeitig der Artillerie treffliche Ziel-Objecte lieferte.

c. Die Artillerie der Oesterreicher war zahlreich genug, stand aber — durch ihr schwerfälliges, veraltetes Material, durch den Mangel an Beweglichkeit und Schnelligkeit in der Bewegung sowohl, als im Feuern, sowie an Tragweite und Wirksamkeit der Geschütze — der französischen um so mehr nach, als sie außerdem noch durchaus nicht richtig verwendet wurde. Da aber, wo sie gebraucht wurde, sehr oft die Geschütze, anstatt in großen Batterien vereinigt zu werden, verzettelt und nicht immer auf dem rechten Fleck und zum richtigen Moment, nicht selten zu spät oder auch wohl gar nicht herangeholt wurden.

Die beweglichere französische Artillerie dagegen — von umsichtigeren, gewandteren, kriegserfahreneren und gefechtskundigeren Offizieren und Soldaten bedient, — war nicht nur besser formirt, mehr gegliedert und richtiger vertheilt, als die österreichische, sondern sie war letzterer auch um so mehr überlegen, als ihre Geschütze, namentlich die gezogenen, auf bedeutend größere Entfernungen, erfolgreicher wirkten und außerdem, wo es irgend passend und zuläßig war, in großen Batterien von 12—24—30—42 Geschützen concentrirt wurden.

10. Die Bewaffnung war auf beiden Seiten gut, doch war die österreichische Infanterie, fast durchgängig mit gezogenen Gewehren ausgerüstet, dadurch der französischen, in welcher nur die Garden, die Chasseur-Bataillons, die Zuaven und die aus Algier herangezogenen, außerdem aber nur ein kleiner Theil der übrigen Infanterie-Regimenter mit gezogenen Gewehren bewaffnet waren, jedenfalls im Feuer-Gefecht überlegen*), wie dies auch wohl die verhältnißmäßig größeren

---

*) Welchen Einfluß in Zukunft die vervollkommneten Feuer-Waffen auf Veränderungen in der Tactik der verschiedenen Waffen, sowie auch der Kriegsführung

11. Verluste der Alliirten an Gebliebenen und Verwundeten, namentlich an Offizieren beweisen, obgleich die französische Infanterie bedeutend reichlicher, als die österreichische, mit Patronen versehen war. Die summarischen Angaben der Verluste der Oesterreicher erreichen die event. Größe hauptsächlich durch die große Anzahl von Vermißten, welche von ihnen selbst bei Magenta auf 4000, bei Solferino auf 9000 Mann angegeben werden, während von französischer Seite die Richtigkeit der Angaben der Verluste überhaupt wohl nicht ganz erwiesen ist*).

12. Der Vorpostendienst, in welchem die Franzosen niemals excellirt haben, scheint auf beiden Seiten mit unverzeihlicher Nachlässigkeit betrieben worden zu sein — was bei den Oesterreichern um so auffallender ist, als es denselben nicht an guten leichten Truppen — Jäger, Husaren und Gränzer — fehlte, so daß alle Gefechte sofort ohne vorherige Einleitung begonnen, ohne daß man Zeit hatte, zuvor noch möglichst gut combinirte Dispositionen zu machen — wenn man deren überhaupt gemacht hätte?

überhaupt äußern werden, dürfte sich nach den bisher in dieser Hinsicht gemachten Erfahrungen wohl noch nicht mit Bestimmtheit voraussagen lassen. So viel möchte aber wohl bereits feststehen, daß die sichere Wirkung der gezogenen Gewehre auf weite Entfernungen jedenfalls die Infanterie immer mehr zur Anwendung des Dauerlaufes im Gefecht sowie zum möglichst frühzeitigen Gebrauch der blanken Waffe veranlassen und Suworoff's Sprichwort: »die Kugel ist toll, das Bajonet ist weise« immer mehr bethätigen dürfte?

*) Man ist bisher wohl ziemlich allgemein der Ansicht gewesen, daß durch die Vervollkommnung der Feuerwaffen in Zukunft die Zahl der Todten und Blessirten bedeutend größer, die Gefechte weit blutiger als bisher werden würden. Die Resultate der Schlachten in Italien bestätigen aber diese Ansicht durchaus nicht, wie aus der hier nachfolgenden vergleichenden Zusammenstellung der summarischen Verluste an Todten und Blessirten in den Schlachten bei Magenta und Solferino (1859) mit den, in den Schlachten bei Ligny und bei La Belle Alliance (1815) ersichtlich ist, da hiernach die quäst. Verluste in den beiden letzteren Schlachten, in welchen von beiden Seiten noch das Infanterie-Gewehr mit dem Feuerschloß angewendet worden ist, gezogene Geschütze aber noch nicht existirten! bedeutend größer, als bei den letzten Schlachten in Italien gewesen sind.

Die nachtheiligen Folgen der groben Vernachlässigung dieses so wichtigen Dienstzweiges, der in dem quäst. schwierigen Terrain nur um so correcter auszuüben nothwendig gewesen wäre, war aber den Franzosen nur bei Montebello, sonst in allen übrigen Gefechten den Oesterreichern, nachtheilig, welche namentlich bei Solferino auf das Unangenehmste vom Gegner überrascht wurden.

13. Die Kampfweise der Oesterreicher stand unverkennbar der der Franzosen bedeutend nach, indem erstere, durch das zu starke Festhalten an das Massige, schwerfällig

---

A. Vergleichende Zusammenstellung der Verluste:

In der Schlacht bei	Nation.	Es befanden sich effectiv im Gefecht an Combattanten.	Summarische Anzahl der Todten und Verwundeten.	Verhältniß der Todten und Verwundeten zu der Anzahl der Combattanten.
Ligny	Preußen	87,000	16,000	1 : 5,43...
	Franzosen	78,000	11,500	1 : 6,78...
La Belle-Alliance	Alliirte	124,000	22,000	1 : 5,66...
	Franzosen	90,000	32,000	1 : 2,81...
Magenta	Oesterreicher	90,000	5,700	1 : 15,26...
	Alliirte	67,000	3,700	1 : 18,19
Solferino	Oesterreicher	165,000	13,000	1 : 12,69...
	Alliirte	143,000	20,000	1 : 7,01...

Aus der folgenden Zusammenstellung B. ergiebt sich: das Verhältniß der Verluste an Offizieren in den Schlachten bei La Belle-Alliance, bei Magenta und bei Solferino, und geht daraus hervor, daß die Verluste an Offizieren in letzteren auf Seite der Franzosen bedeutend größer waren, als bei den Oesterreichern, was sich theilweise daraus erklärt, daß die Franzosen im Verhältniß zur Mannschaft bedeutend reicher an Offizieren dotirt sind, als die Oesterreicher.

Ueber die Verluste der Franzosen an Offizieren bei La Belle-Alliance waren selbst im depôt de la guerre in Paris keine Details hierüber aufzufinden, und haben daher hier nur die Verluste an Offizieren und Mannschaften der Alliirten mitgetheilt werden können, welche verhältnißmäßig weit bedeutender waren, als selbst die der Franzosen in Italien 1859.

wurden und der nothwendigen Beweglichkeit ermangelten, in Folge hiervon aber, die Infanterie besonders, durch das feindliche Geschütz- und Gewehrfeuer bedeutende Verluste unnöthig zu erleiden hatte.

Anstatt namentlich der, von weit her, sicher treffenden französischen, Artillerie gegenüber, in dünnen Linien oder in kleinen Abtheilungen mit größeren Zwischenräumen sich aufzustellen, oder wenigstens sich gegen das feindliche Geschützfeuer möglichst zu defiliren, standen die Oesterreicher fast überall ohne Deckung, theilweise sogar mit starken schwerfälligen Colonnen in großer Tiefe und langen Fronten, welche in dem höchst coupirten Terrain sich ebenso schwer entwickeln als bewegen konnten.

Ihren Tirailleur-Linien fehlte es weniger an Gewandtheit als am gehörigen Nachschub durch kleinere Colonnen und, durch den ganz ungewohnten stürmischen Anfall der Franzosen nicht selten überrascht, mitunter — besonders im Anfange des Feldzuges — vielleicht auch theilweise verblüfft? versäumten sie

---

B. Vergleichende Zusammenstellung der Verluste:

In der Schlacht bei	kämpften gegen einander	Anzahl der effectiv im Gefecht gewesenen Combattanten.	Verhältniß der todten und blessirten Offiziere zu der todten und blessirten Mannschaft: todt.	Verhältniß der todten und blessirten Offiziere zu der todten und blessirten Mannschaft: blessirt.	Verhältniß der todten und blessirten Mannschaften zu der Anzahl der effectiv im Gefecht gewesenen Combattanten: todt.	Verhältniß der todten und blessirten Mannschaften zu der Anzahl der effectiv im Gefecht gewesenen Combattanten: blessirt.
Magenta	Oesterreicher	90,000	1 : 20	1 : 13	1 : 69	1 : 21
	Alliirte	67,000	1 : 7	1 : 17	1 : 139	1 : 22
Solferino	Oesterreicher	165,000	1 : 25	1 : 19	1 : 73	1 : 16
	Alliirte	143,000	1 : 10	1 : 18	1 : 47	1 : 9
La Belle-Alliance	Alliirte	124,000	1 : 18	1 : 15	1 : 34	1 : 8
	Franzosen	90,000	NB. Hier fehlen die genügend zuverlässigen Notizen.			

es stets: dem heranbrausenden Gegner rechtzeitig selbst, mit kräftigem Angriff entgegen zu gehen — wie man denn überhaupt das Wirken größerer kräftiger Offensiven bei ihnen in allen Gefechten vermißt.

Ohne — so weit dies zu ermitteln war, — ebenfalls auch ihrer Seits den Dauerlauf anzuwenden und im Bajonetkampf weniger geübt, als die Franzosen, nahmen sie größtentheils — in der Position verharrend! — das Gefecht stehenden Fußes an und ließen sich zu viel nur auf Schießen ein, ohne jedoch den Gegner aus weiter Ferne schon, ohne Schonung der Patronen, durch Schnellfeuer so zu erschüttern, daß er, wenn nicht aufgehalten, doch wenigstens halb gebrochen an sie herankommen mußte, um dann durch kräftigen Gegen-Angriff den Garaus zu empfangen!

Dieser schwerfälligen Kampfweise gegenüber mußte die der Franzosen, welche vorstehend bereits näher erörtert worden ist, um so mehr die Oberhand gewinnen, als das, in derselben vorherrschende, Princip der Beweglichkeit, der schnellen Entwickelung, des schnellen Anlaufs und des unbedingten, unaufhörlichen Angriffs, namentlich aber des steten concentrischen Zusammenwirkens der resp. Streitkräfte, bei guter Detailführung in dem coupirten Terrain das Zweckmäßigste war, was man hier thun konnte und mußte.

Unter dem Schutz und der Deckung dichter Tirailleur-Schwärme, in nächster Nähe von beweglichen kleinen Colonnen gefolgt, griffen die Franzosen größtentheils im Trabe an und blieben auch stets — im scharfen Gegensatz mit ihrem mehr stabilen Gegner — in fortwährender Bewegung, wie solche dem Franzosen Lebens-Element ist, zugleich aber denselben, wohlberechnet! in steter Aufregung erhält!

Endlich benutzten die Franzosen auch sehr geschickt alle Vortheile des Terrains, während sie, durch fortwährendes Hin-

und Herziehen, sich zugleich den Wirkungen des feindlichen Feuers zu entziehen suchten.

Durch ihr stets offensives Verfahren aber verschafften sie sehr häufig der Minderzahl das Uebergewicht über die ihnen gegenüberstehende Mehrzahl, so daß ihre Kampfweise sich jedenfalls der der Oesterreicher überlegen erwiesen hat.

Bei allen Erfolgen, welche dieselbe in Italien gehabt hat, ist sie aber doch auch nicht ohne Mängel, und dürfte dieselbe daher durchaus nicht als ein unter allen Umständen vortreffliches Muster, oder gar als unfehlbares Universal-Mittel zu empfehlen sein! da sie, einer gut geschulten, ruhigen, gut geführten Truppe gegenüber, die mit einem, von Weitem begonnenen, sicher treffenden Feuer-Gefecht und gehörigem Schnellfeuer rechtzeitig die Offensive zu ergreifen, die schwachen Seiten der französischen Kampfweise zu benutzen versteht, ebenso leicht einen échec erleiden dürfte, als sie in Italien zum Siege mit beigetragen hat.

14. Die Führung der kleineren sowohl als der größeren Truppen-Abtheilungen in der österreichischen Armee dürfte ebenfalls Manches zu wünschen übrig gelassen haben.

Man vermißt nämlich vor Allem: fast überall! den geübten Ueberblick, der die Verhältnisse und namentlich die Fehler des Gegners schnell erkennt und durchschaut, sowie die Kriegs-Erfahrung und die Uebung, »Truppen im Gefecht zu führen!« welche die quäst. Fehler schnell zu benutzen versteht.

Durch längere Uebung im Frieden, an eine mehr stabile, als bewegliche Verwendung der Truppen gewöhnt, den Verhältnissen des Gefechts — theilweise wenigstens — fremd, ihrer Sache nicht unbedingt sicher, erwarteten die Führer nur zu häufig den höheren Befehl und griffen nicht selbstständig genug ein, klebten zu sehr an der Position und versäumten nicht selten dadurch die richtigen Momente, wodurch selbst momentan errungene, siegreiche Erfolge der Truppen nutzlos verloren gingen.

In gleicher Weise vermißt man hier den richtigen Gebrauch der resp. Waffen, in specie der Artillerie, sowie demnächst der Cavallerie, ebenso wie die richtige und rechtzeitige Verwendung der Truppen überhaupt, demnächst aber auch eine weise Oeconomie der Kräfte. Anstatt nach Zusammendrängen und Zusammenwirken, nach Ineinandergreifen der Kräfte zu streben, vor Allem größere Offensiv-Stöße zu veranlassen, sieht man die Truppen fast überall nur in kleinen Abtheilungen, — wie Bataillons ꝛc. — vereinzelt fechten. Nur mit kleinen Abtheilungen von Truppen sieht man partielle Offensiven, denen in der Regel aber zum völligen Erfolge der nöthige Nachschub zur kräftigen Durchführung des bereits glücklich Erzielten fehlte. Nur nach und nach — nicht da, wo es nöthig, oft dringend wurde! mit einem Mal mit bedeutenden Kräften aufzutreten — kamen die Truppen fast überall nur einzeln ins Gefecht und wurden daher auch meist im Detail aufgerieben. Einen Theil der Schuld trug hierbei jedenfalls aber die unrichtige Aufstellung der Reserven, die in der Regel vom Kampfplatz viel zu fern standen, demnächst aber auch nicht richtig verwendet wurden, indem man sie entweder in zu geringer Zahl oder zu spät, wenn der günstige Moment zum Erfolge bereits vorüber war, erst heranholte.

Das unmittelbare, rechtzeitige Eingreifen starker Reserven tritt nirgends hervor, wie man denn auch nirgends — in keiner der vorhandenen Relationen der verschiedenen Gefechte und Schlachten — eine rechtzeitig ertheilte, bestimmte, klar ausgesprochene Disposition für die Verwendung der Truppen aufzufinden vermag.

Dieser Führung gegenüber erscheint allerdings die in der französischen Armee erkennbare, derselben jedenfalls überlegen, indem hier — bei allen Fehlern und Sünden, die auch auf dieser Seite vielfach begangen wurden! — doch überall Lebendigkeit, Beweglichkeit, Ueberblick und richtige Beurtheilung der Verhältnisse des Gegners, richtiges Erfassen der Momente und schnelle Benutzung derselben mit militärischem Tact, sowie mit Kenntniß, Gewohnheit und Uebung in der Führung der Truppen im Gefecht, durch richtigen Gebrauch der Waffen, — wenigstens der Infanterie und ganz besonders aber der Artillerie, — bei möglichst richtiger Verwendung der Kräfte, sowie das stete Bestreben nach Zusammenhalten und Zusammenwirken der Truppen, neben richtiger Oeconomie der Kräfte, vor Allem aber das Festhalten an dem Princip einer unablässigen, kräftigen Offensive von Seiten der Führer, sehr vortheilhaft zu Gunsten derselben zu Tage tritt.

15. Die obere Leitung war französischer Seits keineswegs tadellos — wie hier vorstehend zur Genüge näher gezeigt worden ist! — Jedenfalls war dieselbe aber — abgesehen vom glücklichen Erfolg, der in der Regel auch das Mangelhafteste rechtfertigt! — doch besser, als die des österreichischen Heeres, und hat wesentlich dazu mitgewirkt, daß die Sieges-Schale sich auf Frankreichs Seite neigte.

Ein großer Vortheil für die Sache der Alliirten war es schon, vor allen anderen, daran sich knüpfenden, Vortheilen, daß auf ihrer Seite die oberste Leitung des Krieges, die absolute Leitung der Operationen und Schlachten nicht nur in einer Hand, sondern in der kräftigen Hand eines entschlossenen, energischen Mannes von hellem, klarem Geist und Blick, sowie von eiserner Willenskraft — tenax propositi in des Wortes tiefster Bedeutung! — und, was mehr gilt, als Alles — in der Hand eines Souverains lag, der rücksichtslos verfahren durfte und verfuhr, da er Niemandem über seine Handlungen verantwortlich war, als sich selbst, — in der Hand des Souverains von Frankreich! der zwar weder kriegserfahren, noch in der Führung der Armeen und deren erforderlichen Operationen geübt war, der aber mit dem Recht: »sofort zu strafen« auch das Recht: »sofortiger Belohnung« besaß, und der diese anregenden Motive auch jederzeit zu seinem Vortheil zu benutzen verstand, dadurch aber das bereits erlangte Vertrauen der Armee, vom General bis zum Soldaten, nur noch steigerte. Obgleich noch kein Feldherr! besaß derselbe doch alle hierzu erforderlichen moralischen Eigenschaften, unter denen besonders eine bedeutungsvolle Schweigsamkeit, sowie eine unerschütterliche Kaltblütigkeit nicht zu übersehen sein dürften.

Wenn derselbe viele und zwar nicht unbedeutende Fehler machte, — die übrigens auch seinem großen Onkel nachzuweisen sind! — wenn derselbe weder in Hinsicht strategischer, noch tactischer Combinationen jetzt noch nicht als ein nachahmenswerthes Vorbild zu bezeichnen sein dürfte, so hat ihn wenigstens, wie schon so oft, auch hier wieder das Glück oder die Vorsehung! in hohem Grade schon dadurch begünstigt, daß sein Gegner seine Fehler nicht bemerkte, jedenfalls nicht benutzte und ihn für dieselben nicht strafte, wie er es verdient hätte!

Wohl aber verstand er es: seines Gegners Schwanken und Zaudern, sowie dessen Unentschlossenheit und zahlreiche Fehler bald zu erkennen, dieselben richtig zu beurtheilen und zu benutzen, wobei er in seiner nächsten Umgebung von gediegenen, kriegserfahrenen Männern*), sowie auch von dreien seiner

*) Der Chef des Generalstabes der Armee, Marschall Baillant, ein kluger, erfahrener Ingenieur-General, war weniger als sein aide-major-général, der Divisions-General Martimprey, — ein kriegserfahrener Officier, welcher sich in Afrika und in der Krimm als tüchtiger Chef des Generalstabes bewährt hatte, — der Leiter der, aus dem Haupt-Quartier emanirenden, Gedanken und Befehle.

commandirenden, kriegserfahrenen, bewährten Generale — Baraguay d'Hilliers, Mac Mahon und Niel — deren Tüchtigkeit die Mängel der beiden anderen — Canrobert und Victor Emanuel — ziemlich ausglich — auf das Beste unterstützt wurde, so daß besonders sein guter Stern! — vor Allem aber sein Gegner dazu beitrugen, ihm den Sieg zu verschaffen.

Auf der Seite seines Gegners lag die obere Leitung allerdings auch in einer Hand, aber in der Hand eines, nicht durch Kriegs-Verdienst, sondern vielleicht mehr durch Anciennetät, Nationalität und Hofgunst zu seiner bedeutungsvollen Stellung gelangten, Feldherrn, der dadurch schon von Hause aus gebunden, keineswegs unabhängig, der nicht gegen sich allein verantwortlich war! der nicht ganz unbedingte Freiheit des Willens, vielmehr seine wichtigsten Befehle von Wien zu erwarten hatte, wohin daher auch sein, vielleicht nicht ganz klarer, Blick mehr gerichtet war, als es nothwendig gewesen wäre! wie dies einst der ruhmgekrönte Radetzky zur Genüge bewiesen hatte*).

Der Kaiserliche Feldherr, welcher seinem gekrönten Gegner an Kriegserfahrung, sowie an Uebung und Gewohnheit in Führung der Truppen im Kriege und in der Leitung von Kriegs-Operationen völlig gleich stand, da Beides Beiden fehlte! war, in Hinsicht aller übrigen, vorstehend näher bezeichneten, vortrefflichen Eigenschaften, seines Gegners gerade das Gegentheil desselben.

---

*) Es darf zur Ehre des F.-Z.-M. Gyulai nicht unerwähnt bleiben, daß man behauptet: »derselbe habe, — im Gefühl seiner Unzulänglichkeit, — die achtungswerthe Resignation gehabt: »vor Beginn des Feldzuges, sowie noch zu zwei verschiedenen Malen während desselben, um Ablösung vom Ober-Commando zu bitten!« wonach demselben allerdings die begangenen Fehler, sowie das unglückliche Resultat des ersten Theiles des Feldzuges bis zur Schlacht von Solferino weniger zur Last gelegt werden dürften! —

Dem Anschein nach: nicht ganz klar über seine große, hochwichtige Aufgabe, wenigstens über die erforderliche Art der Lösung derselben! und aus Mangel an Erfahrung auch unsicher über das, was er thun wollte! war er vor Allem schwankend in seinen Entschlüssen und unbegreiflich in deren Ausführung; dabei aber vielleicht mehr eigensinnig, als characterfest, wodurch er von einem Fehler in den andern verfiel. Zu den vielen der, in Vorstehendem zum Theil aufgezählten, Fehler in der Kriegsführung — welche die größte Unparteilichkeit nicht abläugnen kann — und unter denen besonders voranzustellen ist, daß er — als Beweis vorherrschender Rath- und Thatlosigkeit — sich jederzeit vom Gegner das Gesetz dictiren ließ, welches er demselben vorschreiben sollte und mußte! — wie sogar der Gegner dies nicht anders erwartete! — gehört vor Allem noch das Unglück: daß er nicht nur die Verhältnisse und die resp. Lagen seines Gegners nicht zu beurtheilen und selbst dessen grobe Fehler nicht zu erkennen vermochte, wenigstens nicht zu benutzen, noch weniger zu bestrafen verstand, wohl aber selbst deren so viele verschuldete, daß diesen hauptsächlich! sein Gegner den Sieg zu verdanken, die herrliche Armee aber den Verlust des Feldzuges zuzuschreiben hat, der unter den günstigsten Auspicien begonnen, dem so tapferen, leider schließlich besiegten Heere mit Gewißheit den Sieges-Lorbeer versprach! welcher aber, ohne große Kunststücke! sogar noch bei Solferino! glänzend wieder zu erlangen gewesen wäre! leider aber auch dort wieder von den neuen Führern verscherzt wurde!

Unwillkürlich wird man daher bei der Betrachtung über den, für Oesterreich so unglücklichen, Ausgang des Krieges in Italien an die sehr wahren Worte erinnert, welche einst eine hohe Frau in Preußen nach dessen unglücklichem Kriege im Jahre 1806/7 niederschrieb: »Nicht die Tapferkeit des Feindes, sondern die Rath- und Thatlosigkeit unserer Führer vollendete die Zerschmetterung unseres Vaterlandes!« —

Aus der vorstehenden Beantwortung der letzten Frage dürften hiernach wohl zur Genüge die Ursachen ersichtlich geworden sein, denen die französische Armee in Italien ganz besonders den Sieg zu verdanken hatte.

Durch die Kampfweise der Franzosen allein war derselbe nicht errungen worden, wohl aber hatte diese wesentlich zu dessen Erringen beigetragen, und wird dieselbe daher, wenn sie auch keine durchaus sichere Garantie für den Sieg sein kann, — jedenfalls immer zu beachten sein.

»Die beste Garantie für den Sieg über seine Gegner — sagt ein neuerer Militär-Schriftsteller sehr richtig — werden stets vervollkommnete Einrichtungen geben, welche der Gegner noch nicht kennt oder noch nicht besitzt, sowie die Anwendung einer Kampfweise, welche ebenfalls dem Gegner noch nicht bekannt ist.«

Dieser Ausspruch stimmt auch überein mit Napoleon's Aeußerung: »daß die Kunst zu siegen besonders darin bestehe: daß man alle zehn Jahre seine Tactik abändere,« d. h. »daß man ein, mit Erfolg gekröntes, Kriegs-System verändern, durch zweckmäßige Neuerungen ersetzen müsse, sobald dasselbe erst allgemein angenommen sei!« —

Hieraus folgert sich also von selbst: »daß man nicht nur Alles das, was der Feind kann, jedenfalls kennen und auch können müsse, sondern wo möglich noch weit mehr! indem man andere — selbstredend: naturgemäße, als zweckmäßig erprobte! — Mittel zum Siege anwendet, als die, deren sich der Gegner bedient.«

»Der Fortschritt in der Kriegskunst,« sagt ferner der vorstehend bereits angeführte Autor, »besteht daher nicht darin:

historisch berühmte, glückliche Manöver sclavisch nachzuahmen, sondern in dem fortwährenden Bemühen: im Kriege stets etwas Besseres oder nur etwas Anderes als das, was der Nachbar thut, anzuwenden.«

»Die Kriegswissenschaft ist aber oft nur die Lehre der Gegensätze! Fabius setzte dem Anstürmen Hannibal's — Zaudern entgegen, Condé griff bei Rocroi die gefürchtete spanische Infanterie mit der Cavallerie an und vernichtete sie; die Franzosen haben oft dadurch gesiegt: »daß sie, ohne zu schießen, mit dem Bajonet angriffen!« — (wie auch jetzt in Italien) — »dagegen bewiesen die Engländer oft genug: daß ein, stehenden Fußes mit Kaltblütigkeit ausgeführtes, Feuer-Gefecht fast immer und sicher die unerschrockensten, heftigsten Angriffe der Franzosen nicht nur aufzuhalten, sondern auch zurückzuwerfen vermochte: denn wer nur, — wie die Franzosen — auf den Choc zu rechnen gewohnt ist, wird leicht vernichtet, wenn er auf gute, geschickte **Schützen** stößt, die sie fern zu halten wissen!« — Sapienti sat! —

In vorstehenden Worten liegt, — durch Facta unterstützt, — aber nicht nur der Beweis für die Wahrheit des sehr gewöhnlichen Sprüchwortes: »Die Kriegskunst ist veränderlich!« sondern gleichzeitig auch ein Wink für das nothwendige Verfahren aller derjenigen Armeen, denen die Franzosen als Gegner entgegentreten werden, und die mit deren Wesen, Eigenthümlichkeiten und Einrichtungen, sowie mit ihrer Kampfweise bekannt, zugleich auch die Ueberzeugung gewonnen haben: »daß man die französische Armee niemals nach ihren Leistungen auf dem Exercir-Platze beurtheilen dürfe, sondern nur nach dem, was sie im Felde leistet!« —

Was die Franzosen in neuester Zeit auf letzterem geleistet haben und wie sie dabei verfahren sind! ebenso: worin österreichischer Seits gefehlt worden ist, und was daher für die Folge im Kriege — namentlich den Franzosen gegenüber — zu vermeiden sein würde! ist in vorstehenden Blättern erörtert worden, so weit dies irgend möglich war.

Bekanntlich giebt es aber fast für jedes Gift auch ein Gegenmittel, und hat der gute Arzt, mittelst richtiger Diagnose, erst den Character des Uebels und dessen Sitz erkannt, so findet er, in seinem Wissen, auch leicht das Mittel, um dem event. Uebel wirksam entgegen zu treten. Wie? man aber nun im Kriege — den Franzosen gegenüber — zu verfahren haben dürfte, um möglichst günstige Erfolge zu erzielen? — dies zu erörtern oder gar hier auszusprechen, würde über die Aufgabe und den Zweck dieser Blätter hinausgehen! —

Der Ausspruch der Diagnose ist jetzt bekannt, und auch das Gegenmittel ist bereits vorhanden!

Es fehlt den deutschen Armeen aber auch nicht an neuen Mitteln, welche die Franzosen nicht kennen oder doch noch nicht besitzen!

Es wird also nur darauf ankommen, daß vorkommenden Falles! auch die resp. Aerzte diese Mittel kennen, dann aber auch dieselben nicht nur richtig anzuwenden verstehen, sondern sie auch mit aller Energie anwenden! — Sapienti sat! —

Bei der Tüchtigkeit aber, mit welcher die österreichischen und deutschen, in specie die preußischen Armeen zu allen Zeiten — im Felde sowohl, als auf dem Exercir-Platze! — sich bewährt und erlittene Scharten jederzeit ehrenvoll wieder auszuwetzen verstanden haben, darf man mit Zuversicht und Vertrauen der unvermeidlichen, bedeutungsvollen Zukunft in der frohen Hoffnung entgegen gehen, daß unsere Armeen, unter tüchtiger Führung! — auch in der Folge jederzeit die Losungsworte ihrer ruhmgekrönten Vergangenheit:

»Vorwärts!« — »Drauf!« — »Durch!«

zum Heil des Vaterlandes wieder zur That machen werden!

Nachtrag

zu dem Abschnitt: „die Reglements" (pag. 55—74).

Während des Druckes der vorstehenden Schrift ist dem Verfasser derselben die neueste, erst nach dem Kriege in Italien im Jahre 1859 abgefaßte, und vor Kurzem erst vom Kriegs-Ministerium der französischen Armee — fürs Erste jedoch, wie man sagt, nur versuchsweise! — überwiesene
»Instruction sur l'Exercice et les Manoeuvres de l'Infanterie«
bekannt geworden, deren Inhalt, dem Zweck der hier vorliegenden Schrift entsprechend, nicht unerwähnt bleiben darf.

Bei genauer Durchsicht und specieller Vergleichung dieser Instruction mit den bisher als Reglement in der französischen Armee gültig gewesenen: »Ordonnances sur l'Exercice et les Manoeuvres de l'Infanterie du 4. Mars 1831« hat sich aber herausgestellt: daß die neueste Instruction in den Hauptsachen fast alle §§. der gedachten Ordonnances sogar dem Wortlaute nach! wieder giebt und nur dasjenige wegläßt, was durch die Einführung des Percussions-Gewehres, sowie der Rangirung der Infanterie in zwei (anstatt wie früher in drei) Gliedern nicht mehr passend war, dagegen die für die gedachten Neuerungen erforderlichen event. Abänderungen sowie einige wenige Zusätze in Betreff nothwendig gewordener Formationen und Bewegungen giebt.

Da eine speciellere Bekanntschaft mit diesen Neuerungen nicht ohne Interesse für den Leser sein dürfte, so wird demgemäß eine kurze und gedrängte Uebersicht derselben hier nachstehend mitgetheilt.

Während die quäst. Ordonnances vom 4. März 1831 aus 3 Theilen oder 3 Bänden bestanden, von denen der

1. Theil (207 S.) l'École du soldat und l'École de peloton (Compagnie);
2. Theil (232 S.) l'École de Bataillon;
3. Theil (233 S.) Évolutions de ligne (d. i. das Bataillons-Reglement erweitert zu Formationen und Evolutionen von 6—8 Bataillons)

enthielten, besteht die 1860 ausgegebene »Instruction« nur aus einem Bande, enthaltend:

a. l'École du soldat et l'école de peloton (224 S.);
b. l'École de Bataillon (216 S.) und
c. Évolutions de ligne (15 S.), indem letztere sich nur auf die Dispositions contre la cavalerie (den letzten Abschnitt des 3. Theils der früheren »Ordonnances«) beschränken.

Von den Einzelnheiten der neuesten Instruction sind aber die bemerkenswerthesten folgende:

A. l'École du soldat et l'École de peloton.

Hier ist von den Écoles der Ordonnances du 4. Mars 1831, nächst den Hauptsachen, speciell noch beibehalten worden:

1. Daß stets nur »Rechts um Kehrt« gemacht wird.
2. Der »langsame Schritt« (à 75 p. M.)
   (NB. Der Schrägschritt (pas oblique) fällt jetzt fort.)
3. Das Gewehr wird noch (wie in alten Zeiten!) in der linken Hand getragen.
4. Bei der Chargirung wird der Ladestock umgedreht!
5. Das Gewehr zur Erde strecken!

Als Neu eingeführt erscheint dagegen:

1. Die Rangirung in zwei Glieder.
2. Bei allen Märschen in Reihen treten auf »Marsch!« — stets die geraden Rotten (rechts, links) neben die ungeraden heraus und auf »Halt!« in ihre, bis dahin offen bleibenden, Lücken wieder zurück. (D. i. die pag. 59**) erwähnte Spanische Marsch-Ordnung und die, in der österreichischen Armee reglementsmäßige, Formation der »Doppelreihen«.)

   (NB. In Folge dieser Anordnung hat selbstredend auch l'École de Bataillon die bezüglichen Abänderungen des Textes der frühern Ordonnances erhalten.)
3. Bei der Chargirung: das Aufsetzen des Zündhütchens, da selbstredend die §§. über das Aufschütten auf die Pfanne mit letzterer wegfallen mußten.

   (NB. Beim Feuern fällt das 1. Glied nicht mehr auf ein Knie.)
4. Das Bajonetfechten.

B. l'École de Bataillon.

Außer den Abänderungen, welche durch die Rangirung in 2 (anstatt in 3) Glieder erforderlich geworden sind, enthält die Bataillons-Schule folgende Bestimmungen, welche die bisherigen »Ordonnances« nicht enthielten: als etwas Neues:

1. Alle Bewegungen im Bataillon werden nur im Geschwind-Schritt (pas accéléré, à 110 p. M.) gemacht; zum Antreten wird aber nur kurzweg: »Marche!« commandirt.
2. Mit Zügen (pelotons) rückwärts schwenken.
3. Reihen-Marsch des Bataillons in Linie.
3. Abbrechen einzelner Züge, (nach vorwärts sowohl als nach rückwärts).
5. Formationen verschiedener Arten von Colonnen, je nach einer oder der andern Flanke.

6. Die Vorschriften, wie nachstehende Formationen nicht nur von der Stelle sondern auch im Marsch!! ausgeführt werden sollen:
   a. Wendungen (Links, Rechts um! sowie auch »Rechts um Kehrt«), und zwar sowohl in Linie, als auch in den resp. Colonnen-Formationen.
   b. Aufschließen der Züge in den resp. Colonnen.
   c. Formation der verschiedenen Arten von Colonnen.
   d. Deployiren (resp. Aufmarschiren in Linie) aus den verschiedenen Arten von Colonnen.
   e. Formation des Carré (sowohl aus der Linie als aus den resp. Colonnen).

7. Bei der Formation des Carré wird aus dem vorletzten Abzuge
   (bei der Colonne par peloton aus dem betreffenden peloton; bei der Colonne par division oder Colonne double sur le centre aus den beiden inneren Sections des bezüglichen Abzuges rc.)

   eine Reserve formirt, welche in die Mitte des hohlen Carré's rückt, um
   a. zum tiraillement, oder auch
   b. zur Unterstützung bedrohter Stellen des angegriffenen Carré's

   verwendet zu werden.

8. Formation des Carré's eines Bataillons à 6 pelotons*), und zwar:
   a. aus der Linie,
   b. aus den resp. Colonnen.

---

*) Das Bataillon hat im Felde, wie früher erwähnt, nur 6 Compagnien oder pelotons.

9. Formation der Colonne zum Carré gegen Cavallerie.

NB. Dies ist der einzige Fall, wo das Carré ein volles wird.

10. Die Instruction für Tirailleurs ist nicht nur besser arrangirt und vervollständigt, sondern auch noch erweitert worden, wie z. B.:

a. Alle Bewegungen der Tirailleurs werden im Geschwindschritt (pas accéléré) oder im Trabe (pas gymnastique) ausgeführt.

b. Zwei nebeneinander stehende Rotten (à 2 Mann) bilden beim Ausschwärmen eine stets zusammenhaltende Gruppe (groupe) und werden die quäst. 4 Mann »camarades de combat« genannt.

c. Die Aufstellung der Reserven der Tirailleur-Linie hat einige unbedeutende Abänderungen erhalten.

d. Eine Tirailleur-Linie, die ein, in Linie formirtes Bataillon, — welches keine Flügel-Anlehnung hat, — decken soll, zieht sich über beide Flügel des Bataillons hinaus.

e. Vorschriften über die verschiedenen Directions-Veränderungen.

C. Von den Évolutions de ligne

ist nur der Abschnitt über die Dispositions contre la cavalerie beibehalten, jedoch etwas modificirt, und demselben nur noch die Vorschrift hinzugefügt worden: daß nie mehr, als 2—3 Bataillons ein Carré, und zwar dieses nur par division, jedoch stets mit der vorschriftsmäßigen Reserve im Innern des Carré's bilden sollen.

Im Uebrigen hat die neue Instruction alle Weitläufigkeiten und Schwerfälligkeiten der Ordonnances du 4. Mars 1831 beibehalten*).

Im November 1860.

) Der Verfasser erachtet es für seine Pflicht, bei dieser Gelegenheit zu erwähnen: daß die p. 64 u. 65 befindliche Note) auf einem Versehen beruht, indem die Colonne par peloton sowohl, als die Colonne par division bereits schon durch die, am 4. März 1831 erlassenen »Ordonnances sur l'Exercice et les Manoeuvres de l'Infanterie« reglementsmäßig waren, und wird demnach die quäst. Note zu p. 64 hiermit zurückgenommen.

Druckfehler.

Seite 55 Zeile 7 v. o. lies „1831“ statt 1832.
„ 56 „ 11 v. u. fehlt „zuweilen“ hinter werden.
„ 57 „ 3 v. o. lies „Gruppen“ statt Gruppe.
„ 74 „ 12 v. o. fehlt „der Cavallerie“ hinter Pferde.
„ 77 „ 10 v. u. lies „machen“ statt werden.
„ 88 „ 8 v. o. fehlt das Anführungszeichen hinter sollte.
„ 91 „ 15 v. o. lies „zurückzulegen“ statt zurückgelegt.
„ 148 „ 45 v. o. lies „Cordon“ statt Cordou.
„ 121 „ 8 v. o. lies „Cuggiono“ statt Cuggione.
„ 135 „ 17 v. o. ist hinter Position einmal „und“ zu streichen.
„ 141 „ 1 v. u. lies „Treviglio“ statt Triviglio.
„ 142*) „ 4 v. o. lies „lieue“ statt lieu.
„ 168 „ 13 v. u. fehlt „Oesterreichische“ hinter 7.
„ 175 „ 3 v. o. lies „Cavriana“ statt Cuvriana.
„ 201 „ 19 v. o. lies „vor“ statt von.
„ 202*) „ 1 v. o. lies „Flügel“ statt Flügeln.
„ 226 „ 7 v. o. fehlt hinter Positionen ein Anführungszeichen.
„ 236 „ 13 v. o. lies „dieselben“ statt dieselbe.
„ 239 „ 7 v. o. muß ein Komma statt des Punktes und „da“ statt Da stehen.
„ 240 „ 1 v. o. hinter 11 fehlt „Die“.
„ 240 „ 2 v. o. hinter beweisen fehlt „daß dieselben verhältnißmäßig größer waren, als die der **Oesterreicher**“.